聚焦理解

高中数学教与学的实践与思考

刘永良 / 著

北京燕山出版社

BEIJING YANSHAN PRESS

图书在版编目（CIP）数据

聚焦理解：高中数学教与学的实践与思考 / 刘永良
著. — 北京：北京燕山出版社，2021.9
ISBN 978-7-5402-6180-1

Ⅰ.①聚… Ⅱ.①刘… Ⅲ.①中学数学课—教学研究
—高中 Ⅳ.①G633.602

中国版本图书馆CIP数据核字（2021）第175376号

聚焦理解：高中数学教与学的实践与思考

著　　者	刘永良	
责任编辑	满　懿	
出版发行	北京燕山出版社	
地　　址	北京市丰台区东铁匠营苇子坑138号C座	
电　　话	010-65240430	
邮　　编	100079	
印　　刷	北京政采印刷服务有限公司	
经　　销	新华书店	
开　　本	170mm×240mm　16 开	
字　　数	293千字	
印　　张	16.25	
版　　次	2022年4月第1版	
印　　次	2022年4月第1次印刷	
定　　价	68.00元	

目 录
CONTENTS

1

第一章

高中数学教与学的理解

教学关系重大，不仅关系到学生个人和社会的发展，还关系到他们对学习内容的理解。什么样的教学是有效的？教师如何教学才能提高学生的理解水平？什么是决定课堂教学是否有效的决定性因素？怎样做才能提高课堂教学的有效性？用什么样的方法研究课堂教学比较科学？对教与学的改进依赖于教学过程中教师学术和研究能力的提高。在以下各章中，我们将围绕以研究数学理解为核心，揭示教师的所思所为和学生的所思所为以及教与学的相互关系。

　　一个对一定学习情景有着先有学习经验的学生，其已有经验会使他以一定的方式来感知学习情景并采用相应的学习方法。一个教师采用的教学法和他对教学的理解也一定与他的已有经验相关联，他的经验关系到学生对学习体验的结果。

　　本章对高中数学教学中的一些理论和现象进行概述，从不同的视角对高中数学教学作一些思考。

第一节　教师视角的教学理论与反思

一、考试中的一例

已知 n，$k \in \mathbf{N}^*$ 且 $k \leqslant n$，$kC_n^k = nC_{n-1}^{k-1}$，则可推出 $C_n^1 + 2C_n^2 + 3C_n^3 + \cdots +$ $kC_n^k + \cdots + nC_n^n = n$ $(C_{n-1}^0 + C_{n-1}^1 + C_{n-1}^2 + \cdots + C_{n-1}^{k-1} + \cdots + C_{n-1}^{n-1})$ $= n \cdot 2^{n-1}$，由此，可以推出 $C_n^1 + 2^2 C_n^2 + 3^2 C_n^3 + \cdots + k^2 C_n^k + \cdots + n^2 C_n^n = \underline{\hspace{4cm}}$.

这道考题属于类比推理型题目，主要考查学生应用已知公式 $kC_n^k = nC_{n-1}^{k-1}$ 以及给出的方法进行类比，进而得出结论的能力，实际得分很低，难度系数为 0.05。教师对学生进行讲评时，通常采用以下两种解法。

解法 1：由已知 $kC_n^k = nC_{n-1}^{k-1}$，得 $k^2 C_n^k = k \cdot nC_{n-1}^{k-1} = n \cdot kC_{n-1}^{k-1}$，

于是 $C_n^1 + 2^2 C_n^2 + 3^2 C_n^3 + \cdots + k^2 C_n^k + \cdots + n^2 C_n^n$

$$= n(C_{n-1}^0 + 2C_{n-1}^1 + 3C_{n-1}^2 + \cdots + kC_{n-1}^{k-1} + \cdots + nC_{n-1}^{n-1})$$

$$= n(C_{n-1}^0 + C_{n-1}^1 + C_{n-1}^2 + \cdots + C_{n-1}^{k-1} + \cdots + C_{n-1}^{n-1}) +$$

$$n[C_{n-1}^1 + 2C_{n-1}^1 + \cdots + (k-1)C_{n-1}^{k-1} + \cdots + (n-1)C_{n-1}^{n-1}],$$

（说明：这里我们进行了拆项，分组，进而求和）。

又由已知，得 $C_{n-1}^0 + C_{n-1}^1 + C_{n-1}^2 + \cdots + C_{n-1}^{k-1} + \cdots + C_{n-1}^{n-1} = 2^{n-1}$，

$C_{n-1}^1 + 2C_{n-1}^1 + \cdots + (k-1)C_{n-1}^{k-1} + \cdots + (n-1)C_{n-1}^{n-1} = (n-1) \cdot 2^{n-2}$，

所以 $C_n^1 + 2^2 C_n^2 + 3^2 C_n^3 + \cdots + k^2 C_n^k + \cdots + n^2 C_n^n$

$$= n \cdot 2^{n-1} + n(n-1) \cdot 2^{n-2} = n(n+1) \cdot 2^{n-2}.$$

解法 2：由已知 $kC_n^k = nC_{n-1}^{k-1}$，得 $k^2 C_n^k = k \cdot nC_{n-1}^{k-1} = n \cdot kC_{n-1}^{k-1}$，

于是我们记

$$S_n = C_n^1 + 2^2 C_n^2 + 3^2 C_n^3 + \cdots + k^2 C_n^k + \cdots + n^2 C_n^n$$

$$= n[C_{n-1}^0 + 2C_{n-1}^1 + 3C_{n-1}^2 + \cdots + kC_{n-1}^{k-1} + \cdots + (n-1)C_{n-1}^{n-2} + nC_{n-1}^{n-1}],$$

利用倒序相加法，从而有

$$S_n = n\left[nC_{n-1}^{n-1} + (n-1)C_{n-1}^{n-2} + \cdots + (n-k+1)C_{n-1}^{n-k} + \cdots + 2C_{n-1}^1 + C_{n-1}^0 \right],$$

于是，把以上两式相加，结合组合数的性质 $C_{n-1}^m = C_{n-1}^{n-m-1}$，得

$$2S_n = n(n+1)\left(C_{n-1}^0 + C_{n-1}^1 + C_{n-1}^2 + \cdots + C_{n-1}^{k-1} + \cdots + C_{n-1}^{n-1} \right) = n(n+1) \cdot 2^{n-1},$$

所以 $C_n^1 + 2^2 C_n^2 + 3^2 C_n^3 + \cdots + k^2 C_n^k + \cdots + n^2 C_n^n = n(n+1) \cdot 2^{n-2}.$

二、对教学的理解

作为一线教师，我们对课堂教学有效性问题非常关注。我们总是会认真细致地把一些本领域专家发展出来的理论以及专家们开发和提供的教学例子应用起来，细心思考有关教学过程问题，为提升教学质量，促进学生的发展而思考。

高中数学新课程标准指出："教师是学生学习的引导者、组织者，教学中要引导学生经历从具体实例抽象出数学概念的过程，鼓励学生积极参与教学活动，包括思维的参与和行为的参与，通过创设适当的问题情境，引导学生发现数学的规律和问题解决的途径。指导学生开展探究学习、合作学习，指导学生体会数学方法，从局部到整体，从具体到抽象，从一般到特殊，数形结合，使学生经历知识形成的过程。督导学生体验数学学习，根据不同的内容、目标，给学生留出适当的拓展、延伸的空间，让学生对有关课题作进一步的探索、研究。"

教育部关于推进中小学教育质量综合评价改革的意见中也对学生学业水平的评价有了明确说明："主要考查学生对各学科课程标准所要求内容的掌握情况，可以通过知识技能、学科思想方法、实践能力、创新意识等关键性指标进行评价，促进学生打好终身学习和发展的基础。"

这些理论层面上的指导如何与课堂教学实际相结合？这是我们一直思考的问题。以知识发生的教学视角以及每一种学习理论对课堂教学、教学过程的观点，让我们深深地认识一点，那就是学生总是以他们的知识来建构新知识的，他们已有的知识和信念一定会影响他们对新信息的解释。有时候，学生的现有知识支持新的学习，有时候现有知识会阻碍新知识的获得。只有遵循数学教学本身的规律，尽可能从数学学习的具体过程出发，研究学生学习的真实心理活动，分析其认知过程、机制及心智变化，对学生学习数学学科的概念障碍有深刻的认识，对与学生共同交往的有效策略有深刻的理解，在组织良好的基础上，

让学生多一些探究结论、发现问题的体验，创设开放、互动、新型的数学体验环境，挖掘学生已有知识以便使新的信息有意义，使隐性知识得到体验、将隐性知识逐渐显化，让学生理解、体验新知识的来源；才能真正激发他们的学习兴趣，提高他们的数学化能力和数学思维能力。

以学科类型为主的教师，强调学科知识的传授，缺少有学生学习心理机制的关注。而在新课程标准改革的背景下，了解、掌握学生学习机制已成为有效教学的必要条件。

应该说前面问题给出的两种解法，对培养学生们应用数学知识解决问题的能力是有帮助的。但从教学来说，对于题目给出并进一步推导的组合恒等式，有没有更为一般的解题方法呢？如何才能更系统地解决这类问题？结合数学符号的表征形式，通过比较，我们可以尝试从二项式定理着手研究。

在二项式定理 $(a+b)^n = C_n^0 a^n + C_n^1 a^{n-1} b + \cdots + C_n^k a^{n-k} b^k + \cdots + C_n^n b^n$ （$n \in \mathbf{N}^*$）中，令 $a=1$，$b=x$，得：

$$C_n^0 + C_n^1 x + \cdots + C_n^k x^k + \cdots + C_n^n x^n = (1+x)^n \qquad (*)$$

由于它是一个恒等式，我们在式（*）两边同乘以 x，得

$$C_n^0 x + C_n^1 x^2 + C_n^2 x^3 + \cdots + C_n^k x^{k+1} + \cdots + C_n^n x^{n+1} = x(1+x)^n. \qquad ①$$

如果我们把式①两边又分别看成一个关于 x 的函数，利用导数运算，两边分别对 x 求导，得

$$C_n^0 + 2C_n^1 x + \cdots + (k+1)C_n^k x^k + \cdots + (n+1)C_n^n x^n = (1+x)^n + nx(1+x)^{n-1}. \qquad ②$$

我们在式②的基础上，两边又同乘以 x，得

$$C_n^0 x + 2C_n^1 x^2 + \cdots + (k+1)C_n^k x^{k+1} + \cdots + (n+1)C_n^n x^{n+1} = x(1+x)^n + nx^2(1+x)^{n-1}. \qquad ③$$

利用导数运算，式②两边分别对 x 求导，得

$$1^2 \cdot C_n^0 + 2^2 C_n^1 x + \cdots + (k+1)^2 C_n^k x^k + \cdots + (n+1)^2 C_n^n x^n = (1+x)^n + 3nx(1+x)^{n-1} + n(n-1)x^2(1+x)^{n-2}. \qquad ④$$

依据以上方法，我们可以得出更多的组合恒等式。

三、对教学的研究

《高中数学课程标准》指出："理想的数学教学过程，应当注意几个环节：

把握数学知识本质，把握学生认知过程；创设合适的教学情境，提出合适的教学问题；启发学生独立思考，鼓励学生相互交流；掌握知识技能，理解数学本质；感悟数学基本思想，发展数学学科核心素养。数学课程应力求通过各种不同形式的自主学习、探究活动，让学生体验数学发现和创造的历程，发展他们的创新意识。"教育心理学家们提出并发展了不同的学习理论，这些理论观点及其对课堂教学的手段都有价值的，高中数学教师采用哪种教学方法、哪种教学手段都与他们对学习过程的理解有关。在后面各章所论述的案例，我们就是据此进行教学，在理论与方法之间进行谨慎地检验，抓住教学过程设计和教学策略设计为改变理解而进行教学的案例。我们主要从教学的几个基本环节入手，在教学实施时加以实践，探讨基于知识发生的逻辑过程线索，偏于研究学生数学知识心理发生的教学设计研究，着重关注学生学习心理机制，探讨数学知识逻辑过程与数学知识心理过程如何整合的教学设计问题；将知识产生的逻辑过程（论题的过程）利用学生已掌握的某一种数学观念生成另一种数学观念，并研究在后者引导下，如何赋予知识的逻辑过程一种可操作的程序，提高学生的数学学习能力。教学设计要想方设法将数学知识严谨的逻辑环节转化为符合学生知识发生的心理环节，实现高中数学教学的有效性。

继续前一个实例，由二项式定理可以衍生出许多组合恒等式，这样的推导过程，无疑对"我们的教"与"学生的学"是有意义的，要把这些知识内化到学生的知识结构中，应用是重要的。

回顾考题中已给出的结论，$C_n^1 + 2C_n^2 + 3C_n^3 + \cdots + kC_n^k + \cdots + nC_n^n = n \cdot 2^{n-1}$.

我们只要将 $C_n^0 + C_n^1 x + \cdots + C_n^k x^k + \cdots + C_n^n x^n = (1+x)^n$ 变形，

得出以下两个组合恒等式：

$C_n^0 x + C_n^1 x^2 + C_n^2 x^3 + \cdots + C_n^k x^{k+1} + \cdots + C_n^n x^{n+1} = x(1+x)^n$.

$C_n^0 + 2C_n^1 x + 3C_n^2 x^2 + \cdots + (k+1)C_n^k x^k + \cdots + (n+1)C_n^n x^n = (1+x)^n + nx(1+x)^{n-1}$.

令 $x = 1$，分别得

$C_n^0 + C_n^1 + C_n^2 + \cdots + C_n^k + \cdots + C_n^n = 2^n$，

$C_n^0 + 2C_n^1 + 3C_n^2 + \cdots + (k+1)C_n^k + \cdots + (n+1)C_n^n = 2^n + n \cdot 2^{n-1}$.

以上两式相减，得 $C_n^1 + 2C_n^2 + 3C_n^3 + \cdots + kC_n^k + \cdots + nC_n^n = n \cdot 2^{n-1}$.

而题中要求的结论 $C_n^1 + 2^2 C_n^2 + 3^2 C_n^3 + \cdots + k^2 C_n^k + \cdots + n^2 C_n^n = n(n+1) \cdot 2^{n-2}$，

我们只要将 $C_n^1 x + C_n^2 x^2 + \cdots + C_n^k x^k + \cdots + C_n^n x^n = (1+x)^n - 1$ 两边求导,

得 $C_n^1 + 2C_n^2 x + \cdots + kC_n^k x^{k-1} + \cdots + nC_n^n x^{n-1} = n(1+x)^{n-1}$,

两边再乘以 x, 得 $C_n^1 x + 2C_n^2 x^2 + \cdots + kC_n^k x^k + \cdots + nC_n^n x^n = nx(1+x)^{n-1}$,

再求导, 得

$$C_n^1 + 2^2 C_n^2 x + \cdots + k^2 C_n^k x^{k-1} + \cdots + n^2 C_n^n x^{n-1} = n(1+x)^{n-1} + n(n-1)x(1+x)^{n-2}.$$

在上式中, 令 $x = 1$, 得

$$C_n^1 + 2^2 C_n^2 + \cdots + k^2 C_n^k + \cdots + n^2 C_n^n = n \cdot 2^{n-1} + n(n-1) \cdot 2^{n-2} = n(n+1) \cdot 2^{n-2}.$$

教师的任务就是授给学生学科的知识结构、安排教学程序来激发学生思维、把学生所掌握的材料以最佳顺序呈现,同时把新知识转化为适合学生心理发展水平的材料,增强学生旧知识的运用能力。许多老师都希望自己的学生"学会怎样学习",教师不但要传授知识还要帮助学生学会学习,教师应教会理解而不是对课程的简单诠释,课堂活动要进行批判性思考,学习的目标必定是观念的转变,而不仅仅是记忆知识。

我们只要用好课本的恒等式 $C_n^0 + C_n^1 x + \cdots + C_n^k x^k + \cdots + C_n^n x^n = (1+x)^n$, 就可以得出许多的组合恒等式。

教学中要善于利用考试资源,不断提高研究问题的能力,在形式化研究上不断探索;要充分激活和联系已有的知识,将当前的问题映射到原有的知识结构中,进行系统逻辑的分析推理并反思,将有关的知识经验加以整合,概括地形成此类问题的图式,建构原理性知识,从而促进学习的效果。

除了用有意义的、系统逻辑的方式解决问题外,我们还需要以问题解决活动为基础,有意识地进行反思概括,进行反省性提炼整合。回顾问题的结构特征及其解决过程,将它们与作为其基础的原理联系起来,形成良好的知识结构。同时,要将解决问题的思路、策略联系起来,形成相应的问题图式。经常采用以上这些步骤开展学习,同学们的数学解题能力才能进一步得到提高,数学学习的效果也会越来越好。

教学要将重心放在如何引导学生的思维,提高学生的理解能力上,在课堂教学中传授与应用高标准的思考技巧,以知识结构的方式对知识性经验进行概括表征,并使学生在当前和以后的学习和生活中能够应用它。从结构学方面对数学能力的培养进行研究,主要研究学生在数学学习中学习数学的能力的培养方法、策略；学习理论如何与教学实践相联系；教师如何教学才能达到解释性的理解；研究性的理解水平的教学和学习如何进行。

教学的有效性与教学资源的开发和利用密切相关，学习是一个认知交互的过程，知识的获得总是一个积极主动的过程。学生在多样的情景中积累了大量的材料，利用好这些材料学生能够学会更多新知识。学生在学习知识的时候，总是把刚刚学习的知识与以往获得的心理相关框架联系起来。它这种相关的框架就是一种"表征系统"或内部模式。它能够使以往的经验变得有意义并且有条理。有了这种表征系统，学生就能突破所给信息的局限。但由于各种原因，学生的表征系统有这样那样的漏洞，联系有时会中断，如何组织教学、如何安排学习环境才能够调动学生的积极性来运用这些材料呢？教师给学生有条理地展示、精心策划的课堂呈现、清晰明了地讲解、细心地提示和指导性地发现（反馈），这些能够帮助学生构建理解。建构主义教学方法重视概念理解、讨论、解释与开发学生的理解力。有效教学或思维的关键是立即强化，使所学知识有意义并内化为学生自己的知识。

高中数学教学力求精心构建表征系统，把知识逻辑过程与学生心理过程进行合理整合；针对不同的教学内容，扩充材料的提供，创设好的学习情境，通过关联性解释使各事实间或各概念间的关系更加清楚；通过对话与合作促进学生对课堂教学内容的理解，形成一系列培养学生数学思维力的操作策略。研究提高学生的数学推理能力的知识组织方法，促进学生的主动探究与合作交流，提炼发展学生元认知能力的途径与方法，形成策略的教学，优化教师的教学方法，提高教学的有效性。

（本节选自论文《窥一斑而得全豹——从一道考题与学生谈数学复习策略》，发表在《数学通讯》2015.8下半月（教师））

第二节 教学结果的发现与启示

一、作业中的一例

已知函数 $f(x) = (x^2 - ax + a)e^x - x^2$，$a \in \mathbf{R}$. 若函数 $f(x)$ 在 $x = 0$ 处取得极小值，求 a 的取值范围。

这是高三数学《导数的应用》复习中学生作业的一道题目，由于经验型思维错误及思维不严谨，学生中出现了以下两种错解。

错解 1：因为 $f'(x) = (x^2 - ax + 2x)e^x - 2x$，

而 $f(x)$ 在 $x = 0$ 处取得极小值，于是 $f'(0) = 0$，所以 $a \in \mathbf{R}$.

错解 2：由于函数 $f(x)$ 在 $x = 0$ 处取得极小值，

所以当 $x \in (-\infty, 0)$ 时，$f'(x) < 0$；当 $x \in (0, +\infty)$ 时，$f'(x) > 0$.

因为 $f'(x) = (x^2 - ax + 2x)e^x - 2x = x[(x - a + 2)e^x - 2]$，

所以 $(x - a + 2)e^x - 2 > 0$，$x \in (-\infty, 0) \cup (0, +\infty)$，

即 $a < x + 2 - \dfrac{2}{e^x}$，$x \in (-\infty, 0) \cup (0, +\infty)$.

从而 $a < \left(x + 2 - \dfrac{2}{e^x}\right)_{\min}$，$x \in (-\infty, 0) \cup (0, +\infty)$.

于是，构造函数 $h(x) = x + 2 - \dfrac{2}{e^x}$，$x \in (-\infty, 0) \cup (0, +\infty)$，

$\because h'(x) = 1 - \dfrac{2}{e^x}$，令 $h'(x) = 0$，得 $x = \ln 2$.

显然函数 $h'(x) = 0$ 只有一个解，那么函数 $h(x)$ 就在此处取得最值，

所以当 $x = \ln 2$ 时，函数 $h(x) = x + 2 - \dfrac{2}{e^x}$ 取得最小值 $h(\ln 2) = 1 + \ln 2$.

所以 a 的取值范围为 $(-\infty, 1 + \ln 2)$.

二、教学启示

这两种错解对学生理解函数极值存在的条件是很好的材料，我们将以上解法展示给学生，请学生加以判断。停顿片刻，有位学生提出质疑，认为两种解法均是错误的。他利用特殊值法进行验证。

验证： 若 $a=2$，则 $f(x) = (x^2 - 2x + 2)e^x - x^2$，

于是 $f'(x) = x^2 e^x - 2x = x(xe^x - 2)$，

当 $x \in (-\infty, 0)$ 时，$f'(x) > 0$，当 $x \in (0, \ln 2)$ 时，$f'(x) < 0$，

所以，当 $x = 0$ 时，函数 $f(x)$ 取得极大值，因此 $x = 0$ 不是函数 $f(x)$ 的极小值点。

因此前面两种解法均是错误的。那错误出在哪一步呢？

设问： 函数 $f(x)$ 在 $x = 0$ 处取得极小值，除了 $f'(0) = 0$ 外，是否还应该满足条件：

当 $x \in (-\infty, 0)$ 时，$f'(x) < 0$；当 $x \in (0, +\infty)$ 时，$f'(x) > 0$？

提炼： 其实函数 $f(x)$ 在 $x = 0$ 处取得极小值，除了 $f'(0) = 0$ 外，不一定要满足条件：当 $x \in (-\infty, 0)$ 时，$f'(x) < 0$；当 $x \in (0, +\infty)$ 时，$f'(x) > 0$.

而应该满足函数 $f(x)$ 在 $x = 0$ 的左右两侧的区间内，左边是减函数，右边是增函数就可以了。

学生们似有所悟！一会儿有学生给出了如下正确解法。

正解： 因为 $f'(x) = (x^2 - ax + 2x)e^x - 2x = x[(x - a + 2)e^x - 2]$，显然 $f'(0) = 0$，因此要使函数 $f(x)$ 在 $x = 0$ 处取得极小值，需使 $f'(x)$ 在 $x = 0$ 的左侧为负，右侧为正。

令 $h(x) = (x - a + 2)e^x - 2$，则只需 $h(x)$ 在 $x = 0$ 的左右两侧均为正。

于是 $h'(x) = (x - a + 3)e^x$，

由 $h'(x) = 0$，得 $x = a - 3$. 所以 $a \neq 3$，

这时 $h(x)$ 在 $(-\infty, a - 3)$ 上是减函数，在 $(a - 3, +\infty)$ 上是增函数，

从而 $h(x)$ 在 $x = a - 3$ 处取得最小值，且 $h(a - 3) = -e^{a-3} - 2 < 0$，

因此，要函数 $f(x)$ 在 $x = 0$ 处取得极小值，只要 $h(0) = -a > 0$，即

$a < 0$.

所以 a 的取值范围是 $(-\infty, 0)$.

三、教学反思与启示

1. 解题中的经验型思维错误值得反思

由于求解这类题目"已知函数 $f(x) = e^x - \ln(x + m)$，设 $x = 0$ 是 $f(x)$ 的极值点，求 m 的值"。学生常常采用的方法是利用 $f'(0) = 0$，从而求出 $m = 1$，而教师也未明确地指出其问题，因此形成了学生的解题经验化，他们很快将新信息同化到原有的信息中，没有作精确分化，于是形成了误解 1。这种由于受已有的数学知识和以往的解题经验影响而造成的思维障碍就是经验型思维错误，在教学中尤其值得反思。学生的这种解题错误往往是基于经验而产生的不正确的迁移，其根源还是平时的学习中，对函数极值存在的充分条件与必要条件理解不准确。

2. 解题中思维不严谨导致的错误值得反思

对于错解 2 的形成，则是由于平时教学时把知识分解成了一个个的小模块，从而导致学生局部地看问题，在思维的严谨性上有缺陷，这也是教学中值得思考的一个问题。错解 2 中有两处值得注意的问题，一是函数 $f(x)$ 取得极小值的充分条件学生没有弄清楚；二是函数只有一个导数为 0 的值时，它是不是函数的最值，这些都是学生容易出错的地方。教学要对知识有精深理解并进行组织，赋予知识点更多的信息，使它与其他知识有一些外显的或内隐的联系；让学生在知识和经验之间建立起丰富的联系，形成良好的知识结构，从而使学生在解决问题的过程中形成全面严谨的思维。

3. 解题教学要在如何完善学生的认知结构上展开反思

学生解题中折射出的解题错误尤其值得深思，函数与导数渗透的主要数学思想方法是数形结合思想，这需要教师通过各种问题对学生进行经验的积累。除了定性研究，也必须开展定量研究，在定性与定量上适时切换。在解题中引导学生自觉地对"数"与"形"进行观察与化归，往往可以突破数学解题中的思维受阻状况。而学生 3 得出的正确解法就得益于学生对函数与导数解题中的数形结合思想理解得较为深刻，对函数极值存在的充分条件与必要条件理解精深。

数学学习是一个建立、扩展、精致认知结构的过程。"精致"或者是对原有认知结构的重组，或者是对原有认知结构的缺陷修补。高三数学复习要在精致学生的认知结构上开展教学，使学生已学的知识得到完整的组织。只有当知识技能得以概括化和系统化而形成高度整合性的心理结构时，知识技能才能转化为能力。这是发展学生数学能力和提高学生数学素质的必然途径。

（本节选自论文《深刻理解知识　完善认知结构——一道导数题的错解分析及其教学启示》，发表在《高中数学教与学》2016.3）

第三节　数学思维能力的理解与教学

一、考试中的一例

1. 提出问题

近年来，在数学竞赛及高考压轴题中出现了一类数列不等式的证明题。它们常以 $\sum\limits_{i=1}^{n} a_i > f(n)$ （或 $\sum\limits_{i=1}^{n} a_i < f(n)$）的形式出现（其左边是数列 $\{a_n\}$ 的前 n 项和 S_n，右边是一个关于 n 的代数式）。如何准确把握待证的不等式，帮助学生理解它的本质，努力揭示这些不等式证明思路的发现过程，在教学中使学生易于接收，学会分析，是一个值得研究的问题。

例 1：已知函数 $f(x) = ax + \dfrac{b}{x} + c$ $(a > 0)$ 的图像在点 $(1, f(1))$ 处的切线方程为 $y = x - 1$.

（1）用 a 表示出 b，c；

（2）若 $f(x) > \ln x$ 在 $[1, +\infty)$ 上恒成立，求 a 的取值范围；

（3）证明：$1 + \dfrac{1}{2} + \dfrac{1}{3} + \dfrac{1}{4} + \cdots + \dfrac{1}{n} > \ln(n+1) + \dfrac{n}{2(n+1)}$ $(n \geqslant 1)$.

第（1）（2）问师生合作很顺利地解决，来到第（3）问，我们提出了以下问题：这是一个什么样的问题？大家会从什么方向思考？

生 1：它是一道与正整数有关的不等式的证明题，不等式的左边可以看成数列的前 n 项和，如果可以把左边化简，然后用作差比较法就可以进行了。

师：他的想法很好！问题是左边我们可以化简吗？如果不可以，我们该怎么办呢？

生 2：左边不可以化简，不过我们可以采用整体构造的方法，再构造一个

新数列 $\{b_n\}$，它的通项公式就为 $b_n = 1 + \dfrac{1}{2} + \dfrac{1}{3} + \dfrac{1}{4} + \cdots + \dfrac{1}{n} - \ln(n+1) -$

$\dfrac{n}{2(n+1)}$，只要数列 $\{b_n\}$ 是一个单调递增数列，问题就解决了。

证明： 构造一个数列 $\{b_n\}$，使通项公式为

$$b_n = 1 + \frac{1}{2} + \frac{1}{3} + \frac{1}{4} + \cdots + \frac{1}{n} - \ln(n+1) - \frac{n}{2(n+1)},$$

于是 $b_{n+1} = 1 + \dfrac{1}{2} + \dfrac{1}{3} + \dfrac{1}{4} + \cdots + \dfrac{1}{n} + \dfrac{1}{n+1} - \ln(n+2) - \dfrac{n+1}{2(n+2)}.$

从而 $b_{n+1} - b_n = \dfrac{1}{n+1} - \ln(n+2) + \ln(n+1) + \dfrac{n}{2(n+1)} - \dfrac{n+1}{2(n+2)}$

$$= \frac{1}{n+1} - \ln\frac{n+2}{n+1} - \frac{1}{2(n+1)(n+2)}$$

$$= \frac{2n+3}{2(n+1)(n+2)} - \ln\frac{n+2}{n+1}.$$

师：做到这里，大家觉得该如何进行？要证明数列是一个单调递增数列，就要证明什么呢？

生3：也就回到了学生1所说的问题"用作差比较法就可以进行了"。

要是能证明 $\dfrac{2n+3}{2(n+1)(n+2)} > \ln\dfrac{n+2}{n+1}$，那么问题就解决了。因为那样的话就可以得出

$$b_{n+1} > b_n > b_{n-1} > b_{n-2} > \cdots > b_2 > b_1 = 1 - \ln 1 - \frac{1}{4} = \frac{3}{4} > 0,$$

当然就有

$$1 + \frac{1}{2} + \frac{1}{3} + \frac{1}{4} + \cdots + \frac{1}{n} > \ln(n+1) + \frac{n}{2(n+1)}.$$

师：分析得不错！那关键就是要证明 $\dfrac{2n+3}{2(n+1)(n+2)} > \ln\dfrac{n+2}{n+1}$. 我们可以采用什么方法呢？

生4：除了作差比较法外，还可以构造函数，利用函数的单调性来加以比较。

生5：由于 $\dfrac{2n+3}{2(n+1)(n+2)} - \ln\dfrac{n+2}{n+1} = \dfrac{(n+2)^2 - (n+1)^2}{2(n+1)(n+2)} - \ln\dfrac{n+2}{n+1}$

$$= \frac{n+2}{2(n+1)} - \frac{n+1}{2(n+2)} - \ln\frac{n+2}{n+1}.$$

于是构造函数 $f(x) = \dfrac{x}{2} - \dfrac{1}{2x} - \ln x$，则 $f'(x) = \dfrac{1}{2} + \dfrac{1}{2x^2} - \dfrac{1}{x} = \dfrac{(x-1)^2}{2x^2} > 0$，

从而当 $x > 1$ 时，有 $f(x) > f(1) = 0$，即 $\ln x < \dfrac{x}{2} - \dfrac{1}{2x}$ $(x > 1)$．

在不等式 $\ln x < \dfrac{x}{2} - \dfrac{1}{2x}(x > 1)$ 中，令 $x = \dfrac{n+2}{n+1}$，有

$$\ln \dfrac{n+2}{n+1} < \dfrac{n+2}{2(n+1)} - \dfrac{n+1}{2(n+2)}．$$

于是 $b_{n+1} - b_n = \dfrac{2n+3}{2(n+1)(n+2)} - \ln \dfrac{n+2}{n+1}$

$$= \dfrac{n+2}{2(n+1)} - \dfrac{n+1}{2(n+2)} - \ln \dfrac{n+2}{n+1}$$

$$> \dfrac{n+2}{2(n+1)} - \dfrac{n+1}{2(n+2)} - \dfrac{n+2}{2(n+1)} + \dfrac{n+1}{2(n+2)} = 0．$$

$\therefore b_{n+1} > b_n > b_{n-1} > b_{n-2} > \cdots > b_2 > b_1 = 1 - \ln 1 - \dfrac{1}{4} = \dfrac{3}{4} > 0$，

$\therefore b_n = 1 + \dfrac{1}{2} + \dfrac{1}{3} + \dfrac{1}{4} + \cdots + \dfrac{1}{n} - \ln(n+1) - \dfrac{n}{2(n+1)} > 0$，

$\therefore 1 + \dfrac{1}{2} + \dfrac{1}{3} + \dfrac{1}{4} + \cdots + \dfrac{1}{n} > \ln(n+1) + \dfrac{n}{2(n+1)}．$

2. 体验感悟，再进一步

师：在数列不等式 $\sum\limits_{i=1}^{n} a_i > f(n)$ 中，由于数列 $\{a_n\}$ 的前 n 项和 S_n 是不易或者不能求出的（即表示为关于 n 的简单代数式）。为此我们采用学生 2 的整体构造的方法，构造一个新数列 $\{b_n\}$，使 $b_n = \sum\limits_{i=1}^{n} a_i - f(n)$，探究数列 $\{b_n\}$ 的单调性，得到数列不等式 $a_n > f(n-1) - f(n)$，进而构造函数，利用导数作为工具解决问题。

例 2：若 $n \in \mathbf{N}^*$，求证：$1 + \dfrac{1}{2} + \dfrac{1}{3} + \dfrac{1}{4} + \cdots + \dfrac{1}{n} \geqslant \ln \dfrac{e^n}{n!}$．

证明：构造一个数列 $\{b_n\}$，使得

$$b_n = 1 + \dfrac{1}{2} + \dfrac{1}{3} + \dfrac{1}{4} + \cdots + \dfrac{1}{n} - \ln \dfrac{e^n}{n!}，$$

于是 $b_{n+1} = 1 + \dfrac{1}{2} + \dfrac{1}{3} + \dfrac{1}{4} + \cdots + \dfrac{1}{n} + \dfrac{1}{n+1} - \ln \dfrac{e^{n+1}}{(n+1)!}．$

从而 $b_{n+1} - b_n = \dfrac{1}{n+1} + \ln\dfrac{n+1}{e} = \ln(1+n) - \dfrac{n}{n+1}$.

又构造函数 $f(x) = \ln(1+x) - \dfrac{x}{1+x}$，则

$$f'(x) = \dfrac{1}{1+x} - \dfrac{1}{(1+x)^2} = \dfrac{x}{(1+x)^2} > 0,$$

从而当 $x > 0$ 时，有 $f(x) > f(0) = 0$，即 $\ln(1+x) > \dfrac{x}{1+x}(x > 0)$.

于是在不等式 $\ln(1+x) > \dfrac{x}{1+x}(x > 0)$ 中，令 $x = n$，则有 $\ln(1+n) > \dfrac{n}{n+1}$.

$\therefore b_{n+1} - b_n > \dfrac{n}{n+1} - \dfrac{n}{n+1} = 0$，

$\therefore b_{n+1} > b_n > b_{n-1} > b_{n-2} > \cdots > b_2 > b_1 = 1 - \ln e = 0$，

$\therefore b_n = 1 + \dfrac{1}{2} + \dfrac{1}{3} + \dfrac{1}{4} + \cdots + \dfrac{1}{n} - \ln\dfrac{e^n}{n!} \geq 0$，

$\therefore 1 + \dfrac{1}{2} + \dfrac{1}{3} + \dfrac{1}{4} + \cdots + \dfrac{1}{n} \geq \ln\dfrac{e^n}{n!}$.

生6：这题也太容易了吧！这个函数太容易找到了（投影展示学生6的解答）。

师：是的，这题比较容易找到需要的函数式。学生2介绍的方法怎么样？学生6的解答如何？

众生：好！

师：从上面两道题目的解决，我们发现背景不等式 $a_n > f(n-1) - f(n)$ 的变换构造是关键。例1比例2难。例1学生5在学生4的想法基础上利用数式变换，成功地突破了难点。如果我们能利用式的变换恰当地构造出背景函数，那么数列这一特殊函数的比较大小的问题也就解决了。

3. 合作交流，深入探究

例3：[2010.四川高考理科第22题第（Ⅱ）问改编] 若 $n \in \mathbf{N}^*$ 且 $n \geq 2$，求证：

$$\ln\dfrac{1}{3} + \ln\dfrac{2}{4} + \ln\dfrac{3}{5} + \cdots + \ln\dfrac{n-1}{n+1} > \dfrac{2-n-n^2}{\sqrt{2n(n+1)}}.$$

证明：构造一个数列 $\{b_n\}$，使得 $b_n = \ln\dfrac{1}{3} + \ln\dfrac{2}{4} + \ln\dfrac{3}{5} + \cdots + \ln\dfrac{n-1}{n+1} - $

$\dfrac{2-n-n^2}{\sqrt{2n(n+1)}}$，即

$$b_n = \ln\left(\dfrac{1}{3}\times\dfrac{2}{4}\times\dfrac{3}{5}\times\cdots\times\dfrac{n-1}{n+1}\right) - \dfrac{2-n-n^2}{\sqrt{2n(n+1)}}$$

$$= \ln\dfrac{2}{n(n+1)} - \dfrac{2-n-n^2}{\sqrt{2n(n+1)}} = \dfrac{n^2+n-2}{\sqrt{2n(n+1)}} - \ln\dfrac{n(n+1)}{2}.$$

生 7：老师，构造一个什么样的函数才可以啊？真的不知道是一个什么样的函数！

师：是啊，最关键的步骤就在这。大家一起讨论讨论，看该如何构造？（稍停片刻）

生 8：由于 $\dfrac{n^2+n-2}{\sqrt{2n(n+1)}} - \ln\dfrac{n(n+1)}{2} = \dfrac{n(n+1)-2}{\sqrt{2n(n+1)}} - \ln\dfrac{n(n+1)}{2}$

$$= \sqrt{\dfrac{n(n+1)}{2}} - \dfrac{1}{\sqrt{\dfrac{n(n+1)}{2}}} - \ln\dfrac{n(n+1)}{2}.$$

于是构造函数 $f(x) = x - \dfrac{1}{x} - \ln x^2$，则 $f'(x) = 1 + \dfrac{1}{x^2} - \dfrac{2}{x} = \dfrac{(x-1)^2}{x^2} > 0$，

从而当 $x>1$ 时，有 $f(x) > f(1) = 0$，即 $\ln x^2 < x - \dfrac{1}{x}$ $(x>1)$.

在不等式 $\ln x^2 < x - \dfrac{1}{x}$，令 $x = \sqrt{\dfrac{n(n+1)}{2}}$，有

$$\ln\dfrac{n(n+1)}{2} < \sqrt{\dfrac{n(n+1)}{2}} - \dfrac{2}{\sqrt{2n(n+1)}}.$$

于是 $b_n = \dfrac{n^2+n-2}{\sqrt{2n(n+1)}} - \ln\dfrac{n(n+1)}{2}$

$$= \sqrt{\dfrac{n(n+1)}{2}} - \dfrac{2}{\sqrt{2n(n+1)}} - \ln\dfrac{n(n+1)}{2} > \sqrt{\dfrac{n(n+1)}{2}}$$

$$- \dfrac{2}{\sqrt{2n(n+1)}} - \sqrt{\dfrac{n(n+1)}{2}} + \dfrac{2}{\sqrt{2n(n+1)}} = 0.$$

$\therefore b_n = \ln\dfrac{1}{3} + \ln\dfrac{2}{4} + \ln\dfrac{3}{5} + \cdots + \ln\dfrac{n-1}{n+1} - \dfrac{2-n-n^2}{\sqrt{2n(n+1)}} > 0.$

$\therefore \ln\dfrac{1}{3} + \ln\dfrac{2}{4} + \ln\dfrac{3}{5} + \cdots + \ln\dfrac{n-1}{n+1} > \dfrac{2-n-n^2}{\sqrt{2n(n+1)}}(n\geqslant 2, n\in\mathbf{N}^*).$

4. 寻根溯源，引领登高

师：高考命题立意的原则是"源于教材，高于教材"，对于以上几道题的题源其实就在我们的教材中。"人教社 A 版《数学 2 – 2》第 1.3 节'导数在研究函数中的应用'的第 32 页的 B 组习题中，"利用函数的单调性，证明以下不等式 $e^x > 1 + x(x \neq 0)$ 及 $\ln x < x < e^x (x > 0)$"。我们对它们进行变换，可以进一步得到不等式 $\ln(1 + x) < x(x > -1)$。

前面我们得出了不等式 $\ln(1 + x) > \dfrac{x}{1 + x}(x > 0)$ 以及 $\ln x < \dfrac{x}{2} - \dfrac{1}{2x}(x > 1)$。

师：高考试题常常以课本中的概念、公式、定理、例题、习题为雏形进行编制，但它们又有所创新和提高，旨在考查同学们的能力。如果我们能够很好地理解课本内容，并在此基础上进行适当的拓展、变换，那么我们的学习一定能更上一层楼。

二、对教学的思考

1. 重视生成资源，激活数学思维

数学教学的"预设"与"生成"，是每一个教师在课堂教学中都会遇到的一对矛盾，是循着预设的路线进行，还是注重生成的资源进行开发。也许意外的资源开发会打乱事先的预设，使我们的教学"理想"不能实现，但课堂教学是一个个鲜活生命在特定情境中的交流与对话，动态生成是课堂教学的最重要特征。如果我们的教学注意在学生的联想中生成课题，把课堂教学中一些偶发事件生成为重要的教学资源，常常通过联想—操作—反思—领悟进行，可以大大地激发学生课堂参与的热情，变单纯地接收学习为积极主动地构建，那么学生的数学思维就不会被淹没在预设的教学活动中，可能会产生出一些意想不到、预设不到的教学效果。这样也许更有利于培养学生的创新精神和实践能力，使课堂充满生命的活力。

2. 注重知识联系，理解数学本质

建构主义认为：学习不是由教师把知识简单地传递给学生，而是由学生在一定的情境中，借助同伴互助，利用必要的学习材料，通过意义建构的方式获得的。教师不应局限于将数学解题方法与过程灌输给学生，要多了解与中学数

学有关的扩展知识和内在的数学思想，注重数学的不同分支和不同内容之间的联系，启发学生沟通各部分内容之间的联系，在不同的数学内容上进行联想、迁移，鼓励学生通过探询问题的细节达到对问题的最佳认识，数学学习中发现相似性的能力、形成数学通则通法的概括能力和迁移概括能力非常重要。只有把知识的内在联系贯通起来，才能使学生更好地感受数学的整体性，进一步理解数学的本质，提高数学解题能力。

3. 运用教材资源，提高数学素养

改进学生的学习方法是高中数学课程追求的基本理念。教师在处理高考题时要引导学生"溯源登高"，既要追踪其在课本中的痕迹，寻找"题源"，让他们钻进教材之中细心解读、运用；又要引导学生独立思考、自主探索、动手实践、合作交流，善于从差异中揭示知识的衍变过程，把握考题的生成过程。

正如弗赖登塔尔所指出的，不应该将教的数学内容作为一种现成的产品强加给学生，应当将教的数学内容作为一种活动，特别是作为一种学的活动来分析。我们要使学生成为教材的主人，成为有创新思想的实践者，真正地将知识、能力与素质融为一体，提高他们对数学思想方法及数学本质的理解水平，提高学生的数学素养。

（本节选自论文《一类数列不等式的根源及程序化证明》，发表在《数学通讯》2012.6 下半月（教师））

第四节　数学知识与能力的教学理解

一、从一个高考实例谈起

已知函数 $f(x) = e^x - \ln(x + m)$.

（1）设 $x = 0$ 是 $f(x)$ 的极值点，求 m，并讨论 $f(x)$ 的单调性；

（2）当 $m \leqslant 2$ 时，证明 $f(x) > 0$.

立意与方法：本题主要利用导数求函数的单调区间及极值以及不等式的证明，考查了学生的推理论证能力、分析问题和解决问题的能力以及运算求解能力。

（1）先根据极值点确定 m 的值，然后运用导数求出函数的单调区间；

（2）转化为根据导数知识求出 $f(x)$ 的最小值大于 0 即可。

（1）**解**：函数 $f(x) = e^x - \ln(x + m)$ 的定义域为 $(-m,\ +\infty)$.

$$f'(x) = e^x - \frac{1}{x + m}$$

由于 $x = 0$ 是 $f(x)$ 的极值点，得 $f'(0) = 0$，所以 $m = 1$.

于是 $f(x) = e^x - \ln(x + 1)$，定义域为 $(-1,\ +\infty)$，

$$f'(x) = e^x - \frac{1}{x + 1}$$

很容易发现当 $x = 0$ 时，$f'(x) = 0$，

且函数 $f'(x) = e^x - \dfrac{1}{x + 1}$ 在 $(-1,\ +\infty)$ 上是增函数，

所以当 $x \in (-1,\ 0)$ 时，$f'(x) = e^x - \dfrac{1}{x + 1} < 0$，

当 $x \in (0,\ +\infty)$ 时，$f'(x) = e^x - \dfrac{1}{x + 1} > 0$.

所以函数 $f(x)$ 在 $(-1, 0)$ 上单调递减，在 $(0, +\infty)$ 上单调递增。

（2）证明：当 $m \leqslant 2$ 时，要证明 $f(x) > 0$.

由于当 $m \leqslant 2$，$x \in (-m, +\infty)$ 时，$\ln(x+m) < \ln(x+2)$，

所以只需要证明当 $m = 2$ 时，$f(x) > 0$.

当 $m = 2$ 时，$f'(x) = e^x - \dfrac{1}{x+2}$ 在 $(-2, +\infty)$ 上单调递增。

又 $f'(-1) < 0, f'(0) > 0$，

所以 $f'(x) = 0$ 在 $(-2, +\infty)$ 上有唯一实根 x_0，且 $x_0 \in (-1, 0)$.

当 $x \in (-2, x_0)$ 时，$f'(x) < 0$；当 $x \in (x_0, +\infty)$ 时，$f'(x) > 0$.

从而当 $x = x_0$ 时，$f(x)$ 取得最小值。

所以 $f(x) \geqslant f(x_0) = e^{x_0} - \ln(x_0 + 2)$.   ①

又由 $f'(x_0) = 0$，得 $e^{x_0} = \dfrac{1}{x_0 + 2}$，即 $\ln(x_0 + 2) = -x_0$.   ②

所以 $f(x) \geqslant f(x_0) = e^{x_0} - \ln(x_0 + 2) = \dfrac{1}{x_0 + 2} + x_0 = \dfrac{(x_0 + 1)^2}{x_0 + 2} > 0$.

综上可得，当 $m \leqslant 2$ 时，$f(x) > 0$.

二、解题研究

高考数学是注重能力考查的考试。它是一种学术能力倾向测试，测试的内容集中在能够把这些内容迁移到不同情境中去的能力上。当然它还是以数学知识和技能为载体来进行的，反映到试卷上，大量的试题属于理解型。

从上面的解题来看，我们也发现，在讨论函数的单调性时，需要注意培养学生结合具体情境，对知识进行分析、检验，不能简单地套用，如求出函数的导数 $f'(x) = e^x - \dfrac{1}{x+1}$ 后，如何讨论 $f'(x) > 0$ 和 $f'(x) < 0$，这时与常规解 $f'(x) = 0$ 有些差异，因此需要对具体情境进行再创造，需要对新知识的批判，不能满足于知识的教条式掌握，需要进一步深化，在判断 $f'(x) > 0$ 和 $f'(x) < 0$ 时，本题可以有两种判断方法：

一种是利用函数 $f'(x) = e^x - \dfrac{1}{x+1}$ 的单调性结合描点法作图来加以判断，

由于函数 $g(x) = e^x$ 和函数 $h(x) = -\dfrac{1}{x+1}$ 在 $(-1, +\infty)$ 都是增函数，所以

$f'(x) = e^x - \dfrac{1}{x+1}$ 在 $(-1, +\infty)$ 上也是增函数，再结合 $f'(0) = 0$，于是可

以判断出导函数 $f'(x) = e^x - \dfrac{1}{x+1}$ 的符号，进而判断函数 $f(x)$ 的单调性，

当然这其中也可以对函数 $f'(x) = e^x - \dfrac{1}{x+1}$ 二次求导，得 $f''(x) = e^x +$

$\dfrac{1}{(x+1)^2}$ 来研究。

另一种方法则需要观察出当 $x = 0$ 时，$f'(x) = 0$，然后再结合两个基本函

数 $g(x) = e^x$ 和 $\varphi(x) = \dfrac{1}{x+1}$ 的取值范围进行讨论：

当 $x \in (-1, 0)$ 时，$0 < e^x < 1$，而 $\dfrac{1}{x+1} > 1$，从而当 $x \in (-1, 0)$ 时，$f'(x)$

$= e^x - \dfrac{1}{x+1} < 0.$

当 $x \in (0, +\infty)$ 时，$e^x > 1$，而 $\dfrac{1}{x+1} < 1$，从而当 $x \in (0, +\infty)$ 时，$f'(x) =$

$e^x - \dfrac{1}{x+1} > 0.$ 这其中需要较强的代数演绎推理能力，不能仅有求函数单调区

间的常规思维和步骤，需要把思维落实在解题细节中，更要真正走向"思维中

的具体"，问题才能得以很好地解决和表达。

高考数学以能力立意的命题，更多地着眼于数学科学的一般的数学思想方

法，关注的是反映能力与潜能的本质特征，解决问题时的思维与操作活动的心

理过程，体现思维品质与技能的问题，对知识的考查更倾向于理解和应用。

高考对逻辑思维能力的考查主要体现在对演绎推理的考查，由于学生最初

学习演绎推理时使用的素材是平面几何的内容，因此学生头脑中的几何演绎推

理模式较强，而代数演绎推理较弱。究其原因，主要是代数中缺少几何图形的

直观辅助，学生对代数演绎推理感到抽象。本题中的第（2）问，对学生的代

数演绎推理能力提出了很高的要求，首先对函数与不等式要有深刻的理解，同

时对演绎推理的掌握要深入，演绎推理就是由一般到特殊的推理，也就是说

"一个命题在一般情况下成立，那么它在特殊情况下也成立"。其次，要求学生

能准确、清楚地表达解题过程，利用好数学符号语言使思维在可见的形式下再

现出来，其中的隐零点如何表示是个关键。只有将数学关系找出来，才能更好

地加工、转换。刻意考查学生对数学符号语言的深刻理解也是高考的任务，因此高中数学如何加强代数演绎推理的教学尤其值得研究。

三、如何在知识和能力上开展教学

1. 加强思维能力的教学

以能力立意的数学命题提出了三个层次的考查目标，包括数学思想方法、逻辑学中的方法和具体数学方法。

思维能力是数学能力的核心，在数学教学中可以利用数学素材进行训练和培养，教学中要通过数学问题，带领学生进行观察、分析、综合、抽象与概括，会用演绎、归纳及类比进行推理，能准确、清晰、有条理地进行表述。

形式逻辑推理是数学学习的基本方法，由概念组成命题，由命题组成判断，由判断组成证明。演绎推理重点是三段论推理，它从定义出发进行分析、推理和论证，教学中要带领学生学会利用定理、定义进行抽象的数学推理，特别是代数演绎推理的训练。通过数学的学习和训练，在知识和方法的应用中提高学生的综合能力和基本素质，形成科学的世界观和方法论。更具体地表现为：要训练学生从题目的条件中提取有用的信息，从题目求解或求证中分析需要的信息，同时引导学生从头脑里储存的数学信息中提取有关的信息，联系已有的信息作为解题的依据，不断地进行已知与未知，从未知到已知进行加工、组合，找出已知和未知的联系，组织已有的规则，分析、综合，寻找到确定的数学关系，进而形成一个解题链条和程序，并清晰地加以表达出来。

2. 通过辨析、多层次练习促进学生的知识理解能力

众所周知，知识和能力是无法截然分开的。知识总是按一定的方式储存在人的头脑中，以网络和板块的形式储存着，解决问题的过程就是激活知识的过程。由于高考试题带有层次性和综合性，因而在数学教学的过程中就离不开教学针对性和模仿，离不开问题的提出并通过问题的解答、练习来巩固所学的数学知识，进而提高数学能力。

数学学科知识包含陈述性知识和程序性知识两个方面。陈述性知识是关于事物本身的知识，包括现象的描述，概念的界定，概念之间的联系。这些知识用命题网络的方式存储在大脑中，而且它们在大脑中不只是存储在某一特殊的位置上，而是存储在大脑的各种不同的部位中——视觉、听觉降运动皮层，并

通过神经元的回路和网络联结起来。当学生经历了一些新的事情，大脑就寻找适合新信息的已有网络。如果非常符合，以前所学的知识和存储的信息就对新知识赋予了意义，学习就产生了正迁移，否则就会产生负迁移。因此，在教学陈述性数学知识时，有些特定的活动和策略必不可少，其中增加额外多的信息来解释数学概念，从正反两方面、多层次、多方位、多练习等策略能更有效地促进学生对知识的理解。

3. 在元认知上着力培养学生

程序性知识是关于认知活动的知识。程序性知识越丰富，结构组织更合理，一旦学生掌握以后，就可以达到自动化的程度。当程序性知识激活以后，便会产生信息的转换和迁移，因此数学教学要把着力点更多地放在高层次的程序性知识的学习上，更多地在综合运用上下功夫，不断掌握并形成技能，在系列性加工信息上对学生加以指导和培养，使学生不断加深对自己解题活动的了解和控制。师生共同确立解题的方向、策略，引导学生将解题途径细化，督促学生按照既定的方向，一步一步地去实现解答。教师不断提示学生在解题过程中修正错误，力争使解题完整，圆满解决问题。只有教师在教学中不断督促学生，才能让学生形成好的元认知；只有学生的元认知能力真正提高，数学能力才能有所提高。

数学教学要从知识走向能力，从能力走向素养，我们希望数学能留给学生数学抽象、逻辑推理、数学建模、直观想象和数学运算等更多的内容和科学的方法。数学教学要让学生掌握数学规则，形成数学方法和思想，认识数学结构与体系，通过逻辑推理构建数学体系，掌握推理的形式和规则，发现问题和提出问题，探索和论证过程，理解命题体系，建立求解模型，检验和完善模型，使认知结构得到完善，既讲逻辑也讲道理，养成其良好的数学学习习惯，提高他们的自主学习能力。

参考文献

[1] 刘永良. 窥一斑而得全豹——从一道考题与学生谈数学复习策略 [J].
湖北：数学通讯，2015，16.

[2] 张建伟，孙燕青. 建构性学习——学习科学的整合性探索 [M]. 上海：上海教育出版社，2005.

［3］刘绍学．普通高中课程标准实验教科书数学选修 2 – 3 ［M］．北京：
人民教育出版社，2008.

［4］刘永良．一类数列不等式的根源及程序化证明 ［J］．湖北：数学通
讯，2012，12.

［5］中华人民共和国教育部．普通高中数学课程标准 ［M］．北京：人民
教育出版社，2020.

［6］［荷兰］弗赖登塔尔．作为教育任务的数学 ［M］．陈昌平等译．上
海：上海教育出版社，1995.

2

第二章

高中数学教与学的理论与启示

教学需要理论。对教与学的过程有一个更深入、更全面的了解，是我们每一个教育工作者的追求。我们有关于教学过程的大量知识，我们通过自己的经验以及教育心理学、认知心理学和教学法的知识，如何应用于课堂教学并达到最佳，需要每一个教师通过课堂来实现。教师采用教学技巧的方式决定于他们对学习与教学理论的理解。学习理论不同，对学习迁移概念的理解也就不同。

　　教师可以发展自己的学习理论并对这些学习理论进行谨慎的验证。实践证明对学习过程的思考，借由学习理论可以提升教师的教学能力。

　　本章我们将建构几种学习理论在学习问题上的观点，并介绍几种主要的学习理论以及这些理论给教学过程带来的一些启示。

第一节 教学目标分类学理论

一、布卢姆和加涅的教育目标分类理论

教学目标是在教学活动之前，预期教学活动完成之后，学生从课堂教学活动或教学研究活动中学到什么知识与技能，学到什么态度与观念。

在教育目标分类中，美国芝加哥大学教授布卢姆等人认为，教育目标包括三个主要方面，即"认知领域中的行为目标""情感领域中的行为目标"和"技能领域中的行为目标"。

布卢姆关于认知领域中的行为目标模型有六个由简单到复杂的层次构成，即知识、理解、应用、分析、综合与评价六个层次。知识是指在教学之后学生依据记忆能够记得学过的一些事实性知识。理解是指学生在学习后能够解释和说明所学知识的含义，并能对不同的知识采用适当的形式进行表达。应用是指学生能将所学的抽象知识实际应用于特殊的或具体的情境之中去解决问题。分析主要包括要素的分析、关系的分析和组织原则的分析。综合是指学生能将学习到的零碎的知识综合起来，构成自己的完整的知识体系。评价是指学生能在学习之后对其所学到的知识或方法，依据个人的观点给予价值判断。"情感领域中的行为目标"包括接收、反应、形成价值观念、组织价值观念、形成价值情绪等方面。"技能领域中的行为目标"有不同的分类，有观察、模仿、练习和适应，也可分为知觉作用、心向作用、引导反应、机械反应、复杂反应、技能调适和创造表现。

布卢姆的教学目标分类是以学生的行为为标准来进行的，而美国佛罗里达州立大学教授加涅在他的著作《学习的条件》中将教学可能产生的结果分为五类：发展心智技能、学习认知策略、获得语言信息、学到动作技能、养成良好

态度。

根据加涅的描述，心智技能的学习包括辨别、概念、原则、问题解决四个层次。辨别是指学生能区分出不同的刺激并能给予不同的反应。概念是对具有共同属性事物的概括性认识。原则是将数个概念整合在一起作为一个完整意义的表达。问题解决是运用学会的原则从事解决问题的心理历程。心智技能是指学生学到如何运用符号去获取知识的能力。认知策略是指由学生个人自主控制其内在心理活动历程从而获得新知识的所有方法。语言信息按学习方式分为字与词的基础知识、陈述性知识和有组织的复杂知识。良好态度是指影响个人对其行动选择的内在心理状态。

二、我国高中数学教学目标概述

我国高中数学教学目标以布卢姆的教学目标分类理论为参考，借鉴国际课程改革优秀成果，全面贯彻党的教育方针，依据数学学科特点，关注数学逻辑体系、内容主线、知识之间的关联，指明学生在数学课堂要学习什么基础知识、基本技能、基本思想、基本活动经验（简称"四基"），如何提高从数学角度发现问题、提出问题、分析问题和解决问题的能力（简称"四能"）。

至于学生学习数学的相关教学，要注重数学基础知识、基本技能和数学思想方法以及活动经验的达成；关注其对数学本质的理解水平，实现高中数学课程标准对学生数学抽象、逻辑推理、数学建模、直观想象、数学运算、数据分析等学科核心素养的发展目标。

结合教育目标分类学和数学学科特点以及一些重要的认知过程，数学教学对知识的要求由低到高分为三个层次，依次为了解（知道、模仿）、理解（独立操作）、掌握（运用、迁移）。数学知识是指数学概念、性质、法则、公式、公理、定理以及由其内容反映的数学思想方法，还包括按照一定程序与步骤进行运算、处理数据、绘制图表等基本技能。了解是指要求对所列的数学知识的含义有初步的、感性的认识，知道这一知识内容是什么，按照一定的程序和步骤照样模仿，并能在有关的问题中识别和认识它；理解是指要求对所列的知识内容有较深刻的理性认识，知道知识间的逻辑关系，能够对所列的知识做正确的描述并用数学语言表达，能够利用所学的知识内容对有关问题进行比较、判别、讨论，并能利用所学知识解决简单的问题；掌握是指能够对所列的知识内容进行推导证明，能够利用所学知识对问题进行分析、研究、讨论，并且加以解决。

数学是一门思维的科学，是培养理性思维的重要载体，通过空间想象、直觉猜想、符号表达、运算推理、演绎证明和模式构建等诸方面，对客观事物中的数量关系和数学模式做出思考和判断，形成和发展数学能力。数学能力是指空间想象能力、抽象概括能力、推理论证能力、运算求解能力、数据处理能力以及应用意识和创新意识。对能力的考查和教学，以思维能力为核心，教学要善于从本质上抓住数学知识之间深刻的内在联系，通过分类、梳理、综合，构建数学知识体系和框架。

《高中数学课程标准》指出，通过高中数学课程的学习，学生能在情境中抽象出数学概念、命题、方法和体系，积累从具体到抽象的活动经验；通过高中数学课程的学习，学生能掌握逻辑推理的基本形式，学会有逻辑地思考问题；通过高中数学课程的学习，学生能有意识地用数学语言表达现实世界，发现和提出问题，感悟数学与现实之间的关联，学会用数学模型解决实际问题，增强创新意识和科学精神；通过高中数学课程的学习，学生能提升数形结合的能力，增强运用几何直观和空间想象思考问题的意识；通过高中数学课程的学习，学生能进一步发展数学运算能力，促进思维发展，形成规范化思考问题的品质；通过高中数学课程的学习，增强学生基于数据表达现实问题的意识，形成通过数据认识事物的思维品质，积累依托数据探索事物本质、关联和规律的活动经验。

三、关注教学目标与学生认知发展的数学教学

对于数学教学来说，教学目标又分为课程教学目标、单元教学目标和课时教学目标。学生的学习能力有限，教师的作用就是帮助学生。帮助他们组织起教学目标的这些观点，用良好的组织方式，与学生的心理相契合的组织。这样的组织方式（将知识发生的逻辑过程与学生心理发展的过程相契合），最能提高学习效果，达成教学目标。

现代心理学表明，理解心理结构和过程对理解人类认知至关重要。理解支配人类思维的基本机制对于理解数学教学，实现教学目标非常重要。

实现教学目标与关注学生认知发展的数学教学，需要对学生的发展有整体

考虑，既要促进学生对知识的深层理解，也要发展学生的认知技能。将知识与认知过程进行整合，关注知识间的内在联系，帮助学生逐渐和连贯地形成较为系统的知识结构和认识思路，力求让学生的思维发展与知识的深层理解协调同步。

例如，不等式的学习，对于学生来说并不陌生。从小学到初中，然后到高中，由于不等式的教学是分散的，是针对某一具体的情景进行的，教师在教学时都不太注意或者说容易忽视这些知识之间的内在联系。学生在学习时往往会感觉到这些知识是零散的，难以建立起对于"不等式"的整体而深入的认识。为此，沟通相关知识之间的联系，关注具体的不等式知识与更为基本、更为深刻的"函数""数形结合"这一学科思想之间的联系，帮助学生逐渐地、连贯地形成较为系统的知识结构和认识思路就显得尤为重要。教学中要引导学生思考，从数形结合的角度看，"不等式"与我们学过的等式之间有什么区别，它与函数有什么关联？引导学生对这些问题的思考将有助于学生深刻理解知识的结构及其学习内容。

按照认识"不等式的背景函数"这一思路，可以较为清晰地梳理各种不等式，用函数理解不等式是数学的基本思想方法，由此，可以引领学生把握不等式的学习，强调知识的整体性。以函数为分析框架，可以促进学生依据所学相关函数知识的递增而整体把握"不等式"，从而建立连贯而深入的理解。从函数角度认识不等式，学生在初中学习了从一元一次函数看一元一次方程、一元一次不等式，为用函数的观点看方程和不等式打下了一定基础。另外学生在初中还学习了二次函数，对二次函数解析式 $y = ax^2 + bx + c$（$a \neq 0$）、函数图像及其性质也有了一定的认识。在《高中数学必修 5》再学习从二次函数的观点看一元二次方程、一元二次不等式，可以帮助学生把它们联系起来，体会知识的整体性。结合高中学生的认知规律，在《高中数学选修 4 - 5》中继续学习不等式，并将函数与不等式、数列与不等式联系起来，逐步提升学生数学抽象素养和逻辑推理素养。

我们认为，教师需要对知识（教什么）和过程（如何教）做出决策，既要用合适的方法去教最有价值的知识，同时要教最有意义的思想。学生已有的知识经验会影响新知识的学习，有效的教学需要对学生有充分地了解。对学生已有的知识经验进行分析，关注学生已有的知识经验与新知识的联系，找寻两者之间的差距，有助于教师设计出既能促进学生知识重组，又符合学生认知规律的学习活动。

关注学生认知发展的教学设计，需要将教学目标与内容转化为具体的学习任务，围绕学习任务将知识与认知过程进行整合并设计相应的学习活动。在这样的学习活动中让学生的思维发展与知识的理解协调同步。

关注学生认知发展的教学，需要对学生的发展有整体考虑，既要促进学生对知识的深层理解，也要发展学生的认知技能。为此，需要考虑知识的结构与价值，学生的基础与认知发展，知识获得的过程等要素。以关注学生认知发展为导向，注重沟通具体知识与学科思想方法之间的联系，围绕教学核心内容将知识与认知过程进行整合设计教学，旨在帮助学生逐渐地、连贯地形成较为系统的知识结构和认识思路，力求让学生的思维发展与知识的深层理解协调同步，这值得我们进一步深入研究。

四、一个实例

例： 设函数 $f'(x)$ 是奇函数 $f(x)$ $(x \in \mathbf{R})$ 的导函数，$f(-1)=0$，当 $x>0$ 时，$xf'(x)-f(x)<0$，则使得 $f(x)>0$ 成立的 x 的取值范围是（ ）。

A. $(-\infty, -1) \cup (0, 1)$　　　　　　B. $(-1, 0) \cup (1, +\infty)$

C. $(-\infty, -1) \cup (-1, 0)$　　　　　　D. $(0, 1) \cup (1, +\infty)$

解析： 要解决好这个问题，需要学生对知识的内在联系有深刻的理解，能灵活运用所学知识，理解所学知识之间的关联，理解导数的运算法则，会联想与推理，能在函数与导数基本性质之间找到它们之间的关联。这也是教育目标分类学中的理解和应用。考查不以识记和再认为重点，更注意在理解的基础上记忆，在理解的基础上应用，通过 $xf'(x)-f(x)<0$ 中的结构理解，构造出函数 $y = \dfrac{f(x)}{x}$，利用商的导数 $\left(\dfrac{u}{v}\right)' = \dfrac{u'v - uv'}{v^2}$ 的运算法则，进一步利用数形结合的数学思想和方法才能找到解决问题的办法。

思路1： 注意到 $y' = \left[\dfrac{f(x)}{x}\right]' = \dfrac{xf'(x)-f(x)}{x^2}$ 且 $x>0$ 时，$xf'(x)-f(x)<0$，

因此，当 $x \in (0, +\infty)$ 时，$\left[\dfrac{f(x)}{x}\right]' < 0$，函数 $y = \dfrac{f(x)}{x}$ 单调递减。

又 $f(-1)=0$，$f(x)(x \in \mathbf{R})$ 是奇函数，所以通过函数的大致图像可知，

当 $x \in (-\infty, -1)$ 或 $x \in (0, 1)$ 时, $f(x) > 0$.

于是选 A.

进一步分析：结合我国高中数学课程标准的培养要求，对学生抽象概括的数学能力培养需要从情境中来，要通过情境进行推理论证才能不断提高他们的抽象思维能力。因此本题由于题目中没有给出具体函数，对于部分学生来说解题是困难的，但我们可以根据已知条件，构造一个具体的函数。

思路 2：因为函数 $f(x)(x \in \mathbf{R})$ 是奇函数, $f(-1) = 0$,

所以 $f(1) = -f(-1) = 0$,

从而函数 $f(x)$ 能被 $x^2 - 1$ 整除。

于是结合函数的奇偶性与已知条件 $x > 0$ 时, $xf'(x) - f(x) < 0$,

我们可以取 $f(x) = x - x^3$.

进一步检验知 $f(x) = x - x^3$ 满足所有的条件。

解不等式 $f(x) > 0$, 可以得到 $x \in (-\infty, -1) \cup (0, 1)$.

于是选 A.

数学抽象是数学的基本思想，反映了数学的本质特征。数学抽象表现为提出数学命题和模型，认识数学结构与体系，教学要使学生在情境中抽象出命题、方法和体系，让学生养成借助直观理解概念、进行逻辑推理的思维习惯，积累从具体到抽象的活动经验；教学要使学生养成在学习和实践中一般性思考问题的习惯，重点提升数学抽象、数学建模、数学运算和逻辑推理素养。

第二节　数学知识的分类与表征理论

一、安德森等的知识分类

知识分类是学习理论的一个基本要点，知识的表征建立在知识分类的基础之上。本节我们向大家简要介绍安德森等的数学知识分类与表征。

安德森等根据知识的状态和表现方式将知识分为两类，一类为陈述性知识，另一类为程序性知识。陈述性知识是关于事实的知识，是关于有关事物状况的知识，是说明事物、情况是怎样的。数学中的定义、法则、公式、定理、公理以及整体知识框架都要求学生以陈述性知识形态理解和掌握。程序性知识是关于如何处理问题、解决问题的知识，是关于如何完成某项活动的知识，也就是完成一件事情所要经过的步骤、方法及策略一系列环节组成的知识。数学中的解题原理、解题技术与方法以及语言和符号表达的知识都以程序性知识形态出现，这些知识都要求学生以程序性知识形态掌握并保持。

这样对知识进行所谓的分类，首先程序性知识表现为一种技能。它是与一定的问题相联系的。在一定的问题情境面前，程序性知识被激活，然后被执行，程序性知识是一种很少受意识控制的自动化知识；在解决问题的过程中，学生把陈述性知识转化为程序性知识，这一过程被称为知识编辑。其次，程序性知识也表现为即使受意识控制也难以达到自动化程度的知识，例如，怎样进行推理、决策或解决某类问题的知识。加涅称前者为智慧技能，后者为认知策略。

在《数学教育心理学》中，我国学者喻平教授认为，数学知识有其自身的特殊性，因此，进一步刻画了数学知识的分类理论。

数学知识可分为陈述性知识、程序性知识和过程性知识等三类。

过程性知识是伴随数学活动过程的体验性知识。过程性知识是一种内隐的、动态的知识，它没有明确地呈现出来，而是隐性地依附于学习材料，在学习的过程中潜在性地融会贯通。过程性知识始终伴随着知识的发生和发展过程，学习者只能在学习的过程中去体验。

关于程序性知识中的智慧技能，是指经练习后能自动激活产生式，从而达到熟练的技能。程序性知识中的认知策略，是指受意识控制但难以达到自动激活程度的产生式系统。对于数学知识，从受意识控制到自动化有大量的数学程序性知识介入，把受意识控制和自动化之间但偏向于自动化的程序性知识称为复杂操作技能。数学中的法则、公式是陈述性知识，当学生把它应用于具体的问题和正用公式时，则规则和公式转化为程序性知识，需要按一定的步骤进行操作，学生通过练习能实现相对自动化，表现为简单操作技能。但逆向应用数学公式和规则解题时，则表现为复杂操作技能，需要根据具体问题具体分析，问题特征会影响学生的认知和策略，很难达到自动化的程度。这时策略性知识和元认知至关重要。

因此，数学知识的分类可进行如下图表述。

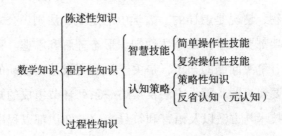

而在认识论层面上，知识具有两种密切相关的属性：客观性和工具性。即知识是对客观物质世界的描述和解决问题的工具。因此，我们也可以根据这两种属性把知识分为事实性知识和理念性知识。事实性知识是关于客观世界的事实性描述，这类知识可以较直接地通过与对应客体的对照进行验证，事实性知识的学习主要依赖于记忆学习，教学要着力于命题的学习和标准的基本知识表征，以概念、原理为基础，更多地通过字面编码进行理解，通过练习和反馈熟练掌握事实性知识。理念性知识是人们为了解决某种类型的问题而建立的观念性构想，它以问题为中心，在学习过程中需要更复杂、更开放和更高级的思维过程，教学活动则应关注学生面对问题情境所进行的知识生成和持续改进过程。在第一章第二节中我们提出的问题"已知函数 $f(x) = (x^2 - ax + a)e^x - x^2$，$a \in \mathbf{R}$. 若函数 $f(x)$ 在

$x=0$ 处取得极小值，求 a 的取值范围"就是一个很好的例证。

二、数学知识的表征与数学学习心理的 CPFS 结构及启示

数学知识的表征是指人在自己的工作记忆和长时记忆中对信息的储存、表示和再现方式。

发展学生的符号表征和图形表征是数学教学目标。数学教学要在重视数学问题的多元表征（符号表征、图形表征和文字语言表征），并力求确定对解决特定问题最有帮助的表征，在不同的表征之间灵活地转换。

数学学习心理的 CPFS 结构理论是南京师范大学喻平教授在数学知识分类、数学知识表征基础上提出的一种数学学习理论。

概念域、概念系、命题域、命题系形成的心理结构称为 CPFS 结构（由概念、命题、域、系的四个英文单词的第一个字母组成），用以描述数学学习中学生特有的认知结构，它是学生个体头脑中内化的数学知识网络。

概念域是一个概念的所有等价定义的图式，同一个数学概念有不同的描述形式，概念域是指某个概念的一些等价定义（知识）在个体头脑中形成的命题网络和表象，是个体对数学概念的一种心理表征。如果说一个概念的一组等价定义是一种外在形式，那么概念域则是这一组等价定义在学生头脑中内化了的、长时记忆中储存了的关于这个概念的一组等价定义。

概念系则是大脑中储存的概念网络，是一组数学概念之间由抽象关系组成的知识网络在大脑中的储存图系。

命题域则是一个等价命题网络的图式。命题网络是指一个典型命题与它的等价命题之间的互推关系所形成的结构。命题域的含义是：命题域是个体头脑中的命题网络，是个体数学认知结构的组成部分；命题网络中的所有命题在逻辑意义上是等价的；命题域是命题网络在个体头脑中的图式，它与命题网络的组织形式有关；命题域中的典型命题往往构成命题域的核心，是个体在应用命题时最容易提取的因素。

如果一组命题 P_1，P_2，$\cdots$，P_n，存在推出关系：$P_1 \Rightarrow P_2 \Rightarrow \cdots \Rightarrow P_n$，则称其为一条命题链。如果 m 条命题链中的每一条都至少与其余一条相交，那么称这 m 条命题链组成的系统为半等价命题网络。一个半等价命题网络的图式称为命题系。

数学学习心理的 CPFS 结构是一种数学学习特有的心理认知结构。CPFS 结构理论的含义是：①个体头脑中内化的数学知识网络。各知识点（概念、命题）在这个网络中处于一定位置，知识点之间具有等值抽象（等价）关系，或强抽象关系，或弱抽象关系，或广义抽象关系。②正是网络中各知识点之间具有某种抽象关系，而这些抽象关系本身就蕴含着思想方法，因而网络中各知识点之间的连线（联结）就包含着数学方法。③CPFS 结构既包含了表征陈述性知识的图式，又包含了表征程序性知识的产生式系统。

CPFS 结构是一种优良的数学认知结构，是希伯特等描绘的知识网络的更深入的刻画。认知结构是储存于个人长时记忆系统内的陈述性知识和程序性知识（包括自动化技能和受意识控制的策略）的实质性内容和它们彼此之间的联系。由于个体头脑中对知识的理解和组织方式不同，因而每个个体的认知结构有所不同。CPFS 结构理论更精确地描述了数学命题及其关系在学生头脑中的组织形式，个体形成 CPFS 结构是知识理解的基础，CPFS 结构融知识与方法于一体，有助于知识的储存和提取。

CPFS 结构是一种节点之间具有逻辑意义、联系紧密的层次网络结构。它是"层次网络"与"激活扩散"的整合。这种结构形成后，不仅有利于知识清晰、稳固地保持，而且由于节点之间存在高强度的联系，从而使检索容易进行，便于知识的提取；数学概念、数学命题作为存在的事实是陈述性知识，作为解决数学问题的基础和依据，它们又是可操作的程序性知识，CPFS 结构揭示了概念、命题之间的联系，它以命题网络表征陈述性知识，以产生式表征程序性知识，而网络之间的数学关系蕴含着数学思维方法，因此，CPFS 结构融知识与方法于一体，有助于知识的储存和提取。

研究表明，具备优良 CPFS 结构的学生更能合理、正确地表征问题，更会更有效地解决问题；没有形成完善的 CPFS 结构的学生，往往不能从多角度、多层面去观察问题及表征问题，从而不能有效地解决问题。

例如，证明如果三个实数的倒数和与这三个数的和的倒数相等，那么这三个数中必有两个互为相反数。

解决这个问题，学生一定程度地表达是会的。

第一步：表征实数，设这三个数分别为 x，y，z；

第二步：由题设可得 $\dfrac{1}{x} + \dfrac{1}{y} + \dfrac{1}{z} = \dfrac{1}{x + y + z}$；

第三步：计算得 $(xy + yz + xz)(x + y + z) = xyz$.

下面就显示出差异来了，甚至有很多学生都做不到第三步，不知如何继续下去。这时，就需要教师帮助学生建构起他们的 CPFS 结构，这也是一个很好地构建 CPFS 结构的机会。

师：我们要证明的结论是什么？

生：这三个数中必有两个互为相反数。

师：两个数 x，y 互为相反数这个命题，你能如何表示？

生：$x + y = 0$.

师：是不是一定是 x，y 两个数互为相反数呢？

生：也可能 $x + z = 0, y + z = 0$.

师：那下面有没有解题方法了呢？能找到思路了吗？

生：就看由 $(xy + yz + xz)(x + y + z) = xyz$ 能不能得出上面三个式子中的一个？

通过这样帮助学生对"两个数互为相反数"这个概念的多元表征，使学生建立起这个概念的概念域，为问题解决找到了思路，学生领悟到了其中的联结，从而可以将 $(xy + yz + xz)(x + y + z) = xyz$ 化为 $(x + y)(y + z)(x + z) = 0$，问题得以解决。

三、CPFS 结构理论在数学课堂教学中的应用

由上面的问题，我们可以看到，数学教学如果能够不断地引领学生形成良好的 CPFS 结构，那么学生的数学理解能力和解题能力一定会不断地得到提高。

同样地，一个主题的知识有不同的水平，我们不能只要求学生知道一些基本的概念，在教学中，要带领学生学习把概念的复杂性运用到具体的问题情境中，不断理解概念与实例的差异。这其中，通过练习和反馈而熟练地掌握概念的等价转化的活动至关重要。

布鲁纳认为"教学生学习任何科目，应按照学科内容自身的体系结构，即围绕学科的基本概念、基本原理和基本方法来进行教学，结合教学内容不断创设问题情境，形成对学习内容有指向性的问题组，对那些理解不深、认识不一致的重点问题深入讨论"。在教学中这样"为理解而教"，才能不断深化和完善学生的 CPFS 结构，也只有完善了学生的 CPFS 结构，才能较快地激活学生头脑

长时记忆中的凝聚核上的信息，才能准确地提取信息解决问题，从而使学生真正地"为理解而学"，提高数学学习能力。

安德森根据知识的状态和表现形式把知识分为两类：陈述性知识和程序性知识。陈述性知识说明事物是怎样的，是对事实、定义、规则、原理的描述；程序性知识则是关于怎样完成某项活动的知识。程序性知识是与一定的问题相联系的，程序性知识是在陈述性知识的基础上进一步发展起来的，个体把陈述性知识与具体的任务目标联系起来，从而去解决某个问题。在解决问题的过程中，个体把陈述性知识转化成程序性知识。

在安德森的基础之上，喻平教授认为：数学知识可分为陈述性知识、程序性知识和过程性知识。陈述性知识与程序性知识之间既有区别又有联系，如果把一个概念或一个命题作为一种事实静态看待，它就是陈述性知识；如果应用这个概念或命题来解决问题，它就是程序性知识。而过程性知识则贯穿于整个数学学习过程中，它是伴随数学活动过程的体验性知识。过程性知识是一种内隐的、动态的知识，它是依附于学习材料，学生要在学习过程中体验，在知识的发生和发展过程中通过思维来发展的知识。

因此，个体头脑中的原 CPFS 结构与新知识的联系越多，则越有助于个体理解、解决新问题。如果学生头脑中图式化的知识模块越多，且在这些模块之间建立的联系越强，那么他们对问题进行表征的能力就越好，解决问题的方法就更灵活，所以教学要重视过程，在教学过程中将同化和顺应统一起来。

正是基于这些研究，因此，在教学中，我们不仅要关注概念、命题的学习，关注单一的、标准的基本知识表征，更要关注整个教学过程中的连续的学习过程，带领学生在具体的情境中进行灵活迁移的学习，建构灵活的理解，实现知识的综合联系和灵活变通。帮助学生形成对知识的深刻理解，在知识与经验之间建立丰富的联系，使知识技能得以概括和系统化，形成良好的知识结构和心理结构。教学活动更多地要关注学生面对各种问题情境所进行的知识生成和持续改进过程。

例如，在《高中数学4》的"三角恒等变换"一章中，有以下问题：

给出以下三个等式：$\sin^2 30° + \cos^2 60° + \sin 30°\cos 60° = \dfrac{3}{4}$ ①

$$\sin^2 15° + \cos^2 45° + \sin 15°\cos 45° = \dfrac{3}{4} \qquad ②$$

$$\sin^2 20° + \cos^2 50° + \sin 20°\cos 50° = \frac{3}{4} \qquad ③$$

请问以上等式成立吗？若成立，你能写出反映一般规律的等式吗？请给出你的证明。

从学生解决问题的过程来看，我们会发现，大部分学生都是先验证了第一个等式 $\sin^2 30° + \cos^2 60° + \sin 30°\cos 60° = \left(\frac{1}{2}\right)^2 + \left(\frac{1}{2}\right)^2 + \frac{1}{2} \times \frac{1}{2} = \frac{3}{4}$，再验证了第二个等式 $\sin^2 15° + \cos^2 45° + \sin 15°\cos 45° = \frac{3}{4}$；在验证第二个等式时，有的学生利用了两角和与差的正弦公式，有的学生利用了二倍角公式；而第三个等式能够证明的学生就更少了。但是我们也发现，有极少数学生是先写出了一个等式：$\sin^2\alpha + \cos^2(30° + \alpha) + \sin\alpha\cos(30° + \alpha) = \frac{3}{4}$，然后再想着如何去证明这个等式。

从学生的解题过程中，我们发现学生在学数学时表现不同。究其原因，不难发现：学生头脑中的原 CPFS 结构有着很大的不同，不完善的 CPFS 结构没有对内化的知识进行有效的整合，不能全面地理解命题，只能进行有限地推理，没有连续推理的能力；而 CPFS 结构完善的学生，会进行从特殊到一般的探索，在探索过程中观察比较，发现规律，得出结论。学生头脑中的 CPFS 结构与新的数学知识联系得越多，依托点越多，则解题生长点越多。在教学中，为了找到生长点，有时需要教师适当地引导，教师教学要关注学生面对问题情境所进行的知识生成和持续改进过程。

数学概念的建立，数学结论、公式、定理的总结，蕴藏着深刻的数学思维过程，注重知识生成的教学，主要就是注重过程性知识的教学和学生的学习改进过程。许多老师认为，学生记下了教师所讲的规则、概念和方法，看到了老师所写的解题过程，学生便可以理解这些知识了。事实上，学生头脑中还存在许多与当前学习新知识完全冲突的认知，在这种情况下，转变学生原有的错误概念和既有知识经验的改造就更是教学过程中的重点、难点和生长点。

维果斯基的"最近发展区"理论认为，教学不在于训练、强化已经形成的内部心理机制，而在于激发、形成可以有的心理机制，只有走在学生发展前面的教学，才能使教学发挥最好的效果。教学要在"凝聚核"上努力进行，数学学习心理的 CPFS 结构理论正是这样：数学教学要从知识的生长点着力，让学生的数学结构与数学知识生长共同展开,不但学习新知识,同时形成有序的知识结构,构建更完善的 CPFS 结构,在概念系、命题系上生长成方法系和理念系。

理念性知识是人们为解决某种类型的问题而建立的观念性构想,它是以问题为中心,能够在各种相关的问题中进行思考,提出解决问题的方法。

学生对学习的理解程度,取决于他们对自己的学习过程的意识,取决于他们的观念性知识和理念性构想。我们认为,数学教学还要在培养学生的观念性知识上努力。数学教学还要在教学过程中促进学生观念的改变,通过讨论分析,多为学生提供做出理解性行为的机会,使学生调整看法,解决认知冲突,形成新的观念性知识。

四、再举一个实例

例:已知函数 $f(x) = 1 - \dfrac{a}{x} + \ln\dfrac{1}{x}$ (a 为常数)。

(1)若函数 $f(x)$ 在区间 $(0,2)$ 上无极值,求实数 a 的取值范围;

(2)已知 $n \in \mathbf{N}^*$ 且 $n \geqslant 3$,求证: $\ln\dfrac{n+1}{3} < \dfrac{1}{3} + \dfrac{1}{4} + \dfrac{1}{5}\cdots + \dfrac{1}{n}$.

解析:很显然,对于第(1)问,需要对知识进行编辑,学生需要把陈述知识与解题的目标联系起来,进一步转化为程序性知识。在转化过程中,对于概念与原理要有深刻的理解,在理解的基础上寻找解题技能和方法。对于"函数 $f(x)$ 在区间 $(0,2)$ 上无极值"可以产生两种理解:一是从图像(表象表征)上来看,函数 $f(x)$ 在区间 $(0,2)$ 上总有 $f'(x) \geqslant 0$ (或 $f'(x) \leqslant 0$);二是从代数研究方面考查,方程 $f'(x) = 0$ 在区间 $(0,2)$ 上没有实数解。

对于第(2)问,则需要学生有丰富的理念性知识的积累,比如把要证明式子的右边改写为 $S_n = 1 + \dfrac{1}{2} + \dfrac{1}{3} + \dfrac{1}{4} + \dfrac{1}{5}\cdots + \dfrac{1}{n}$,左边改写为 $T_n = 1 + \dfrac{1}{2} + \ln\dfrac{n+1}{3}$,分别看成是数列 $\{a_n\}$ 和数列 $\{b_n\}$ 的前 n 项和。

于是要证明 $n \in \mathbf{N}^*$ 且 $n \geqslant 3$, $\ln\dfrac{n+1}{3} < \dfrac{1}{3} + \dfrac{1}{4} + \dfrac{1}{5}\cdots + \dfrac{1}{n}$.

而 $n \in \mathbf{N}^*$ 且 $n \geqslant 3$ 时,数列 $\{a_n\}$ 中 $a_n = \dfrac{1}{n}$,数列 $\{b_n\}$ 中 $b_n = \ln\dfrac{n+1}{n}$,

于是只要证明 $n \in \mathbf{N}^*$ 且 $n \geqslant 3$ 时，$\ln \dfrac{n+1}{n} > \dfrac{1}{n}$.

从而利用数列（是一类特殊的函数）与函数联系起来。

于是只要证明 $\ln(1+x) < x$，其中 $x \in (0,1)$.

则这个问题的解决就非常容易了。

类似这类问题的解决需要在教学中通过对知识的更深层理解，通过教师的引导演练，通过对知识的综合联系和不断变通，将头脑中已有的图式化知识模块之间的联系联结起来，才能由"表象中的具体"发展为本质的抽象，进而走向"思维中的具体"，在思维中建构深刻的灵活的理解。只有对知识形成了深层的理解，只有在知识经验之间建立了丰富的联系，才可以广泛地迁移运用。

本题第（2）问，我们还可以从知识的联系角度来思考，它与已知有什么联系？如何联系？我们认为，教学的焦点应放在知识的建构上，知识建构应该是教学的着眼点，教学活动应该关注学生面对各种问题情境所进行的知识生成和持续改进过程。

为了帮助学生把要解决的问题与原有的知识和已知联系起来，我们可以采用一些策略，提问、述义、举例、推论等，从已知中提出进一步的问题，得出进一步的结论。

比如本题"若函数 $f(x)$ 在区间 $(0,2)$ 上有极值，求实数 a 的取值范围"。

这时通过学生回答这个问题进一步解释如何将陈述性知识转化为程序性知识，也就可以转化为方程 $f'(x) = 0$ 在区间 $(0,2)$ 上有实数解，于是得出 $0 < a < 2$，再举例可知，当 $a = 1$ 时，函数 $f(x) = 1 - \dfrac{a}{x} + \ln \dfrac{1}{x}$ 的极值是什么？

从而得出一个推论：当 $a = 1$ 时，函数 $f(x)$ 在 $x = 1$ 处取得最大值 0，即得出一个不等式 $\ln \dfrac{1}{x} \leqslant \dfrac{1-x}{x}$（当且仅当 $x = 1$ 时等号成立）。

这时通过举例，只要令 $x = \dfrac{n}{n+1}$，就有 $\ln \dfrac{n+1}{n} < \dfrac{1}{n}$.

从而 $\ln \dfrac{4}{3} < \dfrac{1}{3}$，$\ln \dfrac{5}{4} < \dfrac{1}{4}$，$\ln \dfrac{6}{5} < \dfrac{1}{5}$，$\cdots$，$\ln \dfrac{n+1}{n} < \dfrac{1}{n}$.

把上面的式子两边分别相加，就得到 $n \in \mathbf{N}^*$ 且 $n \geqslant 3$，$\ln \dfrac{n+1}{3} < \dfrac{1}{3} + \dfrac{1}{4} +$

$$\frac{1}{5} \cdots + \frac{1}{n}.$$

为理解而教，为理解而学是当今学习和教学理论的一条信念。为了达到这一目标，我们的教与学生的学都要对知识形成深层的、灵活的理解，依赖并改进已有的相关经验，主动地选择一些信息和注意一些信息，并从中得出推论，从而与长时记忆中存在的有关信息建立某种联系，形成新的观念性知识和理念性构想，使学生的创造性思维得到进一步地发展。

第三节　建构主义的数学教学理论

一、建构主义学习理论指引

建构主义学习理论主要是以皮亚杰和维果斯基的理论发展起来的。建构主义学习理论认为，学习不是由教师把知识简单地传递给学生，而是由学生以自己原有的经验为基础来建构对知识的理解的过程；学习不是被动地接收信息刺激，而是主动地进行意义建构和解释的过程；学习是学习者根据自己的经验，对外部信息进行主动的选择、加工和处理，从而获得自己的意义和理解的学习过程；学习是学习者以自己原有的知识经验为基础，对新信息重新认识和编码，建构自己的理解的过程。学习过程不是简单的信息输入、存储和提取，是新旧知识经验之间的相互作用过程，也就是学习者与学习环境之间互动的过程。学习是一个意义建构的过程，是学生通过新旧经验相互作用来形成、丰富和调整自己的经验结构的过程。

建构主义在现在的教学中有着广泛的应用，很多教师在各自的学科教学中都会阐述建构主义观点和立场。这些观点有的是自己的理解，有的是对建构主义观点学习后得来的理解。教师们有的能清晰地表达描述他们的学习理论，有的也许不能，但他们的教学行为却隐含着一些理论。很多学校、很多老师不断地变换着采纳不同的学习理论的不同做法，而没有意识到这些学习理论其实有的是对立的。

学生个体的知识是如何形成的？如果认为知识是从外部输入到个体头脑中的，那就意味着学习过程是学生接收来自外部的刺激或信息，学习是接收人类现有认识成果的知识体系的过程。如果强调知识是由个体生成的，那就意味着学习是学习者运用自己的头脑形成对事物或现象的解释和理解的过程。

近年来，教育心理学家很多的研究都集中在学习心理中的认知、动机、知觉、记忆、编码等问题上。许多老师也认为，学生的学习与记忆有关，学习好的学生大脑能存储大量的信息，同时又有能从大脑中取出有用的信息的强大能力。也有老师认为，学生的学习是在构建对知识的思维模式而不是简单地存储或吸收知识。这些老师们总是会思考，如何改进教学，才能使学生更好地构建学习、建构知识网络，与学生头脑中原有的知识更好地形成联结，加深理解。他们认为记忆会随着理解能力及利用理解能力进行推理能力的增强而提高。

建构主义一般强调，知识并不是对现实的准确表征，它只是一种解释、一种假设；知识并不能概括世界的法则，在具体问题中需要针对问题情境再创造；尽管通过语言符号赋予了知识一定的形式，但并不意味着学生对这些命题有同样的理解。学习是一个积极的意义建构过程，教学并不是把知识经验从外部装入学生的头脑中，而是要引导学生从原有的经验出发，由学生的经验背景生长（建构）出新的经验。

在学生学习上，建构主义强调学生原有经验的差异和不同，学习不是简单地将知识从书本转移或灌输到学生的头脑中，学习是学生积极建构知识的过程。当一个问题呈现在学生面前时，他们往往基于自己已有的经验，依靠自己的推理判断能力，形成对问题的解释。学习是学生通过新旧经验的相互作用，来形成、丰富和调整自己的认知结构的过程。在知识建构过程中，学生先把新知识与原有的知识经验联系起来、做出推断，从而获得新知识的意义，把它纳入到已有的认知结构中，也就是同化。同化体现了知识发展的连续性，体现了知识的累积。另外，原有的知识经验会因为新知识的纳入而发生一定的调整或改组，也就是顺应。当新知识、新观念与原有的知识之间可以融入更好时，新观念可以丰富和充实原有的知识。当新观念与原有知识有一定的偏差时，新观念的进入会使原有观念发生改变与调整。顺应体现了知识发展的改造性，同化和顺应的统一是知识建构的具体机制。学习不仅是新的知识经验的获得，同时还意味着既有知识经验的改造。

二、知识建构作为教学的焦点

学生获得知识的过程不单单是知识从外到内的传送转移过程，在知识建构过程中，学生需要以原有的知识经验为基础来同化新知识，通过新知识纳入到已有的知识结构中，在纳入的过程中，学生需要充分调动原有的知识经验，分析、组织新信息，生成对新信息的理解、解释，使新信息获得意义。同时，学生会反省新知识和原有知识的差异，原有知识会因为新信息的纳入而发生一定的调整或改组。教学活动应关注学生在面对各种问题情境时进行的知识生成和持续改进过程，关注同化与顺应。

许多教师和领导都认为，给学生多上课，学生听了、记下了教师所讲的内容，学生便可以学得更好。教学要关注理解，理解并不是知识进入到学生头脑中就轻易地实现了，它需要学生主动地生成知识间的联系，当学生能主动地生成知识间的联系时，他才能对知识有更深、更好的理解。理解性的学习取决于学生中的思考活动。以理解为目标的教与学是一个渐进的过程，是一个不断尝试、逐渐拓展的过程。为理解而教与学需要在教与学中努力建立以下的联系：当前学习内容中的各个部分之间的联系以及当前学习内容与原有的知识、信念之间的联系。

为了帮助学生把当前的学习内容与原有的知识经验联系起来，我们可以采用以下策略：①特殊化举例的方法，从原有的知识经验中找到特殊的例子，来解释说明当前的内容。②解释，用有关的知识经验来解释新学的知识，用自己的话来表达、说明具体的理解。③论证，以原有的知识为基础来论证当前的概念、原理和问题，找到证明的依据和推理的方法。

三、一个实例

教与学从根本上是相互关联的，有效的教学就是判断它是否有利于学生的学习，有效的教学就是以学生的学习为核心，以学习者的经验和核心素养为中心，而不是以教师的教学活动为核心；有效的教学就是把教师对教学的理解与学生对教学的认识协调地联系起来，密切学生与自然、与社会、与个体生活的联系；有效的学习就是强调学生对所学内容的理解，以真实问题为核心，增加学生动手实践和体验感悟的机会，培养学生的创新精神和实践能力。

在教学"证明 $1^2 + 2^2 + 3^2 + \cdots + n^2 = \dfrac{1}{6}(2n+1)(n+1)n$（ $n \in \mathbf{N}^*$ ）"时，有的教师则采用数学归纳法带领学生一步一步地加以证明，对数学归纳法的讲解非常细致；有的教师则给出裂项相消法解题，由于

$$1^3 - 0^3 = 3 \times 1^2 - 3 \times 1 + 1$$
$$2^3 - 1^3 = 2^2 + 2 \times 1 + 1^2 = 3 \times 2^2 - 3 \times 2 + 1,$$
$$3^3 - 2^3 = 3^2 + 3 \times 2 + 2^2 = 3 \times 3^2 - 3 \times 3 + 1,$$
$$4^3 - 3^3 = 4^2 + 4 \times 3 + 3^2 = 3 \times 4^2 - 3 \times 4 + 1,$$
$$\cdots$$
$$n^3 - (n-1)^3 = n^2 + n(n-1) + (n-1)^2 = 3n^2 - 3n + 1.$$

把上面的式子叠加，

$$n^3 = 3(1^2 + 2^2 + 3^2 + \cdots + n^2) - 3(1 + 2 + 3 + \cdots + n) + n,$$

于是 $1^2 + 2^2 + 3^2 + \cdots + n^2 = \dfrac{2n^3 + 3n(n+1) - 2n}{6}$

$$= \frac{n(2n^2 + 3n + 1)}{6} = \frac{n(n+1)(2n+1)}{6}.$$

有的教师从学生熟悉的有名的求和例子 $1 + 2 + 3 + \cdots + 100$ 的高斯算法出发，紧接着再让学生计算 $1 + 2 + 3 + \cdots + n$ 的倒序相加法，不断引发学生的探究兴趣，再继续启发学生类比、联想，得出采用构造法求和 $1^2 + 2^2 + 3^2 + \cdots + n^2$，这里记 $S_n = 1^2 + 2^2 + 3^2 + \cdots + n^2$，于是拆分各项，将 S_n 拆分，$S_n = 1 \times 1 + 2 \times 2 + 3 \times 3 + \cdots + n \times n$，并利用旋转，构造得出如下三个数表：

```
    1                        n                        n
   2 2                      n-1 n                     n n-1
  3 3 3                    ... n-1 n                   n n-1 ...
 ... ... ...                3 ... n-1 n                n n-1 ... 3
n-1 n-1... n-1              2 3 ... n-1 n              n n-1 ... 3 2
 n  n  n ... n             1 2 3 ... n-1 n             n n-1 ... 3 2 1

        ①                        ②                        ③
```

我们看到每一个数位上的三个数字之和均为 $2n + 1$，共有数位 $1 + 2 + 3 + \cdots + n = \dfrac{(n+1)n}{2}$ 个，所以 $3S_n = \dfrac{(2n+1)(n+1)n}{2}$，从而命题得证。

面对同样的问题，不同的教师有不同的处理方法。听着同样的课程，不同的学生有不同的表现。由此可以看出，教与学是注重个人体验的领域，教与学是教师与学生各自对教与学的体验。不同的教学设计肯定会产生不同的教学效果，不同的教材表征也有着不同的引入和发生过程。

在人教 A 版教材中，是在学习了数学归纳法的原理后，作为应用数学归纳法来证明，但学习后就有同学会提出这样的问题：如果不用数学归纳法，如何知道 $1^2 + 2^2 + \cdots + n^2$ 的结果呢？

因此，这时需要教师从学生已有的知识经验出发，引导学生将命题的产生过程揭示出来。而苏教版的"推理与证明"就是这样表述的。

首先，提出问题：我们知道，前 n 个正整数的和

$$S_1(n) = 1 + 2 + 3 + \cdots + n = \frac{1}{2}n(n + 1) \qquad \text{①}$$

那么，前 n 个正整数的平方和

$$S_2(n) = 1^2 + 2^2 + 3^2 + \cdots + n^2 = ? \qquad \text{②}$$

然后，开展教学活动。

我们采用归纳的方案。

列举出 $S_2(n)$ 的前几项，希望从中归纳出一般的结论，见表 2 - 3 - 1。

表 2 - 3 - 1

n	1	2	3	4	5	6	⋯
$S_2(n)$	1	5	14	30	55	91	⋯

但是，从表 2 - 3 - 1 的数据中并没有发现明显的关系。这时我们会产生一个念头：$S_1(n)$ 与 $S_2(n)$ 会不会有某种联系？见表 2 - 3 - 2，我们进一步列举出 $S_1(n)$ 的值，比较 $S_1(n)$ 与 $S_2(n)$，希望能有所发现。

表 2 - 3 - 2

n	1	2	3	4	5	6	⋯
$S_1(n)$	1	3	6	10	15	21	⋯
$S_2(n)$	1	5	14	30	55	91	⋯

我们观察了 $S_1(n)$ 和 $S_2(n)$ 的相应数据，并没有发现明显的联系，那又怎么办呢？

尝试计算，终于在计算 $S_1(n)$ 和 $S_2(n)$ 的比时，发现"规律"了，见

表 2 - 3 - 3。

表 2 - 3 - 3

n	1	2	3	4	5	6	…
$S_1(n)$	1	3	6	10	15	21	…
$S_2(n)$	1	5	14	30	55	91	…
$\dfrac{S_2(n)}{S_1(n)}$	$\dfrac{3}{3}$	$\dfrac{5}{3}$	$\dfrac{7}{3}$	$\dfrac{9}{3}$	$\dfrac{11}{3}$	$\dfrac{13}{3}$	…

从表 2 - 3 - 3 中，我们发现

$$\frac{S_2(n)}{S_1(n)} = \frac{2n+1}{3},$$

于是，猜想 $S_2(n) = 1^2 + 2^2 + 3^2 + \cdots + n^2 = \dfrac{n(n+1)(2n+1)}{6}$ ③

上述的数学活动由特殊到一般，采用归纳推理进行猜想，进而可以用数学归纳法加以证明。这样的过程非常自然，从学生已有的知识经验出发，猜想出了结论，然后证明，使用数学归纳法就水到渠成。

当然，学生的好奇心是不会停止的，他们会思考有没有什么方法直接推理得出答案呢?

教材又进一步给出了演绎的方案。

尝试用展开式，然后用直接相加的方法求正整数的平方和。

（1）把正整数的平方表示出来，我们有

$1^2 = 1$,

$2^2 = (1+1)^2 = 1^2 + 2 \times 1 + 1$,

$3^2 = (2+1)^2 = 2^2 + 2 \times 2 + 1$,

…

$n^2 = (n-1)^2 + 2(n-1) + 1$.

左右两边分别相加，得

$$S_2(n) = [S_2(n) - n^2] + [2S_1(n) - 2n] + n,$$

显然，上面的代数变形是一种解题思考方向，但等号两边 $S_2(n)$ 被消去了，所以无法从中求出 $S_2(n)$ 的值。

这样的变形有没有价值，只要我们认真观察，就可以发现这种方法可以求

出 $S_1(n)$ ，即 $S_1(n) = \dfrac{n^2 + 2n - n}{2} = \dfrac{n(n+1)}{2}$.

从而进一步给我们以启示：我们能不能用立方和公式来求得 $S_2(n)$ 的值？

（2）把正整数的立方表示出来，我们有

$1^3 = 1$,

$2^3 = (1+1)^3 = 1^3 + 3 \times 1^2 + 3 \times 1 + 1$,

$3^3 = (2+1)^3 = 2^3 + 3 \times 2^2 + 3 \times 2 + 1$,

...

$n^3 = (n-1)^3 + 3(n-1)^2 + 3(n-1) + 1$.

左右两边分别相加，得

$S_3(n) = [S_3(n) - n^3] + 3[S_2(n) - n^2] + 3[S_1(n) - n] + n$,

由此可得，$S_2(n) = \dfrac{n^3 + 3n^2 + 2n - 3S_1(n)}{3}$

$$= \dfrac{n^3 + 3n^2 + n}{6}$$

$$= \dfrac{n(n+1)(2n+1)}{6} .$$

从而导出了公式，不至于使学生对构造立方差公式再累加的方法产生突兀感。

因此，以恰当的素材创设问题情境，使之既密切联系学生学习生活经验，又突出情境和问题的典型性、丰富性、适切性等，从而使学生感受知识产生的过程。设计活动时，力求循序渐进、由浅入深，设置不同层次、不断进阶的问题串，促使学生的思维层次不断深化。教学时，应给学生提供充裕的时间和空间，让学生自己去观察、探索发现问题的内在规律，领悟在认识事物时从特殊到一般的研究方法，这也是解决问题常用的思考方法和研究方法。

第四节　脑科学与数学教学

一、关于脑的研究结论

根据脑认知活动的规律进行数学教学，在认识脑的认知功能、情感功能和自我意识等功能的前提下建立适应学生认知能力发展特点的教学方法和教学组织策略、教学评价方式，做到科学地教与学，努力提高教与学的质量和效率，是教育科学研究的重点之一。

许多课堂研究证实：学生的已有知识对新学习内容可能产生正迁移，也可以产生负迁移。为什么会产生不同的效应？如果我们从信息加工模型来研究脑，当我们理解了迁移的神经学基础，就可以更深入地理解迁移的概念。由于信息在脑中存储于各种不同的部位中，即它们分别存储在视觉、听觉和运动皮层中，并通过神经元的回路和网络联结起来。当学生学习了新知识时，脑就会找寻适合新信息在脑中已有的网络。一旦配对成功，以前所存储的信息就对新信息赋予了意义，也就实现了正迁移。

脑的研究结论表明，两个脑半球显示出对不同类型信息处理的某种程度的专门化。一般而言，左脑半球与语言和分析的信息加工有关，而右脑半球则与知觉和空间信息加工有关；右脑半球判断情境和全面理解隐藏的含义，左脑半球处理内容显示完整的领悟能力；而右脑半球提供情境，为左脑半球提供的内容很重要，但没有情境的内容也是没有意义的。在人的一生中，每个人都在脑的皮层上建立了大量的神经网络来存储信息，学习就是建立神经网络的过程，通过具体的经验、表征学习或者符号学习以及抽象学习建立神经网络。

有位高中数学教师上课时带来一个正方体的纸箱子和一根竹竿，学生不明就里，纷纷猜测。这时教师打开 PPT，出示了如下问题：李工程师到外国考察，发现了一种钢坯,正是国内一种设备上急需的,于是他立即买下钢坯准备带回国内。当他购买返程机票时,才知道这个国家对乘客所带货物的长宽高有不准超过 1 米的规定,而李工程师买的这根钢坯,虽然直径只有 2 厘米,但长却达 1.7 米,问李工程师能带回这根钢坯吗?

这是一个非常好的立体几何新课引入情境题,学生这时明白了数学教师的意图,教师通过学生熟悉的正方体帮助学生展开思维,通过学生计算正方体的对角线长为 $\sqrt{3}$ 米后,结合具体情境让学生在脑内形成有效的生理联结,并进一步对学生的空间想象能力加以抽象,让学生通过具体的经验并结合图形和符号表征建立起对立体几何学习的联结。

对于我们从事教学的教师来说,除了了解如何帮助学生建立具体的实际经验,而不仅仅止于详细的讲解和表征外,我们需要深入认识学习与认知障碍的神经机制,开展好数学的思维教学,为提高教与学的效率找到科学原理和方法,而不是把数学思维完全淹没在形式化当中。

例如,在数学"不等式的证明"中,有如下问题:已知 a,b,m 都是正数,且 $a < b$,证明:$\frac{a+m}{b+m} > \frac{a}{b}$.

有的数学教师可能就会创设如下的情境:a 克糖放到水中得到 b 克糖水,浓度是多少?在糖水中又增加 m 克糖,此时浓度又是多少?糖水变甜还是变淡呢?你能建立一个什么样的关系式?

这样的情境创设,学生会更容易理解"糖水不等式",但是这种实际经验仅仅是一个情境,它无法使学生从具体经验进入数学理解,并进而达到数学形式化。并非所有的数学问题都需要学生具有实际经验,还是要基于抽象结构,通过符号运算、形式推理、模型构建等,理解和表达现实世界中事物的本质、关系和规律。

有研究认为,对一个数学问题的解决,解题者要经由意识机能的过滤、比较、辨别,从众多的表象以及想象的信息中选择出一项或几项的关联作为支点式信息。意识机能依据这一支点式信息,调用附着在观念上的,存储在记忆库中的众多的知识框架,从这些知识框架中大致地选择出某一知识框架做成套用这种支点式信息的"凝聚核",将面临的问题所供给的诸多信息吸附到这个"凝聚核"的周围。这些信息再经由意识机能对其进行组合、调整与重组等一系列的运作,使外在的信息构成一种相对有序的结构轮廓。

意识机能又通过自己的监控系统，对由自己所构造出来的结构轮廓进行审察、评价，作出判断，进行修正，最终将外在问题提供的支点式信息生成的结构轮廓与主体依据支点式信息所选择出作为"凝聚核"的记忆库中知识结构框架（解决问题的工具）这两者中的相关元素或子结构进行对比、比较，试图匹配。

信息加工模型中的有关论述对于我们的教学具有重要的指导意义。例如，脑被称为吸收信息的海绵与过滤器，学习和记忆联系紧密，对输入刺激的意义的解释取决于已有知识，脑通过检查已有信息的神经网络，确定新信息是否可以激活以前存储的神经网络。这种新信息与存储信息的匹配称为模式识别。而注意力具有选择性，刺激强度是影响注意力的一个因素。通常声音越大就越可以引起注意，运动也会影响注意，而意义和情感却强烈地影响脑是否注意最初进入的信息以及注意的保持。通常，对于数学运算法则和数学公式，精细复述策略能使信息对于学生来说更有意义或更相关，从而增强记忆。教学中让知识有意义的最有效的途径是将新知识和新概念与已知的概念进行联系或比较，将不熟悉的知识信息与熟悉的知识信息联系起来。

二、关于脑的研究成果在数学教学中的应用

下面的例子可以说明学生在技能习得过程中对陈述性知识和程序性知识的依赖程度的变化。在高中数学"三角函数"中，学习了三角函数的辅助角公式，这个公式可以表述为 $a\sin x + b\cos x = \sqrt{a^2 + b^2}\sin(x + \varphi)$ ，下面是学生遇到要解决的一个问题：

在 $\triangle ABC$ 中，$\angle A$ ，$\angle B$ ，$\angle C$ 所对的边分别为 a,b,c ，若 $a = \sqrt{2}$ ，$b = 2$ ，$\sin B + \cos B = \sqrt{2}$ ，求角 A 的大小。

生：老师，这个题我不会做！

师：你是怎么想的？

生：我想由 $\sin B + \cos B = \sqrt{2}$ 一定可以求出角 B .

师：是的。

生：可是我不知道要用什么公式啊？

师：这样啊，那你做一做这个题．教师写给他一道题：$\frac{1}{2}\sin x + \frac{\sqrt{3}}{2}\cos x$ 等于几。

学生在这个问题旁边写出了 $\cos 60° \sin x + \sin 60° \cos x = ?$

随后回答了这个问题，$\dfrac{1}{2}\sin x + \dfrac{\sqrt{3}}{2}\cos x = \sin\left(x + \dfrac{\pi}{3}\right)$，也可以等于 $\cos\left(x - \dfrac{\pi}{6}\right)$.

师：你再做一下这个题：$\sin x + \cos x = ?$

学生把这个问题写成了 $\sin x + \cos x = \sqrt{2}\left(\dfrac{\sqrt{2}}{2}\sin x + \dfrac{\sqrt{2}}{2}\cos x\right)$，

生：哦，它等于 $\sqrt{2}\sin\left(x + \dfrac{\pi}{4}\right)$.

师：好的！

生：哦，老师，我知道了，这样就可以做下去了。

师：刚才的公式，你知道它的名称吗？

生：嗯，它叫辅助角公式。唉，我总想一下子做出来，反而不行。随后，该生把所要问的问题很好地解决了。由 $\sin B + \cos B = \sqrt{2}$，得 $B = \dfrac{\pi}{4}$，又 $\dfrac{\sqrt{2}}{\sin A}$ $= \dfrac{2}{\sin B}$，所以 $A = \dfrac{\pi}{6}$.

由上面的解题可知，第一个小问题，公式的应用是一部分一部分实现的，该生对公式的每一部分进行检验，而在第二个小问题时，定理的应用是一步到位的，该生把公式的应用简化成了一个模式。模式识别是学习的重要组成部分，这种把基于思考的陈述性知识转化为模式驱动的程序性知识的过程就成了技能程序化。

最佳教学策略能提高学生的记忆和理解，让学生能够更好地应用学过的概念和公式。教学并不是单独进行的，而是与那些经过挑选的、在富有意义的情境中结构合理的内容紧密相关的。

对脑的研究告诉我们，脑是寻找含义的匹配模式的工具，教师需要有意地或部分地去选择一些策略，选择那些能够帮助学生切题的、学习严谨的内容中所包含的主要概念的策略。有的策略是帮助学生回忆重要的信息，有的策略是帮助学生理解概念。为了帮助学生更好地理解概念和方法，让他们进行操作练习会比只是让他们去阅读这些内容能更好地理解。所以对于公式 $a\sin x + b\cos x$ $= \sqrt{a^2 + b^2}\sin(x + \varphi)$，我们没有让学生重新去阅读和学习，而是直接构造一

个问题 $\frac{1}{2}\sin x + \frac{\sqrt{3}}{2}\cos x = ?$ 通过让学生去练习这个问题唤醒他们的理解。

如果教师孤立地教授课程，没有努力去帮助学生认识信息是如何在生活中应用，那么大部分学生就不理解他们所学的内容的作用，也就会出现我们常说的"高分低能"情况。如果教师举出了明确而具体的应用实例，并且让学生自己再举出例子，说明这些概念和方法在其他方面可能的用途，这样的教学策略基本上是教学的最佳策略。

一个领域的专家和新手的区别表现为，专家倾向于用更大的组块来组织信息。了解信息如何相互联系成为一个组块的能力是学习的特点。当教师教授学生学习时，困难在于教师看到了联系而学生还没有看到。如果教师教学尝试将自己的经验教给学生，再告诉他们联系是什么，可能不会有什么作用。教师教学要引导并促进学生的脑形成神经联结，教师提供经验和引导。通过他们自己的学习，重新组织信息，将新信息、新概念与已知概念进行联系和比较，在对学生有意义且与其生活经验有联系的情境中教给学生内容，是一种好的教学方法。

参考文献

[1] [美] 约翰·安德森著.认知心理学及其启示 [M].秦裕林，程遥，周海燕等译.北京：人民邮电出版社，2013.

[2] [美] Patricia Wolfe 著.脑的功能——将研究结果应用于课堂实践 [M].北京：中国轻工业出版社，2005.

[3] 教育部考试中心.高考数学测量理论与实践 [M].北京：高等教育出版社，2004.

[4] 张建伟，孙燕青.建构性学习——学习科学的整合性探索 [M].上海：上海教育出版社，2005.

[5] 喻平.数学教育心理学 [M].南宁：广西教育出版社，2008.

[6] 中华人民共和国教育部.普通高中数学课程标准 [S].北京：人民教育出版社，2018.

3

第三章

聚焦理解的数学课堂教学特点

数学课堂教学特点和形式，是数学教学研究的重要组成部分。虽然关于什么是好的、有效的数学课堂教学还没有一致的标准，但研究什么样的课堂教学形式和特点可以提高学生的学习成绩一直是数学教学的目标。聚焦理解的数学课堂教学需要关注什么？它的形式和特点又是什么？

　　《高中数学课程标准》指出：数学是研究数量关系和空间形式的一门科学。数学源于对现实世界的抽象，基于抽象结构，通过符号运算、形式推理、模型构建等，理解和表达现实世界中事物的本质、关系和规律。数学不仅是运算和推理的工具，还是表达和交流的语言。

　　数学在形成人的理性思维、科学精神和促进个人智力发展的过程中发挥着不可替代的作用。提升学生的数学素养，引导学生会用数学眼光观察世界，会用数学思维思考世界，会用数学语言表达世界，促进学生思维能力、实践能力和创新意识的发展，探寻事物变化规律是数学教育的任务。

　　根据认知心理学的观点，教师的教与学生的学都与他们自身的观念有关，教师和学生对现实世界中各种现象的认识和感知都是相互联系的，因此，对数学课堂教与学，不仅要关注课堂教学的活动，也要关注教师的教学设计，教师如何引入问题情境、教师如何对数学问题多元表征、教师如何设计教学任务和目标、学生如何学习数学的表征、学生采用何种解题策略、师生交流情形、课程标准如何在课堂教学中落实等。不同的课堂教学形式用于不同的目的。在聚焦理解的数学课堂教学中，我们的课堂教学着重关注教学任务的建立，分析数学知识建构过程的认知发展，为学生提供对知识的深刻理解机会；我们的课堂教学着重于教与学的交流互动，关注新旧知识如何联结，着重架起基础知识与过程能力的桥梁。

第一节 数学符号与形式推理

一、课堂教学应关注教学环境

在以班级授课的教学中，课堂教学中会面对一众学生。教学数学知识时，教学一定是在学生原有的经验的基础上展开的，学生们现成的思维模式一定会影响课堂教学的感官输入，因此教师的所教知识也就不会是原原本本地传递到学生的头脑中去，这就是为什么学生听着同样的课程和内容，但他们的学习却会有很大的差异的原因。

现在老师们都知道，每一个学生在学习新知识时都是在构建知识，都会也必然会与学生原有的知识产生联系，不同的学生原有的经验基础也一定有所不同。这就要求教师在课堂教学中，要充分利用数学内容，设计好的教学情境，创造好的教学环境，组织好全班学生参与到教学过程中来，使用其头脑中现成的思维模式来解释课堂上遇见的问题。

例如，人教版《高中数学5》"基本不等式 $\sqrt{ab} \leqslant \dfrac{a+b}{2}$"这一节，教材设置了如下问题：一段长为36m的篱笆围成一个矩形菜园，问这个矩形的长、宽各为多少时，菜园的面积最大，最大面积是多少？

虽然这一问题是在学习了新知识"基本不等式 $\sqrt{ab} \leqslant \dfrac{a+b}{2}$"之后提出的，但新知识的理解和应用还是存在差异的。如果学生对教学目标的感知非常明确，对学习的程序认知理解比较好，那么他们很自然地会与"基本不等式 $\sqrt{ab} \leqslant \dfrac{a+b}{2}$"产生联系，得出如下解法：设矩形菜园的长为 xm，宽为 ym，于是由题可得 $x+y=18$，这时矩形菜园的面积为 $S=xy$m². 由 $\sqrt{xy} \leqslant \dfrac{x+y}{2}=9$，当且

59

仅当 $x = y = 9$ 时，等号成立。所以 $xy \le 81$．因此，这个矩形的长和宽都为9m 时，菜园的面积最大，最大面积是 81m^2。

而对于有些难以区别相关知识的接受型认知的学生，却不一定能感知到与"基本不等式 $\sqrt{ab} \le \dfrac{a+b}{2}$"的联系，因此有的学生会产生如下的解法：设矩形菜园的长为 $x\text{m}$，则宽为 $(18 - x)\,\text{m}$，于是菜园的面积 $S = x(18 - x) = -(x - 9)^2 + 81$，当 $x = 9\text{m}$ 时，菜园的面积最大，最大面积是 81m^2。

毫无疑问，以上两种解题方法都是正确的。我们认为，高质量的课堂教学就是要将课堂目标和要求更深层次地嵌入学生的头脑中。这时，师生可以更进一步，大家探讨、审视、辨析一下，可不可以把以上两种方法融合起来？

事实上，设矩形菜园的长为 $x\text{m}$，则宽为 $(18 - x)\,\text{m}$，于是 $x + (18 - x) = 18$ 为定值，所以菜园的面积 $S = x(18 - x) \le \left[\dfrac{x + (18 - x)}{2}\right]^2 = 81$，当 $x = 18 - x$，即 $x = 9\text{m}$ 时等号成立。从而这个矩形的长和宽都为9m 时，菜园的面积最大，最大面积是 81m^2。

布鲁纳指出"获得的知识，如果没有完整的结构把它们联系在一起，那是一种多半会被遗忘的知识，一串不连贯的论据在记忆中仅有短促得可怜的寿命"。因此，教师在课堂教学时要考虑如何使学生带着问题来学习数学。课堂教学中适时提出一些激发思考的问题，这些问题要能促进学生反思已经学过的内容，建立学习新数学内容的环境，针对新的问题建立新的思维模型；超越而不仅仅是一个接受型认知学生，从一个程序认知者转变为可以理解并能进行高级推理的学习者。

二、课堂教学应关注知识的多元表征

基于知识理解的数学课堂教学要重视通过学生自己的"做数学"来获得知识的同化。教师通过实例，积极主动地、详细地说明数学概念和进行全班示范；关注数学问题的表征方式，让学生学会符号表征、意识到潜在的形式以及表达式的等价性进行推理。通过课中练习及练习后的评论，以发起、回应、反馈的形式讨论学生的书写解答，从而提高学生的数学问题表征能力。通过多元表征促进学生的数学理解和数学推理。

例：若函数 $f(x) = (1 - x^2)(x^2 + ax + b)$ 的图像关于直线 $x = -2$ 对称，求

函数 $f(x)$ 的最大值。

本题的关键在于"函数 $f(x)$ 的图像关于直线 $x = -2$ 对称"的处理，教学中我们放手让学生去表达，将会出现多元表征。有的同学从特殊情形出发，有的同学采用一般的原理。

从特殊情形出发的表征是这样的：

表征 1：因为函数 $f(x)$ 的图像关于直线 $x = -2$ 对称，所以有 $f(0) = f(-4)$，$f(1) = f(-5)$，求出 a，b。

表征 2：因为函数 $f(x)$ 的图像关于直线 $x = -2$ 对称，且 ± 1 是 $f(x)$ 的两个零点，即 $f(1) = f(-1) = 0$，所以 $f(-3) = 0$，$f(-5) = 0$，求出 a，b。

从一般情形出发的表征是这样的：

表征 3：因为函数 $f(x)$ 的图像关于直线 $x = -2$ 对称，所以有 $f(x) = f(-x-4)$，求出 a，b。

表征 4：因为函数 $f(x)$ 的图像关于直线 $x = -2$ 对称，所以有 $f(-2+x) = f(-2-x)$，求出 a，b。

表征 5：因为函数 $f(x)$ 的图像关于直线 $x = -2$ 对称，所以将函数 $f(x)$ 的图像向右平移 2 个单位后得到的函数 $g(x) = f(x-2)$ 是一个偶函数，从而可以求出 a，b。

通过一个问题的多元表征，总有一个会唤起学生的知识联系，多元表征的最终目的还是要发展学生的理解，在不同的表征上进行解释，把特殊和一般之间的关系理解清楚，学会概括以形成规则和原理。只有多元表征教学的解释性理解获得成功，学生才能更好地理解作为事实与事实相联系的原理，从而理解它，以便更好地迁移到新的情境中。

同样地，对于命题：如果 a，b，m 都是正数，并且 $a < b$，那么 $\dfrac{a+m}{b+m} > \dfrac{a}{b}$.

我们可以发起这样的背景：如果用 $a$kg 的白糖制成 $b$kg 的糖溶液，则其浓度为 $\dfrac{a}{b}$。若在上述溶液中再添加 $m$kg 白糖，此时溶液的浓度增加到多少呢？加糖前后溶液的浓度是一种什么样的关系呢？

我们也可以发起这样的背景：已知 a，b 是正数，并且 $a < b$，证明函数 $f(x) = \dfrac{a+x}{b+x}$ 在 $(0, +\infty)$ 上是减函数。

我们还可以发起这样的背景：已知两个不同的矩形，一个矩形的宽和长分别为 a，b，另一个矩形的宽和长分别为 $a+m$，$b+m$，请问这两个矩形相似吗？

不同的表征可用来更为清楚地表达不同的方面。建立数学学习对象的多元表征及其灵活转化可以克服学生理解代数的困难。多元表征数学知识并开展解释性理解的教学是一种寻求使学生了解一般与特殊、事实与原理之间的关系，并拓展原理的教学。

当多元表征与解释性理解水平的教学取得成功时，学生不仅能运用特定的原理，而且也能以这种原理为指导迁移解决其他的问题。研究表明，学生有发展使用各种表征的能力倾向，但需要时间来完成。选择多元表征，低成绩学生也能够进一步学习高层次技能，从而慢慢地促进学生高认知水平思维的发展。

第二节　数学观念与模型建构

一、课堂教学应关注过程性知识的构建

美国数学教育家波利亚指出："一个恰当的例题胜过一打理论。"数学教学应关注通过过程而形成的结论与知识；通过最恰当的问题引导学生动手、动脑，主动发现和构建知识，着眼于知识间的联系，体验数学思维的发生发展过程，感悟数学问题的本质，数学核心素养才能得以提高。

例如，人教版《高中数学 $2-1$》的"圆锥曲线与方程"的探究与发现环节，有以下问题：为什么二次函数 $y = ax^2 + bx + c$（$a \neq 0$）的图像是抛物线？

这是一个值得教师教学的好问题。解决这个问题的过程就是一次很好地带领学生构建数学过程性知识的过程。

师：二次函数 $y = ax^2 + bx + c$（$a \neq 0$）的图像是抛物线，大家都认可吧？那么它的图像为什么是抛物线？理由是什么？

学生陷入思考中。

师：如何才能说明函数 $f(x)$ 的图像是抛物线呢？大家思考一下。

生：平面内与一个定点 F 和一条定直线 l 距离相等的点的轨迹是抛物线。只要找到这一个定点和一条定直线，那么这个问题也就解决了！

师：那怎样去找这个点和这条线？

生：我们可以把函数 $f(x)$ 的图像与抛物线的标准图像作一比较，与抛物线 $y = ax^2 + bx + c$（$a > 0$）的图像类似的抛物线的标准方程是 $y = ax^2$，于是我们比较两个图像，发现它们也就是顶点的位置不同而已。

对于 $y = ax^2$，即 $x^2 = \dfrac{1}{a}y$，它的顶点是 $O(0, 0)$，定点 $F\left(0, \dfrac{1}{4a}\right)$，定直线

$l : y = -\dfrac{1}{4a}$. 类比可得 $y = ax^2 + bx + c$（$a > 0$）的顶点是 $P\left(-\dfrac{b}{2a}, \dfrac{4ac - b^2}{4a}\right)$，

定点 $F\left(-\dfrac{b}{2a}, \dfrac{4ac - b^2 + 1}{4a}\right)$，定直线 $l : y = \dfrac{4ac - b^2 - 1}{4a}$.

师：我们可以检验它吗？

生：根据抛物线的定义，得 $\sqrt{\left(x + \dfrac{b}{2a}\right)^2 + \left(y - \dfrac{4ac - b^2 + 1}{4a}\right)^2} = \left| y - \dfrac{4ac - b^2 - 1}{4a} \right|$，

化简得 $y = ax^2 + bx + c$，也就是说二次函数 $y = ax^2 + bx + c$ 的图像是抛物线。

数学过程性知识的构建，是需要按上面例题的这种"师徒式的教学"程式进行。为了使学生能够进行探究形成过程性知识，教师不要过于简化任务情境，而是要提供有效的学习支架并支持，需要提供驱动性问题。教师一般不直接表达自己的观点，而是提出能启发学生深层地理解问题，使高水平的思维能进行下去。诸如常问"为什么""你怎么想""有什么方法""用什么方法""怎样弄清这个问题"之类问题，以起到示范的思维过程的支架作用，使学生在师生互动中成功地完成探究任务。

为了使学生对过程知识有进一步的构建，在上面问题的基础上，我们可以继续下面的问题：反比例函数 $y = \dfrac{1}{x}$ 的图像是双曲线吗？为什么呢？

二、课堂教学应关注观念性知识的构建

如何通过问题解决促进知识构建、达到有效的知识构建，在什么条件下更有效果，它的机制是什么？都是数学教学中值得研究的问题。

知识建构过程就是问题解决的过程，让学生通过问题解决来获得概念的理解及知识的联结图式。问题解决活动可以使学生更深入地激活原有知识并通过分析新的理解的观念性知识——这些观念性知识的合理性和有效性在解决问题中调整、重构，从而生成知识间的更紧密的联系。

问题解决中的问题应是"真正的问题"。所谓"真正的问题"就是那些需要充分激活和联系原有的相关知识，是知识丰富领域中的问题。例如，人教版《高中数学选修 2 - 1》的"空间向量与立体几何"中，有以下问题。

问题 1：在如图 3 - 2 - 1 所示的试验装置中，正方形框架的边长都是 1，且平面 $ABCD$ 与平面 $ABEF$ 互相垂直。活动弹子 M，N，分别在正方形的对角线

AC 和 BF 上移动, 且 CM 和 BN 的长度保持相等, 即 $CM = BN = a$ ($0 < a < \sqrt{2}$), 请问当 a 为何值时, MN 的长最小?

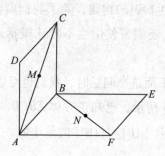

图 3 - 2 - 1

解决这样的问题从哪里入手呢? 毫无疑问, 是需要利用理念性知识和学生认知结构中起固定作用的观念来进行的。要求最值, 一般的观念是利用函数的思想; 而要用函数的思想, 则涉及如何寻找变量的问题, 如何建立函数关系式的问题。这时就要把几何问题转化为代数问题, 从而利用坐标法解题。这一连串的思维串, 既是过程性知识在头脑中的反映, 也是理念性知识在解题中的应用。

如图 3 - 2 - 2 所示, 建立空间直角坐标系, 则 $M\left(\dfrac{\sqrt{2}a}{2}, 0, 1 - \dfrac{\sqrt{2}a}{2}\right)$,

$N\left(\dfrac{\sqrt{2}a}{2}, \dfrac{\sqrt{2}a}{2}, 0\right)$, 所以 $|MN| = \sqrt{a^2 - \sqrt{2}a + 1} = \sqrt{\left(a - \dfrac{\sqrt{2}}{2}\right)^2 + \dfrac{1}{2}}$, 所以当 a

$= \dfrac{\sqrt{2}}{2}$ 时, MN 的长最小, 最小值为 $\dfrac{\sqrt{2}}{2}$.

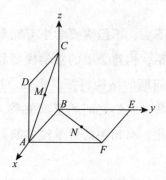

图 3 - 2 - 2

　　然而这样的解题过程重要，还是构建这样的解题路径重要？显然并不是大部分学生能构建起这样的思路，也就更谈不上会有这样的解题过程。因此，数学教学如何实现这种理念性知识的构建，除了我们借鉴喻平教授的方法使学生形成完善的 CPFS 结构外，还需要使学生不断地概括解题方法，形成系统的理念性数学知识。

　　同样地，学生在遇到下面这个问题时，我们也可以发现学生的思维困难。

　　问题 2：如图 3 – 2 – 3 所示，已知正方体 $ABCD – A_1B_1C_1D_1$ 的棱长为 1，P 是线段 BC_1 上的一动点，求 $|AP| + |DP|$ 的最小值。

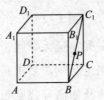

图 3 – 2 – 3

　　虽然我们有了前一题的解题思路和理念，学生可以很快地找到解题突破口，但解题是不是就可以继续进行下去呢？

　　以 D 为坐标原点，DA，DC，DD_1 所在的直线为 x，y，z 轴，建立空间直角坐标系，设 $BP = a\ (0 < a < \sqrt{2})$，则 $D\ (0,\ 0,\ 0)$，$A\ (1,\ 0,\ 0)$，$P\left(1 - \dfrac{\sqrt{2}a}{2},\ 1,\ \dfrac{\sqrt{2}a}{2}\right)$。

　　所以 $|AP| + |DP| = \sqrt{a^2 + 1} + \sqrt{a^2 - \sqrt{2}a + 2} = \sqrt{a^2 + 1} + \sqrt{\left(a - \dfrac{\sqrt{2}}{2}\right)^2 + \dfrac{3}{2}}$。

　　这时，解题如何进行下去，不但需要学生有完善的知识体系，还需要学生能主动地生成和建立联系，构建必要的数学模型和问题图式，展开模式识别。学生需要观察、回顾问题的结构特征，再现、抽象出其中的意义要点，从中概括出原理性知识，依据它们之间的逻辑关系，将所涉及各种意义的要点联系起来，使意义明确化，与相关的背景经验联系起来，形成相应的解题图式。

　　对于学生的问题图式，一种是联系椭圆的形式定义——"一个动点到两个定点的距离之和"，从而形成解题路径。

由于 $|AP| + |DP| = \sqrt{(a-0)^2 + (0-1)^2} + \sqrt{\left(a - \frac{\sqrt{2}}{2}\right)^2 + \left(0 - \frac{\sqrt{6}}{2}\right)^2}$,

可以看成点 $M(a, 0)$ 到点 $F_1(0, 1)$ 和点 $F_2\left(\frac{\sqrt{2}}{2}, \frac{\sqrt{6}}{2}\right)$ 的距离之和,从而由平

面几何知识可得 $|AP| + |DP|$ 的最小值等于点 $F_1'(0, -1)$ 和点 $F_2\left(\frac{\sqrt{2}}{2}, \frac{\sqrt{6}}{2}\right)$ 的

距离 $|F_1'F_2| = \sqrt{\frac{1}{2} + \left(\frac{\sqrt{6}}{2} + 1\right)^2} = \sqrt{3 + \sqrt{6}}$.

基于问题解决的知识构建,学生需要充分激活和联系原有的相关知识,将问题映射到原有的知识结构中,从理念性知识的理解出发寻找解决问题的方法。同时,学生要基于头脑中原有的知识图式进行推理,不断地将理念性知识推理下去,将思维活动聚集到意义理解的关系上,在问题解决中逻辑地生成新意义,并将新意义与有关的知识经验结合起来,概括地形成解决此类问题的问题图式,更进一步地形成新的观念性知识。

例: 在"解三角形"一节的教学中,我们遇到以下问题。

$\triangle ABC$ 是锐角三角形,其中,$BC = 2$,$\sin B$,$\sin A$,$\sin C$ 成等差数列,求中线 AD 的长的取值范围。

解决这个问题的关键在于如何构建、分析解题方法,由于是求中线 AD 的长的取值范围,可以引导学生从函数的思想方法出发,转化为求函数的值域,因此如何建立函数关系式就是问题的突破口。

如图 3 - 2 - 4 所示,由 $\sin B$,$\sin A$,$\sin C$ 成等差数列,可得 $\sin B + \sin C = 2\sin A$,结合正弦定理及 $BC = 2$,得 $AC + AB = 4$,不妨设 $AD = x$,$AC = m$,$AB = 4 - m$。

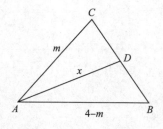

图 3 - 2 - 4

于是在 $\triangle ABD$ 中,$(4 - m)^2 = x^2 + 1 - 2x\cos\angle ADB$,　　　　　①

在 $\triangle ACD$ 中，$m^2 = x^2 + 1 - 2x\cos\angle ADC$，②

解①②，得 $x^2 = m^2 - 4m + 7$，

又由于 $\triangle ABC$ 是锐角三角形，因此有以下结论：

$$\cos A = \frac{m^2 + (4-m)^2 - 4}{2m(4-m)} > 0，$$

$$\cos B = \frac{(4-m)^2 + 4 - m^2}{2 \times 2 \times (4-m)} > 0，$$

$$\cos C = \frac{m^2 + 4 - (4-m)^2}{2 \times 2m} > 0，$$

解得 $\frac{3}{2} < m < \frac{5}{2}$，结合 $x^2 = m^2 - 4m + 7 = (m-2)^2 + 3$，

得 $3 \leqslant x^2 < \frac{13}{4}$.

于是 $\sqrt{3} \leqslant x < \frac{\sqrt{13}}{2}$，即中线 AD 的长的取值范围是 $\left[\sqrt{3}, \frac{\sqrt{13}}{2}\right)$.

解决这个问题的方法有很多，但学生如何想？从哪里入手？是教师教学中必须要思考的问题。教学只有从学生已有的知识出发，从学生头脑中已有的观念出发，教学才能适合学生，教学才有实效。

第三节　数学活动与知识理解

一、从心理表征层面揭示数学知识的内在思维

数学基本概念、数学命题是数学的核心，也是数学教学的主要内容，掌握知识就是要把知识形成的背景搞清楚。研究表明，学生在抽象数学概念的心理表征上常常要借助于关于这一概念的已有学习经验，学生在学习过程中也常常把直观中的非本质特征当成数学概念的本质特征，把学习中获得的形式定义与本质特征相混淆。要解决好这个问题，最好的方法就是把数学概念具体到一定的实例中，利用已有的经验与形式化的表达处于矛盾中，揭示数学知识的内在思维关系，利用矛盾激发的认知冲突纠正错误的表征，调整、改造已有的认知结构，从而达到对数学概念的形式定义的准确理解，建立起关于数学概念的恰当的表征，对数学概念的形式定义与实质有更深度的理解。

例如，人教版《高中数学选修 $2-2$》中"数系的扩充与复数的概念"一节，课本提出了一个思考题：方程 $x^2+1=0$ 在实数集中无解。联系从自然数系到实数系的扩充过程，你能设想一种方法，使这个方程有解吗？

根据问题"联系从自然数系到实数系的扩充过程"，在实数集中，方程 $x^2-2=0$ 是有实际背景的。这个背景就是：如果一个正方形的面积是2，那么它的对角线长是多少？

数学教学既强调学生日常生活中建立的直观形象，也强调数学概念的形式定义，同时两者的相互作用为我们处理数学教学中培养学生的逻辑思维能力提供了方法依据。

从这样的思考角度出发，那方程 $x^2+1=0$ 的背景是什么呢？

此时，我们可以引入卡当方程为背景，构造一个可操作的思维环境，以帮

助学生形成新知识的构建。

这个问题是：能否将一个正整数 10，拆分成两个数，使这两个数的积为 40？

这样，学生自然就有了一个可操作求解的问题，设这两个数分别为 x 和 $10-x$，由题意得 $x(10-x)=40$，即 $x^2-10x+40=0$，解得 $x=5\pm\sqrt{-15}$.

这时必然会引起学生的认知冲突，由于方程在实数集中没有实数解，但 $x=5\pm\sqrt{-15}$ 又是满足原方程的，而负数开平方在实数集里不能表示，这说明实数集已经不够用了，因此就有必要将实数集再扩大。

进而引入虚数单位 i，使得 $-1=i^2$，这样，上面的问题就能很好地得到解决。

这样不自觉地使学生产生了新的"意义的构建"。若 $x^2=-1$，我们把这个新数 i 添加到实数集中去，组成一个新的数集 C，则方程 $x^2=-1$ 在 C 中就有解了，即 $x=\pm i$，从而就形成了具有意义的知识。

研究表明，当学生学习形式化数学定义时，他们依赖于过程取向的解释，或者他们定义为自己的直观概念形象，因此操作性观念是掌握数学新观念的第一步，数学概念需要对已经熟悉的对象进行一些过程性操作。

二、在数学活动中构建知识和知识体系

数学是一种思维活动，数学教育是思维教育。行为主义数学学习观把数学学习看做是刺激与反应的联结，数学学习是在机械练习中形成习惯。在数学学习中，计算技能、作图技能的形成和发展，需要一定数量的反复训练作为基础，并在练习中伴随强化。但数学学习是一种高级思维活动，数学学习的本质不只是一种刺激——反应的简单联结。如果数学课只是传播知识与技能，没有理性思维，不光数学乏味，而且没有深度，不但不符合《普通高中数学课程标准》的"高中数学课程应注重提高学生的数学思维能力"的目标，而且也失去了数学教育的主要目标。

学生头脑中的数学思想方法是在数学学习过程中形成的，是随着数学概念、原理的掌握逐渐形成的。只有有意识地教学才能为学生所掌握。因此，我们在设计数学课的时候，尤其在涉及数学概念的形成、数学命题的获得、思考和解决复杂的数学问题，建立数学知识体系，都需要高层次的思维。要通过一连串

问题的设计，不仅使学生获得相关的知识，还要通过类比、联想、知识的迁移和应用等方式，使学生体会知识之间的有机联系，帮助学生感悟蕴含在知识中的思想；感受生动活泼的数学思维活动，培养思维的批判性，在动态生成的过程中完成知识体系的构建。数学思想是学习和掌握数学内容的"灵魂"。

例：在"三角函数性质"一课中，可以采用如下问题导入教学。

问题 1：结合函数 $y = \sin x$（$x \in \mathbf{R}$）的图像，请分析 $\sin(2\pi + x) = \sin x$（$x \in \mathbf{R}$）的几何意义？

问题 2：结合函数 $y = \sin x$（$x \in \mathbf{R}$）的图像，请分析 $\sin(\pi - x) = \sin x$（$x \in \mathbf{R}$）的几何意义？

问题 3：结合函数 $y = \sin x$（$x \in \mathbf{R}$）的图像，请分析 $\sin(2\pi - x) = -\sin x$（$x \in \mathbf{R}$）的几何意义？

待学生思考、解答了上述问题后，教师可以继续提出如下问题。

问题 4：正弦曲线还有其他对称轴吗？有多少条对称轴？对称轴方程形式有什么特点？

正弦曲线还有其他对称中心吗？有多少个对称中心？对称中心在形式上有什么特点？

学生思考后，教师归纳总结：经过图像最大值点和最小值点且垂直于 x 轴的直线都是正弦曲线的对称轴（教师利用课件演示），对称轴方程的一般形式为 $x = \dfrac{\pi}{2} + k\pi$（$k \in \mathbf{Z}$）．

紧接着可以提出如下问题。

问题 5：能用等式表示"正弦曲线关于直线 $x = \dfrac{\pi}{2} + k\pi$（$k \in \mathbf{Z}$）对称"吗？

教师引导学生得出结论：可以用 $\sin\left(\dfrac{\pi}{2} + k\pi - x\right) = \sin\left(\dfrac{\pi}{2} + k\pi + x\right)$（$k \in Z$，$x \in \mathbf{R}$）表示，紧接着提出如下问题。

问题 6：正弦函数图像对称中心坐标的一般形式为 $(k\pi, 0)$（$k \in \mathbf{Z}$）（教师利用课件演示）。能用等式表示"正弦曲线关于点 $(k\pi, 0)$（$k \in \mathbf{Z}$）对称"吗？

教师引导学生归纳出结论：可以用等式 $\sin(k\pi - x) = -\sin(k\pi + x)$（$k \in \mathbf{Z}$，$x \in \mathbf{R}$）表示。同时从形的角度、数的方法进行小结。

形式化是数学的基本特征之一，数学教学要提高学生抽象数学知识的能力和数学研究的方法，理解数学结论的发展过程和本质。数学教学必须强调数学认知活动的全面性，使学生的认识真正有机会经历"基本认知过程"，注意数学知识的逻辑性、连续性和系统性，培养学生思维的批判性，加深对数学问题和数学本质的理解。只有这样，才能建立学生创造力培养的扎实基础，使创造力的培养落到实处。

三、保持高水平知识认知

数学课堂教学的效率与很多因素有关。优秀的教师经常会在为课堂做准备的时候问自己：这一课要解决什么问题？我们设计一个什么样的问题，能够引发学生的认知冲突？如何引导、维持学生的认知，促使他们积极地思维，去努力掌握新的概念？如何让学生通过尝试、失败，进一步反思他们自己的假设，修正学习经验，不断地迫使学生推理解释，使学生的认知要求保持在高水平的层面？

赫什科维茨等提出的"数学抽象的嵌套过程"认为，识别是课堂教学中经常发生的，当学生认知到已有的知识结构，能使用以前的、类似的方法时，识别水平的抽象活动就开始发生了发展水平的抽象过程。这包含了很多对原有知识的组合过程，即为了解决某个问题、证明某一结论，组合已有的知识综合解决当前的问题。建构是抽象过程的核心，它是在发展水平的基础上反复经历的认知过程。

数学课堂教学要在数学抽象上进行教学，我们设计好的问题，引导学生从他们记忆的凝聚核中提取信息，寻找模式，给学生的思维和推理搭建好的脚手架，使他们维持高水平认知活动，促使他们比较问题的差异，联系不同的表示，以数学推理的方式解释、整合各种概念。教师不断联系各种概念，指导学生自我监控、反思解决问题的过程，特别强调从概念、意义和理解上分析问题，从而形成新的思想和概念。例如，在人教版《高中数学1》的"函数与方程"以及《高中数学选修2-3》的"复数的运算"中，我们会遇到如下问题。

问题1：求关于 x 的方程 $x^2 - 2x\sin\dfrac{\pi x}{2} + 1 = 0$ 的所有实数解。

问题2：已知关于 x 的方程 $x^2 + (m+4i)x + 1 + 2mi = 0$ 至少有一个实数根，求实数 m 的取值范围。

解决诸如此类问题的教学中，我们是关注答案的正确，还是在强调意义、概念和理解上；是提供学生反思、监控思维的发展，还是教师直接告诉学生如何做监控；是教师代替学生思考和推理，还是学生自己思考。

这样的问题解决是需要学生保持高水平认知的。在已学过的概念、已掌握的知识上再理解问题，它与最常见的问题略有差别，例如，解方程 $x^2 - 2x + 1 = 0$，$x^2 + mx + 1 = 0$ 有一个实根。正是因为这样的差异，可以促进学生的思考，使他们在分析差异上形成新的解题法则加以推断，用推理的方法解释发现的新模式。

我们不可否认，肯定有学生先入为主，对于问题 1，会利用一元二次方程的判别式 $\Delta = \left(2\sin\dfrac{\pi x}{2}\right)^2 - 4 \geq 0$，但明显学生在此采用了回忆的方法，从深深的印在人的长时记忆中的已学过的知识提取出解一元二次方程的相关信息。这个判别式如何利用？这样的解法有没有道理？进而可以促进学生对解方程的过程进入到高水平的认知，从而促使他们的思考更深入。

理论上，求方程的解的一般思考方法应该是求使方程成立的未知数 x 的值。这才是问题的本质。只有学生认识了解决问题的本质，解题能力才能更好。数学建构就是反思解题方法，在具体问题情境中反思、辨别概念，形成新的思想，而不仅仅局限在解法上。这才是解题学习的目标，也是解题教学要使学生形成高水平认知的目标。有了这样的目标意识，问题 1 和问题 2 的教学价值才得以体现。

关于问题 1，学生有如下解法。

方法一：设方程 $x^2 - 2x\sin\dfrac{\pi x}{2} + 1 = 0$ 的一个实数解为 x_0，于是就有

$$x_0^2 - 2x_0\sin\dfrac{\pi x_0}{2} + 1 = 0$$

显然 $x_0 \neq 0$，于是等式可化为 $2\sin\dfrac{\pi x_0}{2} = x_0 + \dfrac{1}{x_0}$，当 $x_0 > 0$ 时，由于 $x_0 + \dfrac{1}{x_0} \geq 2$，当且仅当 $x_0 = 1$ 时取 "$=$"，这时 $2\sin\dfrac{\pi x_0}{2} = x_0 + \dfrac{1}{x_0}$，所以 $x = 1$ 是原方程的根；当 $x_0 < 0$ 时，由于 $x_0 + \dfrac{1}{x_0} \leq -2$，当且仅当 $x_0 = -1$ 时取 "$=$"，这时 $2\sin\dfrac{\pi x_0}{2} = x_0 + \dfrac{1}{x_0}$，所以 $x = -1$ 是原方程的根。

综上，方程 $x^2 - 2x\sin\dfrac{\pi x}{2} + 1 = 0$ 的所有实数解为 $x = 1$ 和 $x = -1$.

方法二：由方程 $x^2 - 2x\sin\dfrac{\pi x}{2} + 1 = 0$ 得 $\Delta = \left(2\sin\dfrac{\pi x}{2}\right)^2 - 4 \geqslant 0$

$\therefore \left(\sin\dfrac{\pi x}{2}\right)^2 \geqslant 1$.

又 $-1 \leqslant \sin\dfrac{\pi x}{2} \leqslant 1$,

于是，得到 $\left(\sin\dfrac{\pi x}{2}\right)^2 = 1$.

从而 $\sin\dfrac{\pi x}{2} = \pm 1$.

代入原方程，得 $\begin{cases} \sin\dfrac{\pi x}{2} = 1 \\ x^2 - 2x + 1 = 0 \end{cases}$ 或 $\begin{cases} \sin\dfrac{\pi x}{2} = -1 \\ x^2 + 2x + 1 = 0 \end{cases}$

所以 $x = 1$ 和 $x = -1$.

从而方程 $x^2 - 2x\sin\dfrac{\pi x}{2} + 1 = 0$ 的所有实数解为 $x = 1$ 和 $x = -1$.

解完此题后，教师要带领学生再总结反思解决问题的过程，通过方法、步骤等联系以前的知识，促进学生建构解方程的本质，明确解方程的原理，促进学生的高水平认知发展。

同样地，面对问题 2，关于 x 的方程 $x^2 + (m + 4i)x + 1 + 2mi = 0$ 至少有一个实数根，也会出现类似的情况。很多的学生也一定会先计算 $\Delta = (m + 4i)^2 - 4(1 + 2mi)$，由于中学数学教学是螺旋上升，学生遗忘数学知识也很正常，学生采用这种形式化方法，也可以认为在他们的长时记忆中就凝聚了解方程的这个核心要点。我们不能说不好。更何况数学思维是一种生成意义的活动，它依赖于特殊和一般、猜想和验证的过程。数学思维就是形式化和非形式化知识之间的交互，数学思维是在教师提供"脚手架"的探究过程中发展起来的。

教学活动的策略就是以学生已有的知识经验为基础的，在已有经验不再能解决问题时，产生认知冲突恰恰就是课堂教学的焦点所在。通过认知冲突可以更好地促进学生对知识的更好认知，由此加深学生对具体内容的理解；同时也进一步促进他们更加深化原有的数学知识，积累数学基本活动经验，形成更高水平的知识认知。

由于关于 x 的方程 $x^2 + (m+4i)x + 1 + 2mi = 0$ 至少有一个实数根，我们不妨设其中一个实数根为 x_0，那么 x_0 必然满足方程，于是就有

$$x_0^2 + (m+4i)x_0 + 1 + 2mi = 0$$

结合等式的性质，就可以得到

$$\begin{cases} x_0^2 + mx_0 + 1 = 0 \\ 4x_0 + 2m = 0 \end{cases}$$

从而 $x_0^2 = 1$，$m = -2x_0$，于是所求实数 m 的值为 $m = \pm 2$。

重复教过的信息，理解学过的概念，利用已有的知识去解决变化的问题。这样的比较和联系，引导学生深入理解数学概念并使用程序解题。不唯程序性知识解题而开展教学是促进学生高水平认知的重要方法，只有这样的课堂设计与教学，才能更好地提高学生的能力。

第四节　数学抽象与逻辑推理

一、关注数学课程标准中的数学任务

数学任务是指学生参与问题解决、应用或练习。数学任务为学生提供一个用于学习和发展数学思想的智力环境，它的合理选择与实施对数学课堂教学质量起着重要的作用。

在本章开始，我们对高中数学课程标准中的数学教学任务有所了解，高中数学教学以发展学生数学学科核心素养为导向，创设合适的教学情境，启发学生思考，引导学生把握数学内容的本质。

例： 在"推理与证明"一节中，为了引导学生对数学的形式化表达有一定的理解能力，我们可以创设如下情境。

已知 $A = 2020 \times 2016$，$B = 2019 \times 2017$，试比较 A 与 B 的大小。

显然，这样的一道数学运算题有许多的解题方法，我们认为以下解法最优。

解析： 设 $x = 2017$，于是 $A = (x+3)(x-1)$，$B = x(x+2)$，

$\therefore B - A = x(x+2) - (x+3)(x-1) = x^2 + 2x - x^2 - 2x + 3 = 3 > 0$.

$\therefore B > A$.

这种解法不但将学生已有的知识加以唤醒，使学生对字母表示数加深了理解，提高了学生数学学习的兴趣，使不同数学基础的同学进一步对数学学科概念有所感悟；理解了数学的概念，对数学是研究数量关系与形式科学的定义有更明确的理解。

数学教学需要对数学的本质特征加以理解，凸显数学的内在逻辑和思想方法，突出数学主线，精选课程内容，发展学生认知，提升学生应用数学解决问题的能力和数学学科核心素养。

数学抽象是数学学科的核心素养之一。数学抽象是指通过对数量关系与空间形式的抽象，从数量与数量的关系中抽象出数学概念以及概念之间的关系，抽象出一般规律和结构并用数学语言予以表征。

为了发展学生的数学形式化表征的能力，在"函数的性质"一节，我们设置了如下问题情境：设 x，y 是实数，且 $\begin{cases} (x-1)^3 + 2019(x-1) = -1 \\ (y-1)^3 + 2019(y-1) = 1 \end{cases}$，求 $x+y$ 的值。

教师引导学生仔细审题，很容易地发现已知的两个等式的数量关系或结构相似之处。

解法1：如果从数量关系来理解，则两式相加，可以得到

$(x-1)^3 + (y-1)^3 + 2019(x+y-2) = 0$，

结合初中所学立方和公式，可以得出

$(x+y-2)\left[(x-1)^2 - (x-1)(y-1) + (y-1)^2 + 2019 \right] = 0$，

配方，得

$(x+y-2)\left\{ \left[(x-1) - \dfrac{1}{2}(y-1) \right]^2 + \dfrac{3}{4}(y-1)^2 + 2019 \right\} = 0$，

由于 x，y 是实数，所以 $x+y-2=0$，即 $x+y=2$.

解法2：如果从结构出发，可以由已知变形，得

$\begin{cases} (x-1)^3 + 2019(x-1) = -1 \\ (1-y)^3 + 2019(1-y) = -1 \end{cases}$

于是，构造函数 $f(t) = t^3 + 2019t + 1$，$t \in \mathbf{R}$.

显然，函数 $f(t) = t^3 + 2019t + 1$ 在 $(-\infty, +\infty)$ 上是一个增函数，

所以，由已知条件，得 $f(x-1) = f(1-y)$，

所以 $x-1 = 1-y$，即 $x+y=2$.

在数学教学中，好的问题情境创设能激活学生的求知欲，启迪学生的思维。特别是代数式的教学，找到知识的生长点尤为关键，使用数学表征的方式会对学生的思考、推理产生极大的影响。由于代数式本身的多种理解，教学中要培养学生以整体的观念来看整个代数式，理解代数式及其结构，寻找符号表征中的结构，培养学生把握表面结构与深层结构的相互转换，建立不同表征之间的联系，了解同一表征的不同形式，有推理地使用符号，帮助学生积累从具体到抽象的活动经验。

二、关注学生数学核心素养的发展

前面我们粗略地了解了数学核心素养中的数学抽象。数学抽象主要表现为：获得数学概念和规则，提出数学命题和模型，形成数学方法与思想，认识数学结构与体系。

数学核心素养中重要的逻辑推理是得到数学结论、构造数学体系的重要方式。主要有从特殊到一般的推理和从一般到特殊的推理两类，其中演绎推理侧重于求解和论证。

在"函数的性质及应用"一节中，为了培养学生的逻辑推理素养，我们设置了如下问题：已知二次函数 $y = ax^2 + bx + c$（$a < b$）的图像恒不在 x 轴下方，且 $m < \dfrac{a+b+c}{b-a}$ 恒成立，求实数 m 的取值范围。

从知识角度看，这道题目比较深入地考查函数的概念、性质和图像；从方法角度看，本题涉及抽象与具体、一般与特殊等思维方法，将抽象问题具体化。

解析：由二次函数 $y = ax^2 + bx + c$（$a < b$）的图像恒不在 x 轴下方，可得

$$\begin{cases} a > 0 \\ b^2 - 4ac \leqslant 0 \end{cases}$$

即 $a > 0$，且 $4ac \geqslant b^2$.

于是 $\dfrac{a+b+c}{b-a} = \dfrac{4a^2 + 4ab + 4ac}{4ab - 4a^2} \geqslant \dfrac{4a^2 + 4ab + b^2}{4ab - 4a^2}$.

又 $b > a > 0$，

所以 $\dfrac{b}{a} > 1$.

于是 $\dfrac{a+b+c}{b-a} \geqslant \dfrac{4a^2 + 4ab + b^2}{4ab - 4a^2} = \dfrac{4 + \dfrac{4b}{a} + \left(\dfrac{b}{a}\right)^2}{\dfrac{4b}{a} - 4}$.

下面采用换元法，令 $\dfrac{b}{a} = t$，则 $t \in (1, +\infty)$.

从而构造函数 $h(t) = \dfrac{4 + 4t + t^2}{4t - 4}$，$t \in (1, +\infty)$.

由于 $h(t) = \dfrac{1}{4}\left(6 + \dfrac{9}{t-1} + t - 1\right)$，$t \in (1, +\infty)$.

而当 $t \in (1, +\infty)$ 时，

$t - 1 + \dfrac{9}{t-1} \geqslant 2\sqrt{(t-1) \cdot \dfrac{9}{t-1}} = 6$，当且仅当 $t = 4$ 时等号成立。

所以函数 $h(t) = \dfrac{4 + 4t + t^2}{4t - 4}$ 在区间 $(1, +\infty)$ 上的最小值为 3.

所以 $m < 3$，即实数 m 的取值范围是 $(-\infty, 3)$.

这里求函数 $h(t) = \dfrac{4 + 4t + t^2}{4t - 4}$ 在区间 $(1, +\infty)$ 上的最小值也可以利用函数与导数来研究。

由于 $h'(t) = \dfrac{(t+2)(t-4)}{4(t-1)^2}$，$t \in (1, +\infty)$.

当 $t \in (1, 4)$ 时，$h'(t) < 0$；当 $t \in (4, +\infty)$ 时，$h'(t) > 0$.

函数 $h(t) = \dfrac{4 + 4t + t^2}{4t - 4}$ 在区间 $(1, 4)$ 上单调递减，在 $(4, +\infty)$ 上单调递增。

所以当 $t = 4$ 时，函数 $h(t) = \dfrac{4 + 4t + t^2}{4t - 4}$ 取得最小值 $h(4) = 3$.

从而得到实数 m 的取值范围是 $(-\infty, 3)$.

数学思维主要是逻辑思维。逻辑思维操作的对象是概念，并严格遵循形式逻辑推理的规则。高中数学课堂教学，指导学生学会有逻辑地思考问题，掌握推理的基本规则和形式，探索和表述论证过程。有逻辑地表达是一项基本要求。重视严密的逻辑推理运算，能有效地提高学生的逻辑推理能力。

在"等比数列的前 n 项和"一节的教学中，课程标准中的教学任务要求探索并掌握等比数列的前 n 项和公式，理解等比数列的通项公式与前 n 项和公式的关系。如何理解并在教学中使学生真正理解两者的关系，不同的教师有不同的方法。我们认为教学设计要有利于提高学生的逻辑推理能力，关注学生数学抽象素养的提高。

课本从国际象棋的起源，通过数学故事引起学生兴趣，可以得到一个等比数列：$1, 2, 2^2, 2^3, \cdots, 2^{63}$，它的首项是 1，公比是 2，求第 1 个格子到第 64 个格子各格所放的麦粒总数就是求这个等比数列前 64 项的和。

$S_{64} = 1 + 2 + 2^2 + 2^3 + \cdots + 2^{63}$ ①

紧接着，提出问题：对于等比数列

$$a_1, a_2, a_3, a_4, \cdots, a_n, \cdots$$

它的前 n 项和是

$$S_n = a_1 + a_2 + a_3 + a_4 + \cdots + a_n \qquad\qquad ②$$

如何探究出错位相减法这一原理？错位相减法从哪里来？

如何落实"理解等比数列的通项公式与前 n 项和公式的关系"这一项课程教学任务？

解决这一任务有两条不同的路径。

一是从特殊到一般，对于等比数列

$$1, 2, 2^2, 2^3, \cdots, 2^{63}$$

通过计算得 $S_1 = 1$，$S_2 = 3$，$S_3 = 7$，$S_4 = 15$，$S_5 = 31$，$\cdots$

进而让学生通过观察，猜想，得到 $S_n = 2^n - 1$.

就算这样解决了式①，但式②又如何解决呢？

对比式①的表现形式，等比数列

$$a_1, a_2, a_3, a_4, \cdots, a_n, \cdots$$

可以写成以下形式

$$a_1, a_1q, a_1q^2, a_1q^3, \cdots, a_1q^{n-1}, \cdots$$

它的前 n 项和是

$$
\begin{aligned}
S_n &= a_1 + a_1q + a_1q^2 + a_1q^3 + \cdots + a_1q^{n-1} \\
&= a_1(1 + q + q^2 + q^3 + \cdots + q^{n-1}) \qquad\qquad ③
\end{aligned}
$$

这时式③的括号里各项的和与式①结构完全一致，那么是否可以求出来呢？

于是教师可以引导学生进一步归纳猜想。

$$S_n = 1 + 2 + 2^2 + 2^3 + \cdots + 2^{n-1} = 2^n - 1,$$

$$S_n = 1 + 3 + 3^2 + 3^3 + \cdots + 3^{n-1} = \frac{3^n - 1}{2},$$

$$S_n = 1 + 4 + 4^2 + 4^3 + \cdots + 4^{n-1} = \frac{4^n - 1}{3},$$

$$S_n = 1 + 5 + 5^2 + 5^3 + \cdots + 5^{n-1} = \frac{5^n - 1}{4},$$

从而可以猜想出 $1 + q + q^2 + q^3 + \cdots + q^{n-1} = \dfrac{q^n - 1}{q - 1}$.

所以 $S_n = a_1 + a_1q + a_1q^2 + a_1q^3 + \cdots + a_1q^{n-1}$

$$= a_1(1 + q + q^2 + q^3 + \cdots + q^{n-1}) = \frac{a_1(q^n - 1)}{q - 1}.$$

但以上各式的结果都只是猜想出来的，不是计算得到的，因此自然还是希望进一步得出计算方法。

二是我们可以将问题逆向回归，事实上，若

$$S_n = a_1 + a_1q + a_1q^2 + a_1q^3 + \cdots + a_1q^{n-1} = \frac{a_1(q^n - 1)}{q - 1},$$

则 $(q - 1)S_n = a_1(q^n - 1)$，我们来验证这一结论是否正确。

由于

$$S_n = a_1 + a_1q + a_1q^2 + a_1q^3 + \cdots + a_1q^{n-1} \qquad ④$$

所以

$$qS_n = a_1q + a_1q^2 + a_1q^3 + a_1q^4 + \cdots + a_1q^n \qquad ⑤$$

④－⑤，得

$$(1 - q)S_n = a_1 - a_1q^n,$$

即 $S_n = a_1 + a_1q + a_1q^2 + a_1q^3 + \cdots + a_1q^{n-1} = \frac{a_1(q^n - 1)}{q - 1}.$

这样错位相减法水到渠成！再让学生整理以上所提问题的解题方法，认真梳理表达，等比数列的前 n 项和公式以及国际象棋问题中国王的诺言问题，教学任务"理解等比数列的通项公式与前 n 项和公式的关系"也就得以落实。

上面的局部探究设计将教学任务活化为教学活动，教师通过对教学内容的分析与研究，对教材中所呈现的知识内容与系统进行再组织，教师将书本知识内化为自己的理解和知识，并转化为教学过程中生动的、活化的、有逻辑顺序的活动知识，为学生提供有意义、能理解的、与学生心理联系更紧密的原理性知识。这样的教学，才能真正地将课程教学任务完成好，使学生的数学素养不断得到提高，数学教学才能走向深入。局部探究的教学设计是学生数学活动经验积累的重要途径，学生在经历数学活动、了解数学知识发生发展的过程、体会数学知识和方法的探究后，逐步形成数学活动经验；通过长期的活动经验的积累，进而形成独立思考的习惯，不断提高实践和学习能力。

参考文献

[1] 黄荣金，李业平. 数学课堂教学研究 [M]. 上海：上海教育出版社，2010.

[2] 曹才翰，章建跃. 数学教育心理学 [M]. 北京：北京师范大学出版社，2006.

[3] 沈子兴. 基于核心素养培育的数学教学设计 [M]. 上海：华东师范大学出版社，2020.

4

第四章

聚焦理解的数学课堂教学设计

教学设计是学习理论与教学实践联系的过程。教学设计是为了使预期教学效果达到最优化的教学行为。教学需要设计。教学设计是一个在明晰的教学目标指引下，综合处理关于学习内容、教学目标、知识结构、学生以及其他各种约束条件的信息并生成针对特定教学目标的教学交互和信息资源的过程。教学设计需要技术化。教学设计从整体到局部，逐渐深入和具体化，挖掘思想方法和知识联系。教学设计是一个复杂问题的分析和决策过程。

第一节 数学课堂教学的含义

一、数学课堂教学的含义

数学课堂教学是学校数学教学工作的基本形式。希伯特和格罗斯把教学描述为"在课堂中围绕内容，并促进学习目标达成的师生、生生活动"。班级授课制是课堂教学的组织形式。班级授课这种教学形式受到教师、学生和学科知识之间关系的制约，需要考虑各方面的因素。数学课堂教学主要包括复习巩固已学知识、学习新知识、检查学生练习，是以教师为主导、学生为主体的师生双边活动。

教学首先是创造一个学习数学、组织学生参与的环境，其次是数学教学应引导学生思考、探究，并且通过教师解释或让高水平学生解释，以使得学生理解以及知道如何解释，感悟、构建新知识，然后内化、理解并运用新知识，构建新的数学知识体系，不断提高学生学习能力的过程。

二、课堂教学的基本问题

课堂教学研究的基本问题主要是研究教学效果、教学效率。什么样的教师和教学特征，以什么样的方式教学，如何把知识从教师传输到学生，教师和学生体验教学情景的方法是否相同？如果有所不同，不同在哪些方面？在研究这些问题的过程中，教学的"预计—过程—结果"模式十分流行。它的主要研究方向就是寻找教与学的因果关系。

基于理解的数学教学的观点是教与学从根本上说是相互联系的。有效的教学是以学生为中心，是把教师对教学的认识和理解与学生对教学的认识协调好，从学生已有的知识经验出发，让学生对所学的知识有深入的理解。

基于理解的数学教学理念借鉴学生学习的"预计—过程—结果"模式

（参见 Biggs，1978），在这一模式中，学生的已有学习经验和现在头脑中的观念与教师课堂教学设计、教学方法及练习等相互作用，通过学生对学习环境的感知（如有效的教学、明确的目标），采用不同的学习方法，通过深层理解学习或者浅表层记忆学习，进而对学生的学习结果做出解释。这一模式认为，意义的理解是通过个人与外部世界的内在联系而获得的，学习就是以不同的方式体验学习对象。这对研究数学理解教学、提高学习质量有帮助。

例：在"平面向量的基本定理"的教学中，我们采用如下步骤进行设计。

教师提问，学生思考、讨论。

问题 1：如图 4 - 1 - 1 所示，平行四边形 $ABCD$ 的两条对角线相交于点 M，且 $\overrightarrow{AB} = \overrightarrow{a}$，$\overrightarrow{AD} = \overrightarrow{b}$，你能用向量 $\overrightarrow{a}$、$\overrightarrow{b}$ 表示 $\overrightarrow{MA}$、$\overrightarrow{MB}$、$\overrightarrow{MC}$ 和 $\overrightarrow{MD}$ 吗？

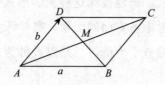

图 4 - 1 - 1

问题 2：这种表示是否具有一般性？请同学们思考。

给定平面内任意两个向量 $\overrightarrow{e_1}$，$\overrightarrow{e_2}$，请你做出向量 $3\overrightarrow{e_1} + 2\overrightarrow{e_2}$、$\overrightarrow{e_1} - 2\overrightarrow{e_2}$. 平面内的任一向量是否都可以用形如 $\lambda_1 \overrightarrow{e_1} + \lambda_2 \overrightarrow{e_2}$ 的向量表示呢？

如果可以的话，我们就可以用给定的两个不共线向量表示平面内的任意向量，通过向量运算解决几何问题。

问题 3：为了增强感知，请同学们再解一个类似问题：在 ΔABC 中，$\overrightarrow{AD} = \dfrac{1}{4}$ $\overrightarrow{AB}$，$DE // BC$，且与边 AC 相交于点 E，ΔABC 的中线 AM 与 DE 相交于点 N，设 $\overrightarrow{AB} = \overrightarrow{a}$，$\overrightarrow{AC} = \overrightarrow{b}$，用向量 $\overrightarrow{a}$、$\overrightarrow{b}$ 分别表示 $\overrightarrow{AE}$、$\overrightarrow{BC}$、$\overrightarrow{DN}$、$\overrightarrow{AN}$.

问题 4：从上述解答中不难发现，图中所有的向量都可用不共线的向量 $\overrightarrow{a}$、$\overrightarrow{b}$ 表示，那么平面内的任意一个向量是否可以用给定的两个不共线向量来表示呢？请学生任意画两个不共线的向量 $\overrightarrow{e_1}$、$\overrightarrow{e_2}$，并考察平面内任意向量 $\overrightarrow{a}$ 是否都能用它们表示。

从特殊到一般，使学生体会提出数学问题的方法，积累数学活动经验。另外，让学生自己动手画图，可以使他们建立概括平面向量基本定理的直观基础，并为定理的证明打下基础。

在教学活动中，教师应准确把握课程内容的要求，通过相应的教学实施，在学生掌握基本技能的同时，促进数学核心素养的提升。

问题5：上述过程可以让我们联想到物理中的类似知识：力的分解与合成、速度的分解与合成。

问题6：你能给出这一猜想的证明吗？

至此，对于平面向量的基本定理的得出和证明也就水到渠成。提高数学理解水平是数学教师专业化发展的基础和关键。理解数学的核心是对数学基本概念及其所反映的数学思想方法的理解。围绕数学核心概念、思想方法进行教学是提高课堂教学质量的关键，也是改进教学方式的切入点。教学应追求解决问题的基本方法——基本概念所蕴含的思想方法。

在设计教学过程时，如下问题需要予以关注。

（1）强调教学过程的内在逻辑线索。

（2）要给出学生思考和操作的具体描述。

（3）要突出核心概念的思维建构和技能操作过程，突出思想方法的领悟过程分析。

（4）以"问题串"方式呈现为主。

（5）要根据内容特点设计教学过程，是基于问题解决的设计，还是讲授式教学设计；是自主探究式教学设计，还是合作交流式教学设计。

三、数学课堂教学的研究方法

数学课堂教学的研究方法十分丰富，有认知主义观点，有建构主义观点，有社会建构主义观点，有情境认知论观点。课堂教学研究通常采用观课评议法，依赖于量的研究。对教师提问题、有效联系学生的新旧知识、结合学生的生活经验、教师讲述时间、正确而清楚地讲解重要概念、原则和技能，学生练习时间以及多举例说明或示范以提高学生理解，提供学生练习数量、学生思考时间以及设计学习情境启发学生思考讨论等进行量的记录，对课堂教学进行编码。

后来采用质的研究方法，关注课堂教与学的过程和意义。依据教学设计、设计学习情境，启发学生思考与讨论，学生作业和探究片断，强调数学概念的理解、教学互动及变化教学活动或教学策略，意义引入与讨论协商，根据学生个别差异调整教学方案。自 20 世纪 90 年代以来，录像技术、微课受到学校与教师、研究人员的喜爱，通过录像课、微课来分析和研究教与学的过程，对课堂提问、学生错误解决、数学表征及教学方法完善进行分析。这一研究方法可以更清楚地发现学生采用的学习方法以及教师的教学方法与策略。

第二节 数学学习理论与数学课堂教学设计

一、数学学习理论与数学课堂教学设计

在第二章，我们专门论述了几个学习理论，但教学论微观领域研究的教学设计如何把学习理论和具体的教学实际问题联系起来，还是很值得研究的问题。

本章第一节中我们也从三个方面论述了解题教学设计如何让学生真正领悟数学本质，提高数学思维能力。教学设计要用好科学理论，在理论指导下的教学设计能更好地提高学生的学习能力。

认知心理学认为"学习是知识的获得"，加涅提出"不同的学习领域有相同的学习结果；相同的学习领域有不同的学习结果"的教学设计思想。教学生掌握某一技能，就要开展系统学习；教学生深层理解知识，就要比较、归纳。

建构主义认为，学生只有通过自己对自己已有经验的解释，才能建构自己对知识的真实理解；学生只有通过与同伴讨论和协商，才能创建具有社会意义的新知识；学生只有理解文化，才能获得具有完整意义的知识。

行为主义心理学认为"学习就是强化"，斯金纳的学习联结说，更是强调在教学中采用"刺激—联结—强化"模式，在《学习科学与教学艺术》中提出"小步子、循序渐进、序列化、学生参与、强化、自定步调"的教学设计原则。

学习是知识的获得，学习是知识的建构，学习是实践的参与，学习是有意义的社会协商；因此，教学设计就是要创建学习环境、组建学习共同体、构建实践团队。

二、数学课堂教学案例分析

数学课堂教学要克服把数学知识分割为一个个的小要点，将连续的过程简

单地当成一个个阶段来处理，过于模式化。

例如，人教版《高中数学4》"函数 $y = a\sin(\omega x + \varphi)$ 的图像"的教学设计。

提出问题：函数 $y = a\sin(\omega x + \varphi)$ 的图像与函数 $y = \sin x$ 的图像有什么关系呢？通常的设计思路是从特殊到一般进行教学设计。

（1）探索 φ 对 $y = \sin(x + \varphi)$ 的图像的影响。

这里教师通过引导学生观察 $y = \sin\left(x + \dfrac{\pi}{3}\right)$ 和 $y = \sin x$ 的图像之间的关系，可以让学生很容易地获得 φ 对 $y = \sin(x + \varphi)$ 的图像的影响。

（2）探索 ω（$\omega > 0$）对 $y = \sin(\omega x + \varphi)$ 的图像的影响。

这里教师通过引导学生观察 $y = \sin\left(2x + \dfrac{\pi}{3}\right)$ 和 $y = \sin\left(x + \dfrac{\pi}{3}\right)$ 的图像之间的关系，可以让学生很容易地获得函数 $y = \sin(\omega x + \varphi)$ 与函数 $y = \sin(x + \varphi)$ 的图像的关系。

（3）探索 A（$A > 0$）对 $y = A\sin(\omega x + \varphi)$ 的图像的影响。

这里教师通过引导学生观察 $y = 3\sin\left(2x + \dfrac{\pi}{3}\right)$ 和 $y = \sin\left(2x + \dfrac{\pi}{3}\right)$ 的图像之间的关系，可以让学生很容易地获得函数 $y = A\sin(\omega x + \varphi)$ 与函数 $y = \sin(\omega x + \varphi)$ 的图像的关系。

这样的教学设计，学生获得知识是容易的，教学效果也不错。

但此时如果教师提出如下问题：请说明函数 $y = 2\sin\left(\dfrac{1}{3}x - \dfrac{\pi}{6}\right)$ 的图像与函数 $y = \sin x$ 的图像的关系。

这时学生中出现的问题，大家在实践中就可以发现。因此，教学的直线型层次设计并不能很好地实现知识的灵活迁移。

数学学习是学生在已有数学认知结构基础上的建构活动，目的是要建构数学知识及其过程的表征，需要强调对数学知识的深入理解。因此，我们需要对教学设计作一点改进。

师：函数 $y = a\sin(\omega x + \varphi)$ 的图像与函数 $y = \sin x$ 的图像有什么关系呢？同学们有过类似的学习经历吗？

从学生的已有学习经验中寻找学习起点，提取他们记忆系统中已有的信息，使新知识与已有认知结构的相互作用能够显现，发挥正迁移作用。

师：我们以前研究过二次函数的图像，函数 $y = a\left(x - h\right)^2 + k$ 的图像与函

数 $y = x^2$ 的图像有什么样的关系？请大家回忆一下。

至此，我们师生再一起研究上面三个小问题，对学生的思维而言就会完全不同。

基于学生已有经验和知识信念，按照"过程—结果"的教学主张开展教学，既强化模式识别，又引导学生对解题方法的细微处着重分析，真正领悟问题的本质。通过学生先学，先做，然后理解解题过程，整合新知识到原有的联系中，提升数学思维能力，促进知识技能的迁移；要从思想方法上指导学生学好模式识别，使学生形成深层的、灵活的、有用的"真正的知识"，实现知识技能向能力素质转化。

第三节　数学知识分类与数学课堂教学设计

一、数学知识分类与数学课堂教学设计

知识的不同类型，决定了不同的知识需要准备不同的学习条件。数学课堂教学需要根据不同的知识类型特点使用不同的教学方法。

不同的知识观下有不同的数学课堂教学设计。安德森根据知识获得的心理加工过程的特点，提出了知识分类的新观点。他认为，个体的知识分为两类：一类为陈述性知识，另一类为程序性知识。陈述性知识是关于事物及其关系的知识，包括事实、规则、事件等，用来回答"是什么"。例如，指数函数是什么？一元二次方程的求根公式是什么？正弦定理是什么？程序性知识是借助于推测，关于完成某项任务的行为准则或操作步骤的知识，用来回答"怎么办"。例如，解方程如何进行？如何求递推数列的通项公式？错位相减法求和如何进行？

从安德森的数学知识分类，从陈述性知识和程序性知识的概念来理解，数学知识主要分为三类：数学概念、数学命题（包括公式、性质、定理、公理等）、数学推理与证明（包括数学运算的步骤与方法、数学思想与方法、数据处理的方法等）。发现问题、解决问题的能力依赖于数学推理与证明，提高数学能力的关键在于提高学生程序性知识解决问题的能力。因此，数学教学要提高学生数学技能（程序性知识）的水平，而数学技能的掌握依赖于有意义的数学教学，所以数学课堂教学设计至关重要。

二、陈述性知识的教学设计可以从基本活动经验引入

"四基"是培养数学学科核心素养的沃土，数学教学设计可以从基本概念

引入，也可以从学生的基本活动经验引入，从学生已有的知识出发。

例1：在研究"函数的单调性"时，我们可以按以下程序操作。

第一步，给出具体函数，从学生已有的基本活动经验出发，增加其感性体验。

问题1：画出下列函数的图像，并说明函数值 y 随 x 的增大而怎样变化？

(1) $y = x^2$ (2) $y = \dfrac{1}{x}$ ($x > 0$)

学生练习后，教师从"形"的直观性对增函数和减函数做定性描述。

第二步，教师提问、引导，学生思考、讨论。

问题2：如何从"数"的角度，对"函数值 y 随 x 的增大而增大（或减小）的特征"给予具体的定量刻画呢？

学生感到不好回答，教师再明确如下。

问题3：函数 $y = x^2$ 在区间 $[0, +\infty)$ 上是增函数，你能列举一些具体数据说明一下吗？

学生：当 $x = 0$ 时，$y = 0$，当……

问题4：这样的数据能列举完吗？用什么办法能解决好这个问题？

学生思考、讨论，教师巡视。

第三步，尝试定义，形成概念，如图 4 - 3 - 1 所示。

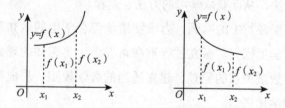

图 4 - 3 - 1

一般地，设函数 $f(x)$ 的定义域为 I：

如果对于定义域 I 内某个区间 D 上的任意两个自变量的值 x_1，x_2，当 $x_1 < x_2$ 时，都有 $f(x_1) < f(x_2)$，那么就说函数 $f(x)$ 在区间 D 上是增函数。

如果对于定义域 I 内某个区间 D 上的任意两个自变量的值 x_1，x_2，当 $x_1 < x_2$ 时，都有 $f(x_1) > f(x_2)$，那么就说函数 $f(x)$ 在区间 D 上是减函数。

第四步：学生阅读课本，与书中定义对比。

对概念的形式化定义的局部探究，通过设置由远及近的三个问题来实现，问题 1 给出两个具体的函数，既为函数的单调性起铺垫作用，又为学生创设直观情境，增加其感性体验。问题 2 从"形"到"数"，给尖子学生一个思维的空间。问题 3 给全体学生搭了一个脚手架，促其拾级而上，学生通过尝试、交流、理解，明晰了概念的产生过程，为今后用函数的单调性解题奠定了基础。

在概念课的教学中，概念的形成从直观感知到理性思考，概念的形成是概念教学的基础和重点，理性思考有时也成为一个难点。建构主义教学观认为，数学知识不是简单地通过教师灌输到学生头脑中，必须基于个人对经验的操作、交流，通过反省来主动构建。因此，在教学中，恰当运用局部探究，充分揭示数学知识的形成过程，让学生在体验中建构，不仅可以有效地突破概念教学的难点，而且可以更好地帮助学生深化对概念的理解，培养运用概念的意识和能力。

第五步：应用概念。

问题 5：物理学中的玻意耳定律 $p = \dfrac{k}{V}$（k 为正常数）告诉我们，对于一定量的气体，当其体积 V 减小时，压强 p 将增大。试用函数的单调性证明。

设计这个问题的目的在于希望达成一个目标，不仅要使学生获得相关的知识，还要通过相应的途径，或者是渗透或者是化隐为显，明确地提炼或者是阶段性总结（学生自己总结、师生共同总结、教师总结），帮助学生感悟蕴含在知识中的思想方法，从而获取学习的方法、途径。

教学起点源于教材中的问题，力求使情境符合学生的认知基础，是新知识的起点，更适合学生探究。探究过程重在培养学生将感知的现象数学化，利用数形结合，通过数量关系的描述，建立适当的数学模型，形成数学抽象，通过逻辑推理形成数学化表达。

从数学学习的认知本质看，数学学习离不开情境。从数学课程及数学学习的特点看，情境化设计越来越显示出重要性和必要性。南京大学的郑毓信教授指出情境创设的一个重要标准是：不仅仅起到"敲门砖"的作用，还应当在课程的进一步开展中自始至终发挥一定的导向作用。

数学概念教学中加深概念的理解，通过问题的辨析，从一般原理过渡到特殊应用，从抽象到具体，从具体到抽象，可以更好地培养学生思维能力。概念的应用和巩固是培养学生数学思维的载体，教学中应舍得花时间带领学生不断体会，加深理解和应用，提高学生的数学抽象能力和素养。

三、程序性知识的教学设计过程、方法和策略

《普通高中数学课程标准》指出，教师要把教学活动的重心放在促进学生学会学习上，积极探索有利于促进学生学习的多样化教学方式，抓住关键的教学环节。在程序性知识的教学设计中，引导学生总结出一些具有针对性的解题方法是有效的，从局部实施到整体构想，使学生有意识地积累数学活动经验，总结形成有效的学习方式。例如，在"数列与不等式"的教学中，我们这样设计：

例 2： 已知等比数列 $\{a_n\}$ 的前 n 项和为 S_n，$a_1 = 4$，且 S_3，S_2，S_4 成等差数列。

（1）求数列 $\{a_n\}$ 的通项公式；

（2）若 $b_n = \log_2 | a_n |$，设数列 $\left\{ \dfrac{1}{n(b_n - 1)} \right\}$ 的前 n 项和为 T_n，求证：

$T_n < \dfrac{5}{3}$.

解析：（1）$a_n = (-2)^{n+1}$（过程略）

（2）因为 $b_n = n + 1$，所以 $T_n = \dfrac{1}{1^2} + \dfrac{1}{2^2} + \dfrac{1}{3^2} + \cdots + \dfrac{1}{n^2}$，

当 $n = 1$ 时，$T_1 = 1 < \dfrac{5}{3}$.

当 $n \geqslant 2$ 时，由于 $\dfrac{1}{n^2} < \dfrac{4}{4n^2 - 1}$，即 $\dfrac{1}{n^2} < 2\left(\dfrac{1}{2n - 1} - \dfrac{1}{2n + 1} \right)$

所以 $T_n = \dfrac{1}{1^2} + \dfrac{1}{2^2} + \dfrac{1}{3^2} + \cdots + \dfrac{1}{n^2}$

$$< 1 + 2\left(\dfrac{1}{3} - \dfrac{1}{5} + \dfrac{1}{5} - \dfrac{1}{7} + \cdots + \dfrac{1}{2n - 1} - \dfrac{1}{2n + 1} \right)$$

$$= 1 + \dfrac{2}{3} - \dfrac{2}{2n + 1} < \dfrac{5}{3}.$$

从而命题得证。

对于第（2）问的证法，利用了转化的思想，但是学生惊叹太巧妙，属于典型的"看得懂，但想不到"。因此，我们在课堂上顺势引导学生重新寻找其他的思路。许多学生提出了利用 $\dfrac{1}{n^2} < \dfrac{1}{n^2 - 1}$ 来解题，于是我们共同探索，得出

如下过程:

① 当 $n = 1$ 时,$T_1 = 1 < \dfrac{5}{3}$.

当 $n = 2$ 时,$T_2 = 1 + \dfrac{1}{4} < \dfrac{5}{3}$.

② 当 $n \geqslant 3$ 时,由于 $\dfrac{1}{n^2} < \dfrac{1}{n^2 - 1}$,即 $\dfrac{1}{n^2} < \dfrac{1}{2}\left(\dfrac{1}{n-1} - \dfrac{1}{n+1}\right)$

所以 $T_n = \dfrac{1}{1^2} + \dfrac{1}{2^2} + \dfrac{1}{3^2} + \cdots + \dfrac{1}{n^2}$

$< 1 + \dfrac{1}{4} + \dfrac{1}{2}\left(\dfrac{1}{2} - \dfrac{1}{4} + \dfrac{1}{3} - \dfrac{1}{5} + \cdots + \dfrac{1}{n-1} - \dfrac{1}{n+1}\right)$

$= 1 + \dfrac{1}{4} + \dfrac{1}{2}\left(\dfrac{1}{2} + \dfrac{1}{3} - \dfrac{1}{n} - \dfrac{1}{n+1}\right) = \dfrac{5}{3} - \dfrac{1}{2}\left(\dfrac{1}{n} + \dfrac{1}{n+1}\right)$

$< \dfrac{5}{3}$.

从而命题得证。

数学解题要从学生的知识出发,找到知识的生长点。我们把学生的想法 $\dfrac{1}{n^2} < \dfrac{1}{n^2 - 1}$ 加以应用,同时进一步探究,得出 $\dfrac{1}{n^2} < \dfrac{1}{n^2 - \dfrac{1}{4}}$ 的应用,并鼓励学生课后开展分式放缩法的加强探究,从而开阔了学生视野。

例 3:已知数列 $\{a_n\}$ 中,$a_1 = 1$,$a_{a+1} + a_n = 3 \cdot 2^{n-1}$($n \in \mathbf{N}^*$).

(1)求数列 $\{a_n\}$ 的通项公式;

(2)证明:$\dfrac{1}{a_2 - 1} + \dfrac{1}{a_3 - 1} + \cdots + \dfrac{1}{a_{n+1} - 1} < \dfrac{5}{3}$.

解析:(1)$a_n = 2^{n-1}$(过程略)

(2)因为 $a_n = 2^{n-1}$,所以设 $T_n = \dfrac{1}{2 - 1} + \dfrac{1}{2^2 - 1} + \dfrac{1}{2^3 - 1} + \cdots + \dfrac{1}{2^n - 1}$,

当 $n = 1$ 时,$T_1 = 1 < \dfrac{5}{3}$.

当 $n = 2$ 时,$T_2 = 1 + \dfrac{1}{3} < \dfrac{5}{3}$.

当 $n \geqslant 3$ 时,由于 $2^n - 1 = 4 \times 2^{n-2} - 1 > 3 \times 2^{n-2}$,于是 $\dfrac{1}{2^n - 1} < \dfrac{1}{3 \times 2^{n-2}}$

所以 $T_n = \dfrac{1}{2-1} + \dfrac{1}{2^2-1} + \dfrac{1}{2^3-1} + \cdots + \dfrac{1}{2^n-1}$

$\qquad < 1 + \dfrac{1}{3} + \dfrac{1}{3\times 2} + \dfrac{1}{3\times 2^2} + \cdots + \dfrac{1}{3\times 2^{n-2}}$

$\qquad = 1 + \dfrac{1}{3}\Big(1 + \dfrac{1}{2} + \dfrac{1}{2^2} + \cdots + \dfrac{1}{2^{n-2}}\Big) = 1 + \dfrac{2}{3}\Big(1 - \dfrac{1}{2^{n-1}}\Big) < \dfrac{5}{3}.$

从而命题得证。

对于第（2）问的证法，利用了幂的指数运算，结合转化的思想，学生认为它也是属于典型的"看得懂，但想不到"。因此，我们在课堂上顺势引导学生重新寻找其他的思路，许多学生提出了本题应属于利用"裂项相消法"进行的数列求和，于是可以利用构造相邻两项再加以裂项的方法，于是我们共同探索，得出如下过程：

① 当 $n = 1$ 时，$T_1 = 1 < \dfrac{5}{3}.$

② 当 $n \geqslant 2$ 时，由于 $\dfrac{1}{2^n-1} = \dfrac{2^{n+1}-1}{(2^n-1)(2^{n+1}-1)}$

$\qquad\qquad\qquad\qquad < \dfrac{2^{n+1}}{(2^n-1)(2^{n+1}-1)}$

$\qquad\qquad\qquad\qquad = 2\Big(\dfrac{1}{2^n-1} - \dfrac{1}{2^{n+1}-1}\Big)$

所以 $T_n = \dfrac{1}{2-1} + \dfrac{1}{2^2-1} + \dfrac{1}{2^3-1} + \cdots + \dfrac{1}{2^n-1}$

$\qquad < 1 + 2\Big(\dfrac{1}{3} - \dfrac{1}{7} + \dfrac{1}{7} - \dfrac{1}{15} + \cdots + \dfrac{1}{2^n-1} - \dfrac{1}{2^{n+1}-1}\Big)$

$\qquad = 1 + 2\Big(\dfrac{1}{3} - \dfrac{1}{2^{n+1}-1}\Big) < \dfrac{5}{3}.$

从而命题得证。

数学解题要基于学生的知识信念，通过变式探究进一步建构知识信念。我们把学生的想法 $\dfrac{1}{2^n-1} = \dfrac{2^{n+1}-1}{(2^n-1)(2^{n+1}-1)}$ 转化为 $\dfrac{1}{2^n-1} < 2\Big(\dfrac{1}{2^n-1} - \dfrac{1}{2^{n+1}-1}\Big)$ 加以应用，同时进一步探究分式如何放缩，并引出指数式的放缩，从而得 $\dfrac{1}{2^n-1} <$

$\dfrac{1}{3\times 2^{n-2}}$ 并加以应用，使学生对上述问题的解法不至于感到突兀。

例4：已知函数 $f(x) = a\ln x + \frac{1}{2}x^2 - (1+a)x$，$x \in (0, +\infty)$.

（1）若 $f(x) \geqslant 0$ 在 $(0, +\infty)$ 上恒成立，求实数 a 的取值范围；

（2）$n \in \mathbf{N}^*$，求证：$\dfrac{1}{\ln 2} + \dfrac{1}{\ln 3} + \cdots + \dfrac{1}{\ln(n+1)} > \dfrac{n}{n+1}$.

解析：（1）$a \leqslant -\dfrac{1}{2}$（过程略）

（2）由（1）知，当 $a = -\dfrac{1}{2}$ 时，$f(x) \geqslant 0$ 在 $(0, +\infty)$ 上恒成立，

即 $\ln x \leqslant x^2 - x$ 在 $(0, +\infty)$ 上恒成立，当且仅当 $x = 1$ 时取等号，

从而 $\ln x < x^2 - x$，$x \in (1, +\infty)$

于是 $\dfrac{1}{\ln x} > \dfrac{1}{x(x-1)}$，即 $\dfrac{1}{\ln x} > \dfrac{1}{x-1} - \dfrac{1}{x}$，$x \in (1, +\infty)$

所以 $\dfrac{1}{\ln 2} + \dfrac{1}{\ln 3} + \cdots + \dfrac{1}{\ln(n+1)} > \left(1 - \dfrac{1}{2}\right) + \left(\dfrac{1}{2} - \dfrac{1}{3}\right) + \cdots + \left(\dfrac{1}{n} - \dfrac{1}{n+1}\right)$

$$= 1 - \dfrac{1}{n+1} = \dfrac{n}{n+1}.$$

从而命题得证。

对于第（2）问的证法，利用了对数运算，结合转化的思想。本题应属于利用"裂项相消法"进行的数列求和。通过此题进一步提出了对数如何放缩，从而证明不等式的问题。

以上案例，基于整体数学知识网络建构进行探究。我们以学生已有的数学经验为设计核心，让学生通过自我比对、体验总结，引导他们体会不变规律中的变化形式；通过自我深化，形成比较系统完整的理解。这样既培养了他们的思维能力，又提高了知识的整体性与系统性。

希尔伯特指出："数学问题是数学的灵魂。"问题的设计成为"先学后教，先做后讲"的核心，设置的问题应具有一定的思维训练价值和逻辑结构。要坚持以"问题解决"为核心的模式，充分挖掘习题的功能，精心设计，注重"再思考"，关注问题的探究功能，避免"程序化""机械化"训练，设置的问题要着重考虑它与例题的相近与变化。它不仅巩固所学，而且着重于学生的持续改进，以培养学生良好的思维习惯和探究精神为要旨，以发展学生高水平的理解为目标。

《普通高中数学课程标准》指出："数学课程目标包括知识与技能、过程与

方法、情感态度与价值观三个维度。"因此，我们的数学教学不但要关注学生的认知因素，更要关注学生的情感因素。两者在学生的学习过程中同时发生、交互作用，如果没有情感因素的参与，学习活动既不能维持也不能发生。基于学生已有经验的"先学后教，先做后讲"，在精心设计的基础上，要关注学生的做，同时关注训练后的"评"。要通过"评"来开发学生的多元智能，通过师生之间、生生之间的评价，激发学生的学习热情，碰撞出思维的火花，提升学生的思维能力。

第四节　数学教学理论与数学课堂教学设计

一、数学教学观与数学教学设计

认知主义心理学认为，学习是学习者内部心理结构的改组和形成，教学就是要积极地关注学生内在的知识建构，促进学生内部心理结构的形成，在原有知识心理的基础上改造其结构，不断完善其认知结构，形成知识网络。

建构主义则强调知识是在一定的情境下，通过教师的传授并结合必要的资料，通过教师和同伴的帮助、解释，通过意义建构的方式而获得的。

人本主义心理学家认为有效的教学要从良好的师生关系开始，要把具有丰富情感体验的活动引入课堂，让学生在具体形象的感悟中积极地学习。

学习是学习者的一种特别的认知过程，学生是学习的主体，教师是教学的主导；也有人认为教师是教学的主体。在教学中，教师要根据认知和情感双目标设计数学课堂教学，不断调动学生的知、情、意、行等方面活动，积极开展循环交流，多向反馈，引导学生积极开展数学思维活动，提高学生掌握知识的能力，培养学生解决问题的能力，从而使学生的数学学习目标得以实现。

二、数学课堂教学的设计

教师、学生、教学资源、教学媒介是课堂教学的基本元素。这些元素相互作用、相互联结就构成了课堂的教学结构。不同理论指导下的课堂，表现出不一样的教学结构和不一样的教学活动、过程，也表现出不一样的教学设计架构。

皮连生认为，数学课堂教学设计可采用以下程式：引起注意和告知学生学习目标；提示回顾学生原有知识；呈现经过教师组织的新的学习材料信息；通过阐明新知识与旧知识之间的关系促进学生理解新知识；通过指导学生复习引出学生的新反应，提供反馈及纠正练习；通过不同的情境提供学生技能应用、知识提取的机会，加深知识的理解并运用。

上海青浦经验学者顾泠沅在筛选有效教学的教学经验基础上，经过实证和实践的考验后，提出了数学教学设计的几个环节：①创设问题情境，明确学习目标；②指导学生开展尝试活动；③组织学生变式训练；④组织认知结构并再重组认知结构；⑤根据教学目标及时反馈调节。

我们基于理解数学教与学视角下的研究认为，教学设计要根据不同教学资源与环境加以设计，关注以下几个方面：分析学情与学习理论，要把教学活动的起点建立在学生的已知上，促进学生主动地建构新知识；研究好教材与数学知识的形态，要把数学知识的学术形态转化为学生容易接收的教育形态，使教学目标最优化；针对数学概念、数学原理和数学技能等课型，围绕学习内容，根据学生认知特点，创设数学情境，在问题情境中推动学生建构新知识；运用探究、交流、互动的手段启发学生比较、分析、归纳，生成教材的数学结论。

在教学中，要着重推理论证，注重逻辑建构，形成知识体系，要结合学习理论与教学表达来开展教学设计。

教学设计要突出数学基础知识，掌握基本技能。

例如，在"导数的概念"一课中，我们从展示概念背景、具体的实例出发。

问题1：在高台跳水这项运动中，运动员相对于水面的高度 h（单位：m）与起跳后的时间 t（单位：s）存在函数关系 $h(t) = -4.9t^2 + 6.5t + 10$．

计算运动员在 $t \in \left[0, \dfrac{65}{49}\right]$ 这段时间里的平均速度，并思考下面的问题：

（1）运动员在这段时间里是静止的吗？

（2）用平均速度描述运动员的运动状态有什么问题吗？

数学教学中要引导学生理解基础知识，揭示概念背景，创设情景，帮助学生积累数学基本活动经验。

通过师生共同分析，可以一致形成结论：在高台跳水运动中，平均速度不能反映运动员在这段时间的运动状态。要准确描述运动中的运动状态，需要用瞬时速度描述运动状态。我们把物体在某一时刻的速度称为瞬时速度。

问题2：如何知道运动员在每一时刻的速度呢？

在高台跳水这项运动中，运动员相对于水面的高度 h（单位：m）与起跳后

的时间 t（单位：s）存在函数关系 $h(t) = -4.9t^2 + 6.5t + 10$.

求运动员在 $t = 2$ 时的速度。

问题3：（1）运动员在某一时刻 t_0 的瞬时速度怎样表示？

（2）函数 $f(x)$ 在 $x = x_0$ 处的瞬时变化率怎样表示？

一般的，函数 $y = f(x)$ 在 $x = x_0$ 处的瞬时变化率是

$$\lim_{\Delta x \to 0} \frac{\Delta y}{\Delta x} = \lim_{\Delta x \to 0} \frac{f(x_0 + \Delta x) - f(x_0)}{\Delta x},$$

我们称它为函数 $y = f(x)$ 在 $x = x_0$ 处的导数，记作 $f'(x_0)$，即

$$f'(x_0) = \lim_{\Delta x \to 0} \frac{\Delta y}{\Delta x} = \lim_{\Delta x \to 0} \frac{f(x_0 + \Delta x) - f(x_0)}{\Delta x}.$$

数学教学情境和数学问题是多样的，可以通过举例、从简单到复杂、从特殊到一般等，使学生认识到问题的背景，体会从具体问题出发概括出抽象概念和理论的具体过程，理解数学概念的实际意义，完成从具体到抽象的数学认识过程。

数学教学要将教师传授知识的过程与学生认识数学知识的过程结合起来，越连续、越融合，学生的理解越深刻。

问题4：求函数 $f(x) = x^2 - 7x + 15$ 在 $x = 2$ 处的导数。

问题5：求函数 $f(x) = x(x-1)(x-2)\cdots(x-n)$ 在 $x = 0$ 处的导数。

促进学生数学学科核心素养的提升，要注重逻辑推理，解析数学概念，使学生感悟数学基本思想，深刻理解数学概念。上面的两个问题对学生理解导数的概念是一种不同层次的飞跃，解决这样的问题需要给学生留足思考的时间。只有学生真正理解了导数的概念，才会分析问题、解决问题，回到最基本的知识上，从而积累好数学学习的基本活动经验，为进一步提高学习能力打好基础。

为了使学生更好地应用数学概念，教学还需不断地深化。

问题6：在等比数列 $\{a_n\}$ 中，$a_1 = 2$，$a_8 = 4$，$f(x) = x(x - a_1)(x - a_2)\cdots(x - a_8)$，求 $f'(0)$.

解析：由导数的概念，得

$$f'(0) = \lim_{\Delta x \to 0} \frac{f(0 + \Delta x) - f(0)}{\Delta x}$$

$$= \lim_{\Delta x \to 0} \frac{\Delta x(\Delta x - a_1)(\Delta x - a_2)\cdots(\Delta x - a_8)}{\Delta x}$$

$$= \lim_{\Delta x \to 0} (\Delta x - a_1)(\Delta x - a_2)\cdots(\Delta x - a_8)$$

$$= a_1 a_2 \cdots a_8 = (a_1 a_8)^4 = 4096.$$

数学教学设计要始终关注如何引导学生理解基础知识，掌握基本技能，感悟数学基本思想，积累数学基本活动经验，不断促进学生数学学科核心素养的提升。

三、教学设计要预设，以提高学生认知为目标

数学学习是完善个体认知结构的过程。所谓认知，指人的感觉、知觉、注意、记忆、言语和思维等心理过程。依据当代认知心理学的观点，人的认知就是个体对外部信息的吸收、加工、贮存和提取的过程。从学习的角度研究认知，其对信息的吸收、加工、贮存属于知识的表征问题。

第一，认知结构是陈述性知识和程序性知识的表征系统，是一种心理组织；因而，认知结构与知识结构是两个不同的概念。

从认识论层面看，知识结构是外显的、客观的，而认知结构是个体对客观知识的内化，表现出一种主观性。这种主观性制约着人的意识和行为，使不同的个体表现出对客观事物表征的差异性，从而形成不尽相同的认知结构。尽管外在的知识结构具有严密的逻辑性、完备性和结构性，但是，人们在理解这些知识结构时会根据个人的建构做出不同的解释，形成不同的表征系统。

第二，认知结构的建构虽然离不开学习共同体的外部作用，但更主要的还是一种个人行为。

个体需要对外部信息进行感知、表征、记忆、思维等加工。这种加工离不开个体原有的知识和经验，要利用已有观念同化新知识；同时又要经过对原有认知结构的重组和完善的顺应过程。这些内部的认知只能依赖个体自身的努力去完成。

第三，认知结构具有静态和动态的双重性。一方面，作为对知识建构的结果，一旦形成某个知识的表征系统，个体的这种认知结构就有了相对的稳定性。如果没有这种稳定性，个体很难提取相应的信息，长时记忆系统就会使信息杂乱无章。另一方面，随着新知识的学习，长时记忆系统不断添加新的信息，因而会对原有的认知结构进行改组和重构。它可能扩大原有的认知结构，也可能破除原有认知结构而建立一个新的结构，还可能是对原有的认知结构的精致和

完善。事实上，如果把客观知识作为自变量看待，那么主观知识就是因变量，认知结构的可变性也就凸显出来。

数学理论体系是一个复杂的结构，各种概念、命题、法则在一定范围内由某些数学关系将其联结，形成外显的知识网络体系。学习者将教材中所规定的数学知识体系内化在自己的头脑中，形成个体的认知结构。这是数学学习的基本目标，是使学生数学能力发展和数学素质提高的必然前提。具备优良认知结构的个体，才具有优良的结构转换能力。结构的自我调节作用，表现为结构形成和转换的内部机制，能使恰当的转换作用获得内部的协调和谐。优良的数学认知结构能发挥其自我调节作用，促进人们对数学体系内在的、深层的意义的挖掘和理解。

要对知识形成深刻的理解，形成真正的知识，就意味着学习者所获得的知识应是结构化的。学习者要根据知识之间的逻辑联系，以基本原理和概念为核心，形成良好的、统一的经验体系（知识结构）。

在教学中，传授知识时，我们要对知识做一定的简单化处理，突出事物的关键特征，反映事物的典型情况，排除无关的或不重要的信息。这种简单化地处理有助于学生形成对事物的典型的、关键特征的认识。这其中，要注意把它们从具体的情境中突出出来，使学生形成对事物的关键属性的抽象把握；在讲评中要进一步深化，把握事物在不同的情境中的具体表现，把有关的知识联系起来，使学生的学习走向"思维中的具体"，使学生看到问题的不同侧面；在各种变化中应用知识，解决问题，形成丰富的、真正的、灵活的知识。知识深化是教学的一个重要任务。

例如，在"函数与不等式"的解题教学中，我们给出以下两个问题，但却收获了学生们不同的思路。

题1：请尝试用不同的方法证明下列不等式。

求证：$(1+1)\left(1+\dfrac{1}{3}\right)\left(1+\dfrac{1}{5}\right)\cdots\left(1+\dfrac{1}{2n-1}\right) > \sqrt{2n+1}\,(n \in \mathbf{N}^*)$

此题有30%的学生采用了数学归纳法，60%以上的学生采用了放缩法（这里摘录一些解题过程），还有1名学生采用了数列的单调性来解决这个问题。

证法1：（1）当 $n=1$ 时，左边 $=2$，右边 $=\sqrt{3}$，所以不等式成立。

（2）假设当 $n=k\,(k\in\mathbf{N}^*)$ 时，不等式成立，即

$$(1 + 1)\left(1 + \frac{1}{3}\right)\left(1 + \frac{1}{5}\right)\cdots\left(1 + \frac{1}{2k - 1}\right) > \sqrt{2k + 1}.$$

于是

$$(1 + 1)\left(1 + \frac{1}{3}\right)\left(1 + \frac{1}{5}\right)\cdots\left(1 + \frac{1}{2k - 1}\right)\left(1 + \frac{1}{2k - 1}\right) > \sqrt{2k + 1} \cdot \left(1 + \frac{1}{2k - 1}\right).$$

又

$$\begin{aligned}
\sqrt{2k + 1} \cdot \left(1 + \frac{1}{2k - 1}\right) &= \sqrt{2k + 1} \cdot \frac{2k + 2}{2k + 1} \\
&= \sqrt{2k + 3} \cdot \frac{(2k + 2) \cdot \sqrt{2k + 1}}{(2k + 1) \cdot \sqrt{2k + 3}} \\
&= \sqrt{2k + 3} \cdot \frac{2k + 2}{\sqrt{(2k + 1)(2k + 3)}} \\
&= \sqrt{2k + 3} \cdot \sqrt{\frac{4k^2 + 8k + 4}{4k^2 + 8k + 3}} \\
&> \sqrt{2k + 3}.
\end{aligned}$$

所以，当 $n = k + 1$ 时，不等式成立。

根据（1）（2）可知对一切 $n \in \mathbf{N}^*$，不等式成立。

就算是用数学归纳法，但由于学生的理解不同，其采用的运算策略也有差别。教学中我们要充分肯定他们的差别，这有利于培养学生的思维。

证法2：（1）当 $n = 1$ 时，$1 + \dfrac{1}{2 \times 1 - 1} = 2 > \sqrt{3}$，所以不等式成立。

（2）假设当 $n = k(k \in \mathbf{N}^*)$ 时，不等式成立，即

$$(1 + 1)\left(1 + \frac{1}{3}\right)\left(1 + \frac{1}{5}\right)\cdots\left(1 + \frac{1}{2k - 1}\right) > \sqrt{2k + 1}.$$

于是

$$(1 + 1)\left(1 + \frac{1}{3}\right)\left(1 + \frac{1}{5}\right)\cdots\left(1 + \frac{1}{2k - 1}\right)\left(1 + \frac{1}{2k + 1}\right) > \sqrt{2k + 1} \cdot \left(1 + \frac{1}{2k + 1}\right).$$

$$\begin{aligned}
&= \sqrt{2k + 1} \cdot \frac{2k + 2}{2k + 1} \\
&= \sqrt{\frac{(2k + 2)^2}{2k + 1}} \\
&= \sqrt{2k + 1 + \frac{2(2k + 1) + 1}{2k + 1}} \\
&= \sqrt{2k + 3 + \frac{1}{2k + 1}}
\end{aligned}$$

$$> \sqrt{2k+3}.$$

所以，当 $n = k + 1$ 时，不等式成立。

根据（1）（2）可知，对一切 $n \in \mathbf{N}^*$，不等式成立。

我们的教学要多关注学习者面对各种问题情境时所进行的知识生成和持续改进过程。有的学生就采用了下面的解法。

证法 3：设数列 $\{a_n\}$ 中，$a_n = \dfrac{b_n}{\sqrt{2n+1}}$，其中 $b_n = (1+1)\left(1+\dfrac{1}{3}\right)$

$\left(1+\dfrac{1}{5}\right)\cdots\left(1+\dfrac{1}{2n-1}\right).$

于是 $a_{n+1} = \dfrac{b_{n+1}}{\sqrt{2n+3}}.$

所以 $\dfrac{a_{n+1}}{a_n} = \dfrac{\sqrt{2n+1}\cdot b_{n+1}}{\sqrt{2n+3}\cdot b_n} = \dfrac{\sqrt{2n+1}\cdot(2n+3)}{\sqrt{2n+3}\cdot(2n+1)} = \dfrac{\sqrt{2n+3}}{\sqrt{2n+1}} > 1.$

又 $a_n > 0$，

所以 $a_{n+1} > a_n.$

所以数列 $\{a_n\}$ 是一个递增数列。

所以 $a_n > a_{n-1} > \cdots > a_1 = \dfrac{2}{\sqrt{3}}.$

所以 $b_n = (1+1)\left(1+\dfrac{1}{3}\right)\left(1+\dfrac{1}{5}\right)\cdots\left(1+\dfrac{1}{2n-1}\right)$

$$> \dfrac{2}{\sqrt{3}}\cdot\sqrt{2n+1} > \sqrt{2n+1}.$$

从而 $(1+1)\left(1+\dfrac{1}{3}\right)\left(1+\dfrac{1}{5}\right)\cdots\left(1+\dfrac{1}{2n-1}\right) > \sqrt{2n+1}\,(n \in \mathbf{N}^*).$

而在利用放缩法解题的过程中，我们会发现，不同的学生采用的方法会有一定的差别，这与他们的思维有一定的关系。我们说，虽然教师能引导学生达到理解，但最终学生必须体验问题解决所要求的顿悟。这样他们的理解能持续更长时间，效果更好。

证法 4：由题 $1 + \dfrac{1}{2n-1} = \dfrac{2n}{2n-1} = \dfrac{\sqrt{2n}\cdot\sqrt{2n}}{\sqrt{2n-1}\cdot\sqrt{2n-1}}$

$$> \dfrac{\sqrt{2n-1}\cdot\sqrt{2n+1}}{\sqrt{2n-1}\cdot\sqrt{2n-1}}$$

$$= \frac{\sqrt{2n+1}}{\sqrt{2n-1}}.$$

所以

$$\left(1+1\right)\left(1+\frac{1}{3}\right)\left(1+\frac{1}{5}\right)\cdots\left(1+\frac{1}{2n-1}\right) > \sqrt{3} \cdot \frac{\sqrt{5}}{\sqrt{3}} \cdot \frac{\sqrt{7}}{\sqrt{5}} \cdots \frac{\sqrt{2n+1}}{\sqrt{2n-1}} =$$

$$\sqrt{2n+1}.$$

从而 $\left(1+1\right)\left(1+\frac{1}{3}\right)\left(1+\frac{1}{5}\right)\cdots\left(1+\frac{1}{2n-1}\right) > \sqrt{2n+1}\,(n \in \mathbf{N}^*)$.

另一些同学的解法又有不同。

证法5： 设数列 $\{a_n\}$ 中，$a_n = 1 + \frac{1}{2n-1} = \frac{2n}{2n-1}$.

于是 $T_n = a_1 a_2 \cdots a_n = \left(1+1\right)\left(1+\frac{1}{3}\right)\left(1+\frac{1}{5}\right)\cdots\left(1+\frac{1}{2n-1}\right)$.

所以 $T_n^2 = a_1^2 a_2^2 \cdots a_n^2 = \frac{2}{1} \cdot \frac{2}{1} \cdot \frac{4}{3} \cdot \frac{4}{3} \cdots\cdots \frac{2n}{2n-1} \cdot \frac{2n}{2n-1}$

$$> \frac{2}{1} \cdot \frac{3}{2} \cdot \frac{4}{3} \cdot \frac{5}{4} \cdots\cdots \frac{2n}{2n-1} \cdot \frac{2n+1}{2n}$$

$$> 2n+1.$$

所以 $\left(1+1\right)\left(1+\frac{1}{3}\right)\left(1+\frac{1}{5}\right)\cdots\left(1+\frac{1}{2n-1}\right) > \sqrt{2n+1}\,(n \in \mathbf{N}^*)$.

事实上，对于本题的教学，我们还要进行分析，就是与正整数有关的命题，我们可以用数学归纳法证明；由于它是一个分式不等式的证明，我们可以采用将分式放缩的方法来证明，而为了提高学生的思维力，应当进一步总结，分式如何放缩。本题我们是对分式的分子、分母进行变式，从而缩小，那么如何放大呢？如果是指数式、对数式呢？又如何放缩？采用问题跟进式教学，可以不断提高学生的思考力。知识建构应该成为我们教学的焦点。

我们继续引导学生，本题还可采用指数式放缩法。

令 $a_n = \left(1+\frac{1}{2n-1}\right)^2$，利用伯努利不等式 $(1+x)^a \geqslant 1 + ax$（其中 $1+x >$

0，$a > 1$）得 $a_n > 1 + \frac{2}{2n-1} = \frac{2n+1}{2n-1}$，从而利用累乘法，可证明。

进一步，学生明白了教师设计下面题2的用意，是为了教会学生学习对数式的放缩。

题 2：已知函数 $f(x) = a\ln x + \dfrac{1}{2}x^2 - (1 + a)x$，$x \in (0, +\infty)$.

(1) 若 $f(x) \geqslant 0$ 在区间 $(0, +\infty)$ 上恒成立，求实数 a 的取值范围。

(2) $n \in \mathbf{N}^*$，求证：$\dfrac{1}{\ln 2} + \dfrac{1}{\ln 3} + \dfrac{1}{\ln 4} + \cdots + \dfrac{1}{\ln(n+1)} > \dfrac{n}{n+1}$.

解答（1）（略）当 $a \leqslant -\dfrac{1}{2}$ 时，$f(x) \geqslant 0$ 在 $(0, +\infty)$ 上恒成立。

证法 1：（2）① 当 $n = 1$ 时，左边 $= \dfrac{1}{\ln 2}$，右边 $= \dfrac{1}{2}$，

$\because \ln 2 < \ln e^2 = 2$，

$\therefore$ 不等式成立。

② 假设当 $n = k(k \in \mathbf{N}^*)$ 时，不等式成立，即

$$\dfrac{1}{\ln 2} + \dfrac{1}{\ln 3} + \dfrac{1}{\ln 4} + \cdots + \dfrac{1}{\ln(k+1)} > \dfrac{k}{k+1}.$$

于是

$$\dfrac{1}{\ln 2} + \dfrac{1}{\ln 3} + \dfrac{1}{\ln 4} + \cdots + \dfrac{1}{\ln(k+1)} + \dfrac{1}{\ln(k+2)} > \dfrac{k}{k+1} + \dfrac{1}{\ln(k+2)}.$$

所以只要证明

$$\dfrac{k}{k+1} + \dfrac{1}{\ln(k+2)} > \dfrac{k+1}{k+2}.$$

即只要证明

$$\dfrac{1}{\ln(k+2)} > \dfrac{1}{(k+2)(k+1)}.$$

即只要证明

$$\ln(k+2) < (k+2)(k+1).$$

又由（1）知，当 $a \leqslant -\dfrac{1}{2}$ 时，$f(x) \geqslant 0$ 在 $(0, +\infty)$ 上恒成立。

$\therefore a = -1$ 时，$-\ln x + \dfrac{1}{2}x^2 \geqslant 0$，当且仅当 $x = 1$ 时等号成立。

$\therefore \ln(k+2) < \dfrac{(k+2)^2}{2}.$

而

$$\dfrac{(k+2)^2}{2} < \dfrac{(k+2)(2k+2)}{2} = (k+2)(k+1).$$

所以，当 $n = k + 1$ 时，不等式成立。

根据①②可知对一切 $n \in \mathbf{N}^*$，不等式成立。

有 20% 左右的学生采用的是上面的数学归纳法。同样地，不同的学生在处理问题上有不同的思考。有 60% 的学生采用了背景不等式进行放缩来解决问题。

证法 2：要证：$\dfrac{1}{\ln 2} + \dfrac{1}{\ln 3} + \dfrac{1}{\ln 4} + \cdots + \dfrac{1}{\ln(n+1)} > \dfrac{n}{n+1}$。

由（1）知，当 $a = -\dfrac{1}{2}$ 时，$f(x) \geqslant 0$ 在 $(0, +\infty)$ 上恒成立。

即 $-\dfrac{1}{2}\ln x \geqslant \dfrac{1}{2}x - \dfrac{1}{2}x^2$，当且仅当 $x = 1$ 时等号成立。

$\therefore \dfrac{1}{\ln x} > \dfrac{1}{x(x-1)}$，$x \in (1, +\infty)$。

从而

$\dfrac{1}{\ln x} > \dfrac{1}{x-1} - \dfrac{1}{x}$，$x \in (1, +\infty)$。

所以

$$\dfrac{1}{\ln 2} + \dfrac{1}{\ln 3} + \dfrac{1}{\ln 4} + \cdots + \dfrac{1}{\ln(n+1)} > 1 - \dfrac{1}{2} + \dfrac{1}{2} - \dfrac{1}{3} + \cdots + \dfrac{1}{n} - \dfrac{1}{n+1}$$

$$= 1 - \dfrac{1}{n+1} = \dfrac{n}{n+1}.$$

就算同学们都看出了要利用背景不等式来解题，但处理上还是会有些差别，这是由于每一个学生的思考角度不同出现的正常的现象。这也提示教师，教学要从学生的实际出发，要善于发现不同的亮点，保护好这种思维。

下面两位同学的解法，说明了他们在处理问题上，没有受到传统思维的影响，或者说没有关注本题的前后两小问题是否有什么联系。这种思维有时是很宝贵的，从而导致他们的创造性思维的产生。

证法 3：我们可以证明 $\ln x < x$ 对 $x \in (1, +\infty)$ 恒成立。

即

$\dfrac{1}{\ln x} > \dfrac{1}{x}$，$x \in (1, +\infty)$。

所以

$$\dfrac{1}{\ln 2} + \dfrac{1}{\ln 3} + \dfrac{1}{\ln 4} + \cdots + \dfrac{1}{\ln(n+1)} > \dfrac{1}{2} + \dfrac{1}{3} + \dfrac{1}{4} + \cdots + \dfrac{1}{n+1}$$

$$> \frac{1}{n+1} + \frac{1}{n+1} + \frac{1}{n+1} + \cdots + \frac{1}{n+1}$$

$$= \frac{n}{n+1}.$$

证法 4：由于

$$\frac{1}{\ln 2} + \frac{1}{\ln 3} + \frac{1}{\ln 4} + \cdots + \frac{1}{\ln(n+1)} > \frac{1}{\ln(n+1)} + \frac{1}{\ln(n+1)} + \frac{1}{\ln(n+1)} + \cdots + \frac{1}{\ln(n+1)}$$

$$= \frac{n}{\ln(n+1)}.$$

于是构造函数 $h(x) = \ln(x+1)$，$\varphi(x) = x+1$，$x \in (1, +\infty)$．

从而 $h(x) - \varphi(x) = \ln(x+1) - x - 1$ 在 $(1, +\infty)$ 上是减函数。

所以

$$\ln(x+1) < x+1，x \in (1, +\infty)．$$

于是

$$\frac{1}{\ln(n+1)} > \frac{1}{n+1}．$$

所以

$$\frac{1}{\ln 2} + \frac{1}{\ln 3} + \frac{1}{\ln 4} + \cdots + \frac{1}{\ln(n+1)} > \frac{1}{\ln(n+1)} > \frac{n}{n+1}．$$

他们采用的都是放缩法，思路是如此的不同，但解法是如此的简洁。

由上面的各种证法，我们看到，知识学习是发展能力、培养综合素质的基础和途径。教学中，只要能使学生构建起深层的、灵活的、有用的"真知识"，促进学生知识技能的广泛迁移，我们的教学就是有意义的。我们认为，只有学生拥有了真正的知识，他们就会思考、会学习、会解决问题，是能够发现和创造新知识的。

总的来说，数学认知结构对数学学习的作用和功能可归纳为：

（1）认知结构的建立是学习新知识的前提，同时又是新知识学习后的结果。

（2）优良的认知结构有利于知识的合理表征和贮存。

（3）优良的认知结构有利于知识的迁移。

（4）优良的认知结构可促进学习者加深对数学的理解和灵活应用数学

知识。

（5）认知结构的建立和完善，是学习者数学能力发展和数学素质提高的基础。

参考文献

［1］曹才翰，章建跃. 数学教育心理学［M］. 北京：北京师范大学出版社，2007.

［2］喻平. 数学教育心理学［M］. 南宁：广西教育出版社，2008.

5

第五章

聚焦数学理解的课堂教学思考

教学要有策略。教学的内在特质是行动，行动性是展现其价值和功能的基本方式。在长期的教学实践中，教学理论形成了以直面教学实践和积极行动为基本内涵的学术传统。通过前一章对脑及学习理论的研究，我们已经了解到脑是寻找含义的匹配模式的工具，了解了学习是如何建立、使用那些我们理解了的内容。在数学的教与学中，教师需要有意识地以行动为基本策略，去选择一些策略，努力彰显教学活动的价值属性和生活本性，践行教学反思，揭示教学活动和教学现象的变化性。

教学有其自身独特的活动方式和规范。这是它可以以探究的方式不断提升教师教学水平与层次的核心要素。但教学问题与教学现象又与特定的情境密不可分，充满复杂性。这就要求教学理论必须深层地介入实践，关注人存在的交互主体性；不仅把教学活动当做"思"的对象，更要从"做"开始，其中有的"做"要帮助学生回忆重要的信息，有的"做"不仅帮助学生记住现象，同时进行操作练习，用来帮助他们理解概念。充分利用身体与脑的联系进行"做"是记忆和理解非常重要的工具。

第一节　关于数学教学与数学教学任务

一、数学教学与数学教学任务

在课堂教学中，教师的教学就是在学生、教学内容之间产生作用。教学中教师需要明白课程中的数学任务，教师如何在课堂上建立这些数学任务，如何帮助学生执行并学习这些数学任务。其中应着重分析教学中所采用的策略、如何表征并进行交流，进而如何促进学生的数学理解和数学推理。

2007 年，青浦县实验研究所进一步发展了青浦县（现为青浦区）数学教改实验小组的一个七因素课堂教学方案。方案从目的要求、内容组织、概念教学、能力培养、师生配合、教法特点和教学效果七个方面进行了描述。相关研究指出，教学要求要适合学生的最近发展区，把握学科本质，明确具体要求；内容组织要在合理的知识建构方式与难点、关键的处理上有层次的安排；要突出基本概念，从学生原有的知识出发，通过观察、类比、归纳、推理等方法形成正确的概念，运用适当的变式训练，使学生深刻而灵活地掌握和应用概念，适当归纳，把新概念纳入学生的知识体系中；注重数学问题思考过程和方法的教学，让学生逐步掌握原理，利用课堂的生成资源，让学生尝试、探索、创造性解决问题，把教与学、讲述与探究合理地结合起来，倡导合作式学习。

数学任务可以分为四种水平：记忆性的任务、无联系的程序性任务、联系的程序性任务以及做数学的任务。数学教学要力求在保持高水平认知要求的因素上着力。数学教学力求使用多种方法表示数学知识，如直观图表、符号语言、问题情境。这是因为多种方法之间的联系有助于促进学生的数学理解。

二、数学任务高认知水平的保持策略

学习就是建立神经网络的过程，每一个人都在大脑的皮层上建立了大量神经网络来贮存信息。大脑通过具体的经验、表征或者符号以及使用文字和数字等抽象的信息形成神经网络。没有具体的实际经验，没有丰富的感觉信息，无论教师如何详细地讲解，表征或者符号可能都没有太大的意义。当学生学习教师想要教给他们的某种知识时，他们必须有一种对知识的需要。当他们因现有知识的不足，如果教师举出足够的与学生已有知识经验相联系的事例，可以帮助学生理解抽象概念。问题的解决可以导致他们对已有知识的修正，进而建构新知识。

例如，在人教版《高中数学 2 – 1》的"椭圆"中，推导椭圆的标准方程时，由定义得到椭圆的方程 $\sqrt{(x-c)^2+y^2}+\sqrt{(x+c)^2+y^2}=2a$. 如何化简？怎么化简呢？

两边平方吗？学生探索后，发现不容易。这时，有的学生显然在修正自我的思维方法，建构新的知识。

生 1：移项后，再平方，从而可化简为 $\sqrt{(x-c)^2+y^2}=a-\dfrac{c}{a}x$ ，

再平方，化简为 $\dfrac{x^2}{a^2}+\dfrac{y^2}{a^2-c^2}=1$.

学生 1 显然对数学规则的理解是深层次的。他理解并记得住去根号的知识，并且会运用推理能力来将其融入其他的学习情境中。这个问题的解决会更进一步促进他的深层思维。

但学生是不是通过这一问题的解决就能学会这一方法呢？

他们也许还有自己其他的假设。假设不这样做，还有没有其他方法呢？

数学教与学要注重学生的生活经验与已有知识的联系，教学环节的设计也应符合学生的心理需求、认知特征和学习水平。教学应致力于帮助学习者摆脱不合适的思维习惯，帮助学习者加强理解和形成良好思维习惯。

这时，作为教师，我们可以提出其他思考问题：对于根式，我们还有什么方法来处理呢？

要在学生原有的知识上找到生长点。对于根式问题，根式如何化简呢？

例如，$\sqrt{3}+\sqrt{2}=\cdots$，$\sqrt{3}-\sqrt{2}=\cdots$，$\dfrac{1}{\sqrt{3}+\sqrt{2}}=\cdots$，$\dfrac{1}{\sqrt{3}-\sqrt{2}}=\cdots$

为了内化、组织并保留理解和思维的方式，让学生体验、领悟概念的概括、抽象过程，利用各种学习任务引导学生反复推理。

生2：$\sqrt{(x-c)^2+y^2}+\sqrt{(x+c)^2+y^2}=2a$ 的化简，也可以采用有理化的方法。

将 $\sqrt{(x-c)^2+y^2}+\sqrt{(x+c)^2+y^2}=2a$ 有理化，得

$$\frac{-4cx}{\sqrt{(x-c)^2+y^2}-\sqrt{(x+c)^2+y^2}}=2a,$$

即 $\sqrt{(x-c)^2+y^2}-\sqrt{(x+c)^2+y^2}=-\frac{2cx}{a}$，

从而可得 $\sqrt{(x-c)^2+y^2}=a-\frac{c}{a}x$，于是化简得 $\frac{x^2}{a^2}+\frac{y^2}{a^2-c^2}=1$.

因此在教学设计时，精致复述知识、提出问题、总结方法，引导学生学会解释的教学策略可以帮助学生进行数学学习。其中提问环节强调语义中重要的成分，这时提出的问题要使不同水平的学生都能有更好地理解；将学生头脑中原有的知识不断提取出来，并与新知识联系起来；而让学生代表复述总结，在解释时更能让学生加深理解，同时将他们所做的解释与课本进行比较。这样可以增进对学习的概念理解，并通过练习将学生神经通道中的信息提取出来放入他们原有的语义通路中；让学生在针对不同材料的辨析中更深入地理解，从而提高数学效果。

第二节　数学知识表征系统的建立

一、学习形式化的表达是数学学习的基本要求

数学的符号表征对学生的数学学习影响很大。初始表征形式，学生印象深刻（俗称首因效应），其形式变化会影响学生的学习。教师的一个任务就是要把知识转化为适合学生心理发展水平的材料。我们要把所学的知识分解、排序，以适当的形式融会到学生当前的知识表征中去。

在等差数列第一课时"等差数列的概念及通项公式"教学后，我们做了如下几个问题，其中有两小题值得研究。

题1：已知数列 $\{a_n\}$ 满足 $a_1 = 2$，$a_{n+1} - a_n = -1$，则数列 $\{a_n\}$ 的通项 a_n 等于（　　　）

A. $n^2 + 1$ 　　　　B. $n + 1$ 　　　　C. $1 - n$ 　　　　D. $3 - n$

题2：在数列 $\{a_n\}$ 中，$a_1 = 2$，$a_{n+1} - a_n = \dfrac{1}{2}$，则 $\{a_n\}$ 等于（　　　）

A. 52 　　　　　B. 51 　　　　　C. 50 　　　　　D. 49

不同的学生由于其理解、记忆的表征内容不同，解法也不相同。教学中常常了解到学生从特殊到一般的解法。

对于题1，可以得到 $a_1 = 2$，$a_2 = 1$，$a_3 = 0$，$a_4 = -1$，$a_5 = -2$，于是 $a_n = 3 - n$．

对于题2，可以得到 $a_1 = 2$，$a_2 = 2.5$，$a_3 = 3$，$a_4 = 3.5$，$a_5 = 4$，于是 $a_{101} = 52$．

分析学生的解题表征，需要进一步提高数学符号表征能力。

师：解决题1，同学们决定从哪里开始？

生：从 $a_{n+1} - a_n = -1$ 入手。

师：用什么方法来求通项公式？

生：叠加法啊！但我认为比我用的方法要复杂啊！

师：那可不可以不用叠加法？（稍停片刻）你们分析一下条件式 $a_{n+1} - a_n = -1$，它能说明什么问题？

生：它是一个等差数列。

师（追问）：数列 $\{a_n\}$ 是一个等差数列，那么数列 $\{a_n\}$ 的公差是多少？能不能确定？

生：数列 $\{a_n\}$ 的公差是 -1.

师：数列 $\{a_n\}$ 的公差是 -1，数列 $\{a_n\}$ 的首项是否知道？如何得出 $\{a_n\}$ 的通项公式呢？

生：啊！用公式法，可以直接写出来 $a_n = a_1 + (n-1)d$.

师：那不比你的方法简单？第 2 题如何做呢？

生：（想了一想）啊，也是一个等差数列啊。

生：数列 $\{a_n\}$ 的公差是 $\frac{1}{2}$，它的首项 $a_1 = 2$.

可见，引导学生对知识如何表征是学习数学的关键，只有知识表征形式与其头脑中的知识结构相对应，才能激活其思维，同时原有知识结构受到新经验的挑战进而发生调整和改变，数学学习包含由于新旧经验的冲突从而引发概念转变和结构重组，认知冲突的引发和合理解决是知识建构的重要途径。教学设计要在这些方面下大功夫。

我们再举一例：

题3：数列 $\{a_n\}$ 满足 $a_1 = 1$，$a_{n+1} = (n^2 + n - \lambda)a_n$（$n \in \mathbf{N}^*$）. 是否存在实数 λ，使数列 $\{a_n\}$ 为等差数列？若存在，求出 λ 及数列 $\{a_n\}$ 的通项公式；若不存在，请说明理由。

我们发现，学生在解决这个问题时，他们的表征程式大都如下。

假设存在实数 λ，使数列 $\{a_n\}$ 为等差数列，它的公差为 d.

由于 $a_1 = 1$，$a_{n+1} = (n^2 + n - \lambda)a_n$（$n \in \mathbf{N}^*$）.

所以 $a_2 = 2 - \lambda$，$a_3 = \lambda^2 - 8\lambda + 12$.

于是 $d = a_2 - a_1 = 1 - \lambda$，$d = a_3 - a_2 = \lambda^2 - 7\lambda + 10$.

所以 $1 - \lambda = \lambda^2 - 7\lambda + 10$.

解得 $\lambda = 3$.

所以存在实数 $\lambda = 3$，使数列 $\{a_n\}$ 为等差数列，且 $a_n = 3 - 2n$.

仔细想来，学生在解题时，为什么会利用这种表征方式来探索问题的结论？

这与教师上课采用的表征是相关的，教材在关于等差数列的引入时，是通过如下特殊数列引出等差数列的定义的。

(1) 3, 4, 5, 6, 7, …

(2) 6, 3, 0, -3, -6, …

(3) 1.1, 2.2, 3.3, 4.4, 5.5, …

(4) -1, -1, -1, -1, -1, …

像上面这样的数列：从第 2 项起，后一项与前一项的差都等于同一个常数，这样的数列，我们称之为等差数列。

之后，并进一步用数学符号表示为：对于数列 $\{a_n\}$：a_1，a_2，a_3，a_4，…，a_n，…

若 $a_2 - a_1 = d$，$a_3 - a_2 = d$，$a_4 - a_3 = d$，…，$a_n - a_{n-1} = d$，则称数列 $\{a_n\}$ 为等差数列。

正是因为学生对知识表征的完整性理解有欠缺，形成的知识结构还不完整，所以采用了不完全归纳的方法来解题。因此，数学教学要在数学符号表征上，努力将知识结构与网络编织得更加完美些，入口可以更宽些，表达更易于学生理解并接收；但系统与整体也不可偏废。

正是由于学生的数学思维有差异，我们发现解决问题的差异。学生上着同样的课程，有的学生对知识表征系统理解得更到位，因此在解决问题时表现出不同的思维。他只是更进了一步，就发现了不同的结果。

生 1：由已知可得 $a_1 = 1$，$a_2 = 2 - \lambda$，$a_3 = \lambda^2 - 8\lambda + 12$.

令 $a_3 - a_2 = a_2 - a_1$，所以 $1 - \lambda = \lambda^2 - 7\lambda + 10$，解得 $\lambda = 3$.

从而 $a_1 = 1$，$a_2 = -1$，$a_3 = -3$，$a_4 = -27$.

他看到了虽然 a_1，a_2，a_3 成等差数列，但 a_1，a_2，a_3，a_4 则不成等差数列。

所以不存在实数 λ，使数列 $\{a_n\}$ 为等差数列。

这个问题表现出来的解题路径提示我们，数学教学既要讲特殊，更要讲一般，要从具体出发，抽象出数学的本质特征，只有对数学的本质特征理解准确、到位，学生的知识建构才是完整的、可靠的，学习才能深入下去。我们的教学设计要从突出接收到突出探究，从关注结果到关注过程，从关注表层性的知识记忆到关注知识的深层理解及知识的灵活迁移。

题 4：数列 $\{a_n\}$ 满足 $a_{n+1}^2 = a_n^2 + 4$ 且 $a_1 = 1$，$a_n > 0$，则 $a_n =$ _____ .

我们发现，多数学生采用的是归纳推理的方法。他们先算出 $a_1 = 1$，$a_2^2 = 5$，$a_3^2 = 9$，$a_4^2 = 13$，进而利用等差数列的通项公式，先求出 $a_n^2 = 4n - 3$，又由于 $a_n > 0$，于是 $a_n = \sqrt{4n - 3}$.

但也有学生未能解决这个问题，下面是老师与学生面对面之时的对话。

师：对于这道题，你觉得要从哪里入手呢？

生：我想只能从 $a_{n+1}^2 = a_n^2 + 4$ 开始吧！

师：你如何理解这个表达式？

生：我将它变形为 $(a_{n+1} + a_n)(a_{n+1} - a_n) = 4$，可看不出它有什么用。

师：变形的目的是什么呢？

生：主要是为了研究相邻两项的关系。

师：很好！我们根据数列的定义，研究数列就是要分析相邻两项之间的关系。

如果我们将 $a_{n+1}^2 = a_n^2 + 4$ 变形为 $a_{n+1}^2 - a_n^2 = 4$，你再看它有什么特点？

生：就是两项的平方差啊！

师：我们可不可以将它看成相邻两项的差？

生：两项的差，两项的差？

生：哦，老师，我知道了。它就是一个等差数列。这个数列的前一项是 a_n^2，它的后一项是 a_{n+1}^2，因此数列 $\{a_n^2\}$ 是一个以 4 为公差的等差数列。

由 $a_{n+1}^2 = a_n^2 + 4$，得 $a_{n+1}^2 - a_n^2 = 4$.

又由 $a_1 = 1$，得 $a_1^2 = 1$.

所以数列 $\{a_n^2\}$ 是一个以 1 为首项，以 4 为公差的等差数列。

所以 $a_n^2 = 1 + 4(n - 1)$，又由于 $a_n > 0$，所以 $a_n = \sqrt{4n - 3}$.

从上面的过程可以看出，数学符号的表征形式与学生头脑中的数学结构有时是不一致的，这也就使得学生的解题会出现困难。因此，数学教学要在数学表征上多花时间，形式化是数学的基本特征之一，学习形式化的表达是一项基本要求。当然全盘形式化是不可能的，教学要努力揭示数学概念、法则、结论的发展过程和本质。要通过典型例子的分析，使学生理解数学概念形成的过程，体会蕴含在其中的思想方法，不断地把数学的学术形态转化为学生易于接收的教育形态。

二、学会表征是学好数学的基本前提

表征是认知心理学的一个重要概念，是指用某些形式获得数学概念或关系的活动过程。内部表征是指学习者对现实的心智模式，外部表征是指形象的对象或记载方式。有效的教学既需要教师掌握充分的数学内容知识，也需要教师有丰富的表达各种数学概念与关系的表征知识。它们作为数学知识的各种表示，帮助解释一些概念、关系和问题解决的过程。

例 1：已知数列 $\{a_n\}$ 中，$a_1 + 2a_2 + 3a_3 + \cdots + na_n = 2^n$，求数列 $\{a_n\}$ 的通项公式。

生：老师，这个题怎么做？

师：你能求出 a_1，a_2，a_3 来吗？

生：$a_1 = 2$.

师：a_2 呢？

生：$a_1 + 2a_2 = 4$.

师：然后怎么做？

生：把 $a_1 = 2$ 代入，就可以求出 $a_2 = 1$.

师：好，a_3 怎么求呢？

生：$a_1 + 2a_2 + 3a_3 = 2^3$，再把 a_1，a_2 的值代入，可求出 a_3.

师：好，我把你刚才做的步骤写出来，由已知可以得到以下结论。

$$a_1 = 2 \qquad\qquad\qquad ①$$

$$a_1 + 2a_2 = 4 \qquad\qquad\qquad ②$$

$$a_1 + 2a_2 + 3a_3 = 2^3 \qquad\qquad\qquad ③$$

于是②①，得 $2a_2 = 2$，

③②，得 $3a_3 = 4$

是不是表达更简单？

师：你能再求出数列 $\{a_n\}$ 的其他各项吗？

生：知道了，因为 $a_1 + 2a_2 + 3a_3 + \cdots + na_n = 2^n$，

当 $n \geq 2$ 时，$a_1 + 2a_2 + 3a_3 + \cdots + (n-1)a_{n-1} = 2^{n-1}$

两式相减，得 $na_n = 2^{n-1}$，所以 $a_n = \dfrac{2^{n-1}}{n}$.

师：请同学们再整理一下，要学会特殊与一般化的表征策略。

在讲解数学问题表征的过程中，我们教师要更多地关注学生的思维过程，可以通过师生交流思维的过程，然后分析学生的思维，进而对学生做出相应的指点，或引导学生对这些思维过程进行比较、鉴别。这样正确思维过程的获得就水到渠成了，我们的课堂也才能够真正获得好的效果。

三、具体与抽象相结合的知识表征

理解数学、理解教学是提高数学教学质量的关键因素。数学教学既要讲具体也要讲抽象，要把静态内容动态化，抽象内容可视化。只有从具体到抽象，才能真正让学生学懂、体悟具有普适性的数学方法；也只有把数学抽象能力提高，让学生形成数学的思维方式，学生学习数学的能力才算真正得到了提高。

例 2：在《数学选修 $2-3$》的"导数在研究函数中的应用"中，对于问题：已知函数 $f(x) = \ln x - \dfrac{x+1}{x-1}$，讨论函数 $f(x)$ 的单调性，并证明 $f(x)$ 有且仅有两个零点。

师：要讨论函数 $f(x)$ 的单调性，如何进行呢？

生：先求函数 $f(x)$ 的定义域，再利用函数 $f(x)$ 的导数来研究单调性。

由已知，函数 $f(x)$ 的定义域为 $(0,1) \cup (1,+\infty)$，且 $f'(x) = \dfrac{1}{x} + \dfrac{2}{(x-1)^2}$，所以 $f'(x) > 0$ 对 $(0,1) \cup (1,+\infty)$ 恒成立，于是函数 $f(x)$ 在 $(0,1)$ 和 $(1,+\infty)$ 上单调递增。

师：下面请大家继续，如何证明函数 $f(x)$ 有且仅有两个零点？

生：要证明函数 $f(x)$ 有且仅有两个零点，只要证明函数 $f(x)$ 的图像与 x 轴有且仅有两个交点。因此，我们要研究一下函数 $f(x)$ 的图像。

由前面的研究知道，函数 $f(x)$ 在 $(0,1)$ 和 $(1,+\infty)$ 上单调递增，于是结合描点画图，得 $f(e^{-2}) = -2 - \dfrac{e^{-2}+1}{e^{-2}-1} = \dfrac{e^2+1}{e^2-1} - 2 = \dfrac{3-e^2}{e^2-1} < 0$，

$f(e^{-1}) = -1 - \dfrac{e^{-1}+1}{e^{-1}-1} = \dfrac{e+1}{e-1} - 1 = \dfrac{2}{e-1} > 0$，所以函数 $f(x)$ 在 $(0,1)$ 上有

且只有一个零点。

同样地，也可以得到 $f(e) = 1 - \dfrac{e+1}{e-1} = \dfrac{-2}{e-1} < 0$, $f(e^2) = 2 - \dfrac{e^2+1}{e^2-1} =$

$\dfrac{e^2-3}{e^2-1} > 0$, 所以函数 $f(x)$ 在 $(1, +\infty)$ 上有且只有一个零点。

综上，函数 $f(x)$ 有且仅有两个零点。

师：问题是不是得到了圆满地解决，有没有值得进一步研究的问题?

数学教学不但要让学生学会解题，还要让学生从题目出发，让学生经历归纳、概括数学本质的过程，提升数学抽象素养。正是基于这种思想，数学教学永远不要失去数学抽象的机会。对于本题，我们可以引导学生继续抽象，函数 $f(x)$ 的两个零点可不可以求出来。即使不能求出来，我们能不能再研究一下，看看能发现什么?

师：我们已经证明了函数 $f(x)$ 在 $(0, 1)$ 上有且只有一个零点，同时函数 $f(x)$ 在 $(1, +\infty)$ 上有且只有一个零点。结合同学们的研究，我们进一步，设这两个零点分别为 x_1 和 x_2 ，其中 $x_1 \in \left(\dfrac{1}{e^2}, \dfrac{1}{e} \right)$ ，且满足 $f(x_1) = \ln x_1 - \dfrac{x_1+1}{x_1-1} = 0$ ，而 $x_2 \in (e, e^2)$ ，且满足 $f(x_2) = \ln x_2 - \dfrac{x_2+1}{x_2-1} = 0$ ，同样的问题也出现在《数学必修3》中"样本的数字特征估计总体的数字特征"一节中，如何从频率分布直方图中估计平均数呢?

问题： 从某企业的某种产品中抽取 500 件，测量这些产品的一项质量指标值，由测量结果得出如下频率分布直方图，如图 5 - 2 - 1 所示。

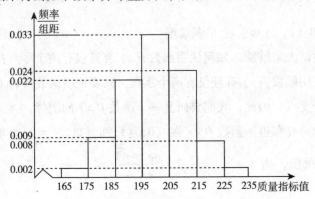

图 5 - 2 - 1

求这 500 件产品质量指标值的样本平均数 $\bar{x}$ 和样本方差 s^2（同一组数据用该区间的中点值作代表）。

在教学中，教师要从具体出发，从学生已有的知识经验出发，知识才能找到生长点。为了让学生能更好地理解结论——平均数的估计值等于频率分布直方图中每个小矩形的面积乘以小矩形底边中点的横坐标之和，讲具体一些是必要的。由直方图可以知道，质量指标值在区间 $[165, 175)$，$[175, 185)$，$[185, 195)$，$[195, 205)$，$[205, 215)$，$[215, 225)$，$[225, 235)$ 的频率分别为 0.02，0.09，0.22，0.33，0.24，0.08，0.02，从而 500 件产品中质量指标值落在区间 $[165, 175)$，$[175, 185)$，$[185, 195)$，$[195, 205)$，$[205, 215)$，$[215, 225)$，$[225, 235)$ 的产品件数分别为 10，45，110，165，120，40，10。所以这 500 件产品质量指标值的样本平均数，即 $\bar{x} =$

$$\frac{170 \times 10 + 180 \times 45 + 190 \times 110 + 200 \times 165 + 210 \times 120 + 220 \times 40 + 230 \times 10}{500} = 170 \times$$

$0.02 + 180 \times 0.09 + 190 \times 0.22 + 200 \times 0.33 + 210 \times 0.24 + 220 \times 0.08 + 230 \times 0.02.$

其中，对直方图中的频率与产品件数的具体化，可以使学生更好地在初中时学的平均数计算公式的基础上找到落脚点，从而更好地理解利用频率分布直方图计算样本的平均数。

在此基础上，样本方差的计算就水到渠成了。学生很容易理解如下计算方法：

$s^2 = 30^2 \times 0.02 + 20^2 \times 0.09 + 10^2 \times 0.22 + 0^2 \times 0.33 + 10^2 \times 0.24 + 20^2 \times 0.08 + 30^2 \times 0.02.$

第三节 建立知识联系，概括共同原理

"思维"是数学的核心，"问题提出"是数学学习的核心。精心设计教学中的问题，选用学生熟知的问题切入，以问题推动思维发展，从数学思想方法进行知识建构，帮助学生突破认知障碍，关注学生的情感，让思维回归到知识的生长点上，动态地实现知识结构体系的构建，能培养学生发现问题和思考问题的能力，启发学生创造性思维，理解数学结论的发展过程和本质，发展学生的潜能，提高学生的数学思维品质。

情境的创设，问题的提出，是引发学生主动学习的启动环节。它能够激活学生的问题意识，形成基于问题的学习任务，使问题与学生原有的认知结构中的经验联系起来，引导学生在自主的活动中理解、掌握和运用知识。《高中数学课程标准（实验）》指出，学生是学习的主体，所有的数学知识，只有通过学生自己的"再创造"活动，才能纳入其认知结构中，成为下一个有用的知识。

一、问题的提出，情境的创设应选用学生熟知的问题切入

美国著名教育心理学家奥苏贝尔说："影响学习的唯一最重要因素就是学习者已经知道了什么。要探明这一点，教师应根据学生原有的知识状况去进行教学。"教学起点源于教材中的问题，数学学习离不开情境，教师在对教材内容深层次理解的基础上，对教材进行再加工；要想方设法创设学生认知过程中的新旧冲突，抓住新旧知识之间的联系和矛盾，选用学生熟知的问题切入，力求使情境符合学生的认知基础。在学生能够富有意义地理解原理的抽象形式之前，具体的活动和熟知的知识能有效地帮助他们更好地理解数学知识的意义，提高他们分析问题和解决问题的能力。

例如，在"用二分法求方程的近似解"的教学中，教师可以由教材中的思

考题切入。

思考：一元二次方程可以用公式求根，但没有公式可以求方程 $\ln x + 2x - 6 = 0$ 的根。联系函数的零点与方程的根的关系，能否利用函数的有关知识来求它的根呢？

由于学生不熟悉，又没有公式可用的"超越方程"创设情境，需激发学生自主探索的欲望，设立以下一串问题建立起与上一节课内容的关联性整合。

问题 1： 方程 $\ln x + 2x - 6 = 0$ 有解吗？

问题 2： 能求出它的近似解吗？

问题 3： 能否以上一节课为出发点找到求方程 $\ln x + 2x - 6 = 0$ 的解的方案？

学生（恍然大悟）：可以转化为求函数 $y = \ln x + 2x - 6 = 0$ 的零点问题，用"试值法"可以发现 $f(2) < 0$，$f(3) > 0$，因此，在区间 $(2, 3)$ 上有零点。

问题 4： 现在我们只确定零点的初始区间，接下来要解决什么问题？（找出零点）

问题 5： 你是怎样思考的？

到此，二分法求方程的近似解水到渠成！

通过问题驱动，将知识、思想和方法融入问题情境中，促使学生在原有的知识基础上得到更大的提高；在解决问题时自然唤起学生对基础知识、基本技能、基本方法的回顾，培养思维的敏锐性，通过回顾问题探究的过程来梳理知识，提炼解题方法。

二、问题的提出，情境的创设应隐含一定数学思想方法

作为教学工作者，上课之前一定会分析一下，如何上好一节课，为什么要上这节课？

一节课要实现什么目标？既要从知识层面来分析，从具体的数学方法来分析，同时更重要的是要呈现一些重要的数学思想方法，寻求问题与知识之间的关联性，提高学生的逻辑推理能力，培育数学核心素养。

例如，在设计"数列的综合应用"一节课时，我们给出了如下问题。

问题 1： 两个等差数列 $\{a_n\}$ 和 $\{b_n\}$，其公差分别为 d_1 和 d_2，其前 n 项和分别为 S_n 和 T_n，则下列命题中正确的是（   ）。

A. 若 $\{\sqrt{S_n}\}$ 为等差数列，则 $d_1 = 2a_1$

B. 若 $\{S_n + T_n\}$ 为等差数列，则 $d_1 + d_2 = 0$

C. 若 $\{a_n b_n\}$ 为等差数列，则 $d_1 = d_2 = 0$

D. 若 $b_n \in \mathbf{N}^*$，则 $\{a_{b_n}\}$ 也为等差数列，且公差为 $d_1 + d_2$

学生之前已经学习了数列的基本知识，对等差数列的概念、通项公式及前 n 项和公式有一定的了解。但问题提出后，学生基本上都是想从特殊数列入手来解本题，显然有一定的难度。

而我们提出这个问题的目标，是要使学生理解数列的函数性质。虽然学生知道数列是特殊的函数，但对数列与函数之间的本质联系并不是很清楚。而函数性质及其思想方法为解决这个数列问题提供了很好的路径。通过函数的方法解决数列问题，使学生更好地理解数列，提升数学抽象能力和解题水平。

我们可以通过对等差数列的通项公式的分析，引导学生理解数列与函数的联系。

比如，由已知条件，等差数列 $\{a_n\}$，其公差为 d_1，其前 n 项和为 S_n，那么同学们可以得到什么结论？显然，我们会得出 $a_n = a_1 + (n-1)d_1$，$S_n = na_1 + \dfrac{n(n-1)}{2}d_1$。

而对于 A，若 $\{\sqrt{S_n}\}$ 为等差数列，则其通项公式应为什么呢？

引导学生分析，可以写出 $\sqrt{S_n} = \sqrt{\dfrac{d_1}{2}n^2 + \left(a_1 - \dfrac{d_1}{2}\right)n}$。它应该化为什么样的形式，数列 $\{\sqrt{S_n}\}$ 才为等差数列？

这样的提问，让学生对比思维，很容易就可以得出，由于等差数列的通项公式形式上对应关于 n 的一次函数，于是只有当 $d_1 = 2a_1$ 时，$\sqrt{S_n} = \sqrt{\dfrac{d_1}{2}}n$ 才是关于 n 的一次函数，从而 A 选项正确。

这样引导学生根据数列通项公式及前 n 项和公式的特点分析，从而可以借鉴对应函数的性质，解决数列中的问题。

对于 B，由于 $S_n + T_n = \dfrac{d_1 + d_2}{2}n^2 + \left(a_1 + b_1 - \dfrac{d_1 + d_2}{2}\right)n$，因此要使数列 $\{S_n + T_n\}$ 为等差数列，则其通项公式也应是关于 n 的一次函数，所以 $d_1 + d_2 = 0$。

有了以上两个选项的解题，对于其他两个选项，学生很容易解决。

为了将学生的思维更好地发展起来，我们继续聚焦数列与函数的关系，提出以下问题。

问题2：在等差数列 $\{a_n\}$ 中，若 $a_1 = 7$，公差为 d，前 n 项和为 S_n，当且仅当 $n = 8$ 时，S_n 取得最大值，则 d 的取值范围是 _____。

解法1：由等差数列 $\{a_n\}$ 的前 n 项和 S_n 是关于 n 的二次函数，$S_n = \dfrac{d}{2}n^2 + \left(7 - \dfrac{d}{2}\right)n$，当且仅当 $n = 8$ 时，S_n 取得最大值，因此它的对称轴为 $\dfrac{1}{2} - \dfrac{7}{d} \in \left(\dfrac{15}{2}, \dfrac{17}{2}\right)$.

因此，可解得 d 的取值范围是 $\left(-1, -\dfrac{7}{8}\right)$.

解法2：由题意可得，在等差数列 $\{a_n\}$ 中，$a_1 = 7$，公差为 d，所以它的通项公式为 $a_n = dn + (7 - d)$，是关于 n 的一次函数。

当且仅当 $n = 8$ 时，S_n 取得最大值，因此数列 $\{a_n\}$ 是一个递减数列，

它的前 8 项都大于 0，第 9 项小于 0，即 $\begin{cases} a_8 > 0 \\ a_9 < 0 \end{cases}$，即 $\begin{cases} 7 + 7d > 0 \\ 7 + 8d < 0 \end{cases}$，

解得 $-1 < d < -\dfrac{7}{8}$，因此 d 的取值范围是 $\left(-1, -\dfrac{7}{8}\right)$.

问题 2 的设计，使学生进一步理解可以根据等差数列的前 n 项和 S_n 的函数特征（二次函数）求最值；也可以根据等差数列的单调性判断数列的正负项来解题。

与此同时，要引导学生特别关注数列与函数的区别，数列是特殊的函数。它的特殊性主要体现在它的离散性，同时对单调的数列，在分界处的研究也需要认真思考。

通过数列与对应函数的性质的分析与研究，借鉴函数的解题方法，得出数列问题的解决方法，寻求不同问题之间的关联，体现不同知识之间的关联性。只有不断引领学生体会和理解，才能更好地落实相关数学核心素养的培养。

三、问题的提出，情境的创设应成为新知识的生长点

按照认知心理学和建构主义的观点，知识不是传递的，而是建构的。知识

的产生绝不是凭空而来的，学习是知觉的重组。它需要一定的认识基础和生长点。当一个人知觉他的世界时，并未对具体事物产生逼真的映象，只有经过观察、选择、简化、比较、完善、组合、区分，并把他自己经验中的事物纳入前后的关系中去，把他的经验看做整体后，才能产生理解。因此我们的教学设计要在知识的生长点上设计问题、创设情境，让思维回归到知识的生长点上去。这样做可以使新知识更好地固定在已经熟悉的知识点上，从而达到理解新知识的目的，培养思维的深刻性。

例如，在教学"二项式定理"时，笔者进行如下的设计。

问题 1：同学们在初中学习了 $(a+b)^2 = \cdots$，$(a+b)^3 = \cdots$，请大家写出它们的展开式。

问题 2：那么，$(a+b)^4$ 的展开式、$(a+b)^n$ 的展开式分别是什么呢？

学生尝试后未能发现规律，教师引导学生分析 $(a+b)^3$ 怎样展开后才能得到 a^2b，它的系数 3 是怎样得出来的？师生共同分析 $(a+b)^3 = (a+b)(a+b)(a+b)$，$a^2b$ 是两个 a、一个 b 相乘得到的。根据多项式乘法法则，展开式的项是由每一个因式中的一项相乘而得到的；所以两个 a、一个 b 分别来自三个括号；而这种取法有三种，所以系数为 3，即三个括号中有一个取 b，总共有 C_3^1 种选法。进一步，说明 a^3、ab^2、b^3 及其系数的得来，从而为问题的解决找到了生长点，学生可以很好地理解 $(a+b)^n$ 的展开式。

理解了知识的来龙去脉，为了更好发展学生思维，教师可以提出以下问题。

问题 3：问 $\left(x + \dfrac{1}{x} + 1\right)^5$ 展开式中的常数项是多少？

同学们经过一番尝试、争论、演算，得出结论为 $C_5^1 C_4^1 + C_5^2 C_3^2 + 1 = 51$．

在学生认识的模糊处，设置变式题组，突破知识内在联系，多在知识的生长点上做文章，使学生的思维在碰撞中日臻完善；使学生在持续地主动学习、探究、发现的过程中掌握并运用知识，提高分析问题、解决问题的能力，相应地学会探究方法。

同样，在教学"推理与证明"时，笔者设计了如下的问题。

问题 1：在 Rt $\triangle ABC$ 中，$CA \perp CB$，斜边 AB 上的高为 h_1，则 $\dfrac{1}{h_1^2} = \dfrac{1}{CA^2} + \dfrac{1}{CB^2}$．

类比此性质，如图 5-3-1 所示，在四面体 $P-ABC$ 中，若 PA，PB，PC 两两垂直，底面 ABC 上的高为 h，则得到的正确结论为_____

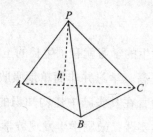

图 5 - 3 - 1

问题2： 如图 5 - 3 - 2 所示，有面积关系：$\dfrac{S_{\triangle PA'B'}}{S_{\triangle PAB}} = \dfrac{PA' \cdot PB'}{PA \cdot PB}$，则如图 5 - 3 - 3

所示，有体积关系：$\dfrac{V_{P-A'B'C'}}{V_{P-ABC}} = $ _____

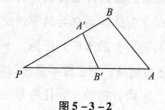

图 5 - 3 - 2

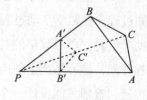

图 5 - 3 - 3

　　合情推理可以探索一些数学结论；而演绎推理是证明数学结论，建立数学体系的重要思维过程。根据教学内容的特点和要求，不断地创设情境，诱发学生思考那些与已有的知识所不同的一些问题，让学生在心理上形成认知冲突，从而引导学生对问题的本质有进一步地思考。但如果不能找到问题的本源，在知识的生长点上下功夫，运用演绎推理确认所得结论，学生的思考能力与分析问题、解决问题的能力不可能得到提高。教师要引导学生学会分析。

　　问题： 在 Rt $\triangle ABC$ 中，$CA \perp CB$，斜边 AB 上的高为 h_1，则 $\dfrac{1}{h_1^2} = \dfrac{1}{CA^2} + \dfrac{1}{CB^2}$

是怎样得出来的呢？

　　引导学生分析，从三角形的面积关系得到 $\dfrac{1}{2}AB \cdot h_1 = \dfrac{1}{2}CA \cdot CB$，进一步

得到 $\dfrac{1}{h_1^2} = \dfrac{AB^2}{CA^2 \cdot CB^2} = \dfrac{CA^2 + CB^2}{CA^2 \cdot CB^2} = \dfrac{1}{CB^2} + \dfrac{1}{CA^2}$.

　　这时采用类比，从体积关系可以得出正四面体中的结论 $\dfrac{1}{h^2} = \dfrac{1}{PA^2} + \dfrac{1}{PB^2} +$

$\dfrac{1}{PC^2}$.

有了知识的生长点，学生的学习就有了生长的土壤，这样才有生长的空间，思维的深刻性才可以得到提高。学习并非简单地吸收教师传递知识的过程，而是学生根据自己已有的经验，在其头脑中建构知识的过程。教师要创设适当的问题情境，组织一定的教学实践，鼓励学生发现数学的规律和问题解决的途径，使他们经历知识形成的过程，从而帮助他们正确理解所学的内容。

四、问题的提出，情境的创设应关注学生的情感，培养学生的创造性思维

问题的设计主角是教师，教师把个人对教材的研读过程通过组合转化为学生的认知过程。在数学活动过程中教师着力帮助学生体验认知与情感的交互过程，帮助学生树立学习数学的自信心。设计的问题要有助于广开思路，一个人的思路越开阔，越容易产生创造性思维，其创造力越高。创造性不是一门学科，不能被传授，教师只能设计一个培育它的环境。因而教师的主要任务是创设具有丰富的学习材料和活动设备，能够刺激学生主动探究物质环境，以及充满尊重、理解、信任、温暖、愉快气氛的感情环境，使学生在数学学习活动中发展创造性思维能力。在问题设计时要有意识地提一些有助于培养学生发散性思维的问题，使学生善于从多角度看问题，从多种途径寻找答案。

例如，在复习"椭圆及其性质"时，笔者给出以下问题。

问题1： 已知椭圆的中心在原点，对称轴为坐标轴，且满足条件：①焦点 $F_1(3,0)$，②长轴长为10，求椭圆的标准方程。

学生尝试得出椭圆的标准方程为 $\dfrac{x^2}{25}+\dfrac{y^2}{16}=1$，并归纳出求椭圆的标准方程的方法：求一个椭圆的标准方程要两个条件来确定 a 和 b 的值。接着笔者给出如下的问题。

问题2： 已知椭圆的中心在原点，对称轴为坐标轴，且满足条件①_____，②长轴长为10，使椭圆的标准方程仍为 $\dfrac{x^2}{25}+\dfrac{y^2}{16}=1$. 请同学们填一填，要加一个什么条件呢？

也正是这一条件开放，解题途径豁然开朗，给学生的创新思维创设了一个条

件,学生纷纷举手发言,不断地填写,写出了如下更多的条件:① $F_1F_2 = 6$,② F_2 (-3,0),③ $c = 3$,④ (0,4),⑤ (5,0),⑥ $\left(1, \frac{8\sqrt{6}}{5}\right)$,⑦ $\triangle PF_1F_2$ 的周长为16。其中条件①③会得出两个方程;②明确了焦点的位置,有一解;⑤与条件长轴长为10重复了,未能确定椭圆;而对于④⑥,可以进一步启发学生找出更多的点,充分利用椭圆的对称性;⑦则进一步让学生体会了椭圆的定义。同学们对椭圆的性质、椭圆中 a、b、c 的关系的转化,都得到了深化。

教学中采用以点带面的"辐射式"教学,多一点创新思维的展现,引导学生对学习内容中数学美的特征产生兴趣,认识数学美的特点,把与数学内容相联系的美的因素引入到课堂教学中,使他们感知和理解数学美,从而产生学习兴趣,达到以"美"促"智"的目的。

五、问题的提出,情境的创设应能帮助学生突破认知障碍

在传统的数学教学中,学生学习的主要任务是对各种知识的记忆和复述,从模仿到独立操作,进而形成操作性技能。建构主义观下的数学教学,要求学生通过高级思维活动来学习,学习者要不断思考和对各种信息进行加工转换,基于新经验与旧经验进行综合概括去建构知识。因此,其教学设计应与传统教学设计相结合,在解决问题中学习。

数学课堂教学中,教师根据所要学习的内容设计出具有思考价值的、有意义的问题。首先让学生去思索,适时适度地引导学生突破认知障碍。教学中可通过在新旧知识的衔接处创设问题情境,来引导学生突破认知障碍;从而促进学生构建良好的认知结构,提高思维的灵活性,优化学生的思维品质。

例如,在"平面向量基本定理"的教学中,笔者提出了如下问题。

前面我们学习了向量的线性运算,先请大家阅读教材中的例7。

如图 5 - 3 - 4 所示,平行四边形 $ABCD$ 的两条对角线相交于点 M,且 $\overrightarrow{AB} = \vec{a}$,$\overrightarrow{AD} = \vec{b}$,你能用 $\vec{a}$、$\vec{b}$ 表示 $\overrightarrow{MA}$、$\overrightarrow{MB}$、$\overrightarrow{MC}$ 和 $\overrightarrow{MD}$ 吗?

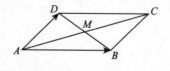

图 5 - 3 - 4

之所以提出这样的问题，主要是基于以下观点。

现代教学中，知识的获得不应该是接收的，而应该是建构的，是在与学习环境互动过程中由学生自己"发现"的。让信息有意义的最有效的途径之一是将新概念与旧概念进行联系或比较，将不熟悉的信息与熟悉的信息联系起来，通常可以用类推、比喻来实现。上面的案例设计利用了学生已有的知识基础，并注重从方法上研究引导，从而让学生明确"研究什么"和"怎样研究"，渗透类比的数学思想，为学生突破思维障碍，创新思维打下了深深的印记。

数学教学中培养学生的创造力，提高学生的思维能力，既是时代的要求，也是数学学科的优势。数学教学中促进学生思维发展的载体是"问题"，课堂提问，既是一种教学方法，又是一门教学艺术。它是联系教师、学生和教材的纽带；是激发学生学习兴趣、启发学生深入思考、提高学生思维的深刻性、灵活性、独创性、批判性和敏锐性、引导学生扎实训练的有效途径。教学中的教师的"问"，可谓启发性的集中表现。教师应该勤思考、多分析，精心设计每一个问题，"问"出学生的思维，"问"出学生的激情，"问"出学生的创造。让学生经历相应的数学思维活动过程，在过程中体验，在体验中动态生成，充分领悟数学思想、方法和数学本质，体验数学研究的真谛，让教学走向深刻。

第四节　基于学生已有知识的解题研究

一、解题教学要在如何完善学生的认知结构上展开

数学学习是一个建立、扩展、精致认知结构的过程。为了实现这一过程，在教学中，教师一方面要让学生知道解题需应用的原理和方法；另一方面需要引导学生进行探究，通过对问题的分析，对已知与未知的联系来培养学生的逻辑推理能力。

例如，我们在"导数的应用"中，探究"双零点问题"时，需要通过一系列问题，在学生已有知识的基础上，不断探究、分析、变化，进而促进学生的认知结构不断完善。

问题1（2016 年全国卷）：已知函数 $f(x) = (x-2)e^x + a(x-1)^2$ 有两个零点。

（I）求 a 的取值范围；

（II）设 x_1，x_2 是 $f(x)$ 的两个零点，证明：$x_1 + x_2 < 2$．

解析：（I）由已知，得函数 $f(x)$ 的定义域为 $(-\infty, +\infty)$，

又 $f'(x) = (x-1)e^x + 2a(x-1) = (x-1)(e^x + 2a)$，

① 若 $a = 0$，$f(x) = (x-2)e^x$，$f(x)$ 只有一个零点，不合题意。

② 若 $a > 0$，则当 $x \in (-\infty, 1)$ 时，$f'(x) < 0$；当 $x \in (1, +\infty)$ 时，$f'(x) > 0$．

所以函数 $f(x)$ 在 $(-\infty, 1)$ 上单调递减，在 $(1, +\infty)$ 上单调递增。

又 $f(1) = -e$，$f(2) = a$，取 b 满足 $b < 0$ 且 $b < \ln\dfrac{a}{2}$，

则 $f(b) > \dfrac{a}{2}(b-2) + a(b-1)^2 = a\left(b^2 - \dfrac{3}{2}b\right) > 0$，

所以函数 $f(x)$ 有两个零点。

③ 设 $a < 0$，由 $f'(x) = (x-1)(e^x + 2a) = 0$，得 $x = 1$ 或 $x = \ln(-2a)$.

若 $a \geq -\dfrac{e}{2}$，则 $\ln(-2a) \leq 1$，

故当 $x \in (1 + \infty)$ 时，$f'(x) > 0$，所以函数 $f(x)$ 在 $(1 + \infty)$ 上单调递增。

又 $x \in (-\infty, 1]$ 时，$f(x) = (x-2)e^x + a(x-1)^2 < 0$.

所以函数 $f(x)$ 不存在两个零点。

若 $a < -\dfrac{e}{2}$，则 $\ln(-2a) > 1$，

故当 $x \in (1, \ln(-2a))$ 时，$f'(x) < 0$；当 $x \in (\ln(-2a), +\infty)$ 时，$f'(x) > 0$.

所以函数 $f(x)$ 在 $(1, \ln(-2a))$ 上单调递减，在 $(\ln(-2a), +\infty)$ 上单调递增。

又 $x \in (-\infty, 1]$ 时，$f(x) = (x-2)e^x + a(x-1)^2 < 0$.

所以函数 $f(x)$ 不存在两个零点。

综上，a 的取值范围是 $(0, +\infty)$.

（II）由（I）知，当 $a > 0$ 时，函数 $f(x)$ 存在两个零点。

且函数 $f(x)$ 在 $(-\infty, 1)$ 上单调递减，在 $(1 + \infty)$ 上单调递增。

又 $f(1) = -e$.

我们不妨设 $x_1 < x_2$，从而 $x_1 \in (-\infty, 1)$，$x_2 \in (1, +\infty)$.

所以 $x_1 \in (-\infty, 1)$，$2 - x_2 \in (-\infty, 1)$.

又由于 $f(x)$ 在 $(-\infty, 1)$ 上单调递减。

所以要证明 $x_1 + x_2 < 2$，即证明 $x_1 < 2 - x_2$，即证明 $f(x_1) > f(2 - x_2)$.

又由零点的定义知，$f(x_1) = f(x_2)$.

所以，只要证明 $f(x_2) > f(2 - x_2)$，即证明 $f(x_2) - f(2 - x_2) > 0$.

于是我们构造函数 $h(x) = f(x) - f(2 - x)$，$x \in (1, +\infty)$.

只要证明 $h(x) = (x-2)e^x + xe^{2-x} > 0$ 在 $x \in (1, +\infty)$ 上恒成立。

由于 $h'(x) = (x-1)(e^x - e^{2-x})$，$x \in (1, +\infty)$.

所以 $h(x) = (x-2)e^x - xe^{2-x}$ 在 $(1, +\infty)$ 上单调递增。

又 $h(1) = 0$.

故当 $x_2 \in (1, +\infty)$ 时，$f(x_2) - f(2 - x_2) > 0$.

所以 $x_1 + x_2 < 2$.

关于函数零点的定义,教材介绍了以下的等价定义。

对于函数 $y = f(x)$,我们把使 $f(x) = 0$ 的实数 x 叫作函数 $y = f(x)$ 的零点。

函数 $y = f(x)$ 的零点就是方程 $f(x) = 0$ 的实数根,也就是函数 $y = f(x)$ 的图像与 x 轴的交点的横坐标。所以方程 $f(x) = 0$ 有实数根 $\Leftrightarrow$ 函数 $y = f(x)$ 的图像与 x 轴有交点 $\Leftrightarrow$ 函数 $y = f(x)$ 有零点。因此,解决函数零点的问题就可以有不同的思考方法。为了完善学生的认知,我们必须在问题设计上着力。

问题 2:已知函数 $f(x) = \ln x - ax + 1$ 有两个零点。

(I) 求 a 的取值范围;

(II) 设 x_1,x_2 是 $f(x)$ 的两个零点,且 $x_2 > 2x_1$,证明:$\sqrt{x_1^2 + x_2^2} > \dfrac{4}{e}$.

解析:(I) 由已知可得,函数 $f(x)$ 的定义域为 $(0, +\infty)$,

因为函数 $f(x) = \ln x - ax + 1$ 有两个零点,

所以方程 $f(x) = 0$ 有两个正根。

即方程 $a = \dfrac{\ln x}{x} + \dfrac{1}{x}$ 有两个正根。

从而直线 $y = a$ 与曲线 $g(x) = \dfrac{\ln x}{x} + \dfrac{1}{x}$,$x \in (0, +\infty)$ 有两个交点。

由于 $g'(x) = \dfrac{-\ln x}{x^2}$,所以当 $x \in (0,1)$ 时,$g'(x) > 0$;当 $x \in (1, +\infty)$ 时,$g'(x) < 0$.

所以函数 $g(x)$ 在 $(0,1)$ 上单调递增,在 $(1, +\infty)$ 上单调递减。

又 $g(\dfrac{1}{3}) = 3 - 3\ln 3 < 0$,$g(1) = 1$,且 $x \in (1, +\infty)$ 时,$g(x) > 0$.

综上,a 的取值范围是 $(0,1)$.

(II) 由(I)知,当 $0 < a < 1$ 时,函数 $f(x)$ 存在两个零点。

又 x_1,x_2 是 $f(x)$ 的两个零点,且 $x_2 > 2x_1$,从而 $x_1 \in (0,1)$,$x_2 \in (1, +\infty)$,且

$\ln x_1 = ax_1 - 1$ ①

$\ln x_2 = ax_2 - 1$ ②

要证明 $\sqrt{x_1^2 + x_2^2} > \dfrac{4}{e}$,就只要证明 $x_1^2 + x_2^2 > \dfrac{16}{e^2}$,

即证明 $(x_1^2 + x_2^2) \cdot e^2 > 16$ ③

分析①②③，需要将 a 消去。

于是我们由①②，可以得到 $\ln(x_1 x_2) = a(x_1 + x_2) - 2$，$\ln \dfrac{x_2}{x_1} = a(x_2 - x_1)$.

从而得 $\ln(x_1 x_2 e^2) = \ln \dfrac{x_2}{x_1} \cdot \dfrac{x_2 + x_1}{x_2 - x_1}$ ④

再比较③④，$(x_1^2 + x_2^2) \cdot e^2 > 2e^2 \cdot x_1 x_2$，只要证明 $e^2 \cdot x_1 x_2 > 8$，

从而只要证明 $\ln \dfrac{x_2}{x_1} \cdot \dfrac{x_2 + x_1}{x_2 - x_1} > \ln 8$，其中 $x_2 > 2x_1$，且 $x_1 \in (0, 1)$，$x_2 \in (1, +\infty)$.

于是令 $\dfrac{x_2}{x_1} = t$，则 $t \in (2, +\infty)$，

于是只要函数 $h(t) = \ln t \cdot \dfrac{t+1}{t-1}$ 在 $t \in (2, +\infty)$ 的最小值大于 $\ln 8$，则问题得证。

又可以证明 $h(t) = \ln t \cdot \dfrac{t+1}{t-1}$ 在 $(2, +\infty)$ 上单调递增。

而 $h(2) = 3\ln 2$.

从而命题得证，即 $\sqrt{x_1^2 + x_2^2} > \dfrac{4}{e}$.

在证明的过程中，分析法的应用起着最为关键的作用，解决问题的关键在于结合函数图像好好理解题意，通过分析法找到解题思路。也只有通过分析法，才能引导学生展开探究，寻找到解题的契合点。只有通过未知与已知的分析、探究，才能找到它们的联结点，合理构造新的函数，用导数知识研究新函数的单调性，从而找到问题的突破口，然后用新函数的单调性证明与原不等式等价的不等式成立，从而证明原不等式成立。这是培养学生数学逻辑推理，完善认知结构的重要方式。

二、问题解决策略的教学与训练

在建构原理性知识、观念性知识的学习中，解决问题是一条重要的途径。在问题解决的过程中，教师帮助学生更好地激活、利用相关的知识经验，进行系统地推理分析，使学生对问题有更深层次地理解。这是问题解决的主要目标。

例如，在《数学5》的"解三角形的进一步讨论"中提出如下的问题。

在已知三角形的两边 a，b 及其中一边的对角 A，解三角形时，在某些条件下会出现无解、一解、两解的情形。

解决这类问题，我们利用定理，按以下程序展开，可以先用正弦定理，计算出另一边的对角的正弦值 $\sin B = \dfrac{b\sin A}{a}$，并由此求出 B；再用三角形内角和定理计算出第三个角 $C = 180° - (A + B)$．然后，应用正弦定理计算出第三边 $c = \dfrac{a\sin C}{\sin A}$．

（1）如果已知的 A 是钝角或直角，那么必须 $a > b$ 才能有解，这时从 $\sin B = \dfrac{b\sin A}{a}$ 计算 B 时，只能取锐角的值，因此有一个解。

（2）如果已知的 A 是钝角，且 $a > b$ 或者 $a = b$，这时从 $\sin B = \dfrac{b\sin A}{a}$ 计算 B 时，也只能取锐角的值，因此都只有一个解。

（3）如果已知的 A 是锐角，并且 $a < b$，我们可以分下面三种情形来讨论。

① 如果 $a > b\sin A$，这时从 $\sin B = \dfrac{b\sin A}{a}$ 计算得出 $\sin B < 1$，B 可以取一个锐角的值和一个钝角的值，因此可以有两个解。

② 如果 $a = b\sin A$，这时从 $\sin B = \dfrac{b\sin A}{a}$ 计算得出 $\sin B > 1$，B 只能是直角，因此只有一个解。

③ 如果 $a < b\sin A$，这时从 $\sin B = \dfrac{b\sin A}{a}$ 计算得出 $\sin B > 1$，由于一个角的正弦值不能大于 1，因此没有解。

除了上面的解题程序，事实上，我们也可以按如下程序展开。可以先用余弦定理 $a^2 = b^2 + c^2 - 2bc\cos A$，得 $c^2 - 2bc\cos A - a^2 + b^2 = 0$，计算出第三边 c，然后再用余弦定理求 $\angle B$ 和 $\angle C$．

我们可以根据一元二次方程的根及其判别式，分下面三种情形来讨论。

A：如果 $\Delta = 4(a^2 - b^2\sin^2 A) < 0$，

这时从 $c^2 - 2bc\cos A - a^2 + b^2 = 0$ 计算得出第三边 c 不存在，因此没有解。

B：如果 $\Delta = 4(a^2 - b^2\sin^2 A) = 0$，

这时从 $c^2 - 2bc\cos A - a^2 + b^2 = 0$ 计算得出第三边 c 只有一个值，因此只有

一个解。

C：如果 $\Delta = 4(a^2 - b^2\sin^2 A) > 0$，

这时从 $c^2 - 2b\cos A - a^2 + b^2 = 0$ 计算得出第三边 c 有两个值，于是我们再分情况加以讨论。

为了让学生更好地理解如何解三角形，教材提出了一个思考问题：在解三角形的过程中，求某一个角有时既可以用余弦定理，也可以用正弦定理。两种方法有什么利弊呢？

为了帮助学生获得更有效的解题策略，我们可以像上面这样教会学生一些解决问题的一般原理。除此以外，我们还要着重培养学生掌握分析问题的方法，通过鼓励学生对问题进行图解，借助图示来分析问题，要求学生为他们所采取的每一步推理提供解释，多问问自己每一步解题的思路是什么？依据什么原理？多引导学生应用反推法分析问题。这样做可以进一步促进学生对解题思路进行深层加工。

数学教学中，问题解决、解题教学要重视问题解决策略的培养。有效的问题解决策略是通过教会学生一些解决问题的一般原理和方法，来提高他们把握问题解决的方向，弄清假设的前提；要在淡化数学形式，领悟数学思想，理解数学本质上进行长期、精深地训练。

正是基于这样的思考，笔者进一步设置了如下问题。

已知在 $\triangle ABC$ 中，$\angle A$，$\angle B$，$\angle C$ 分别对应边 a，b，c，若 $A = \dfrac{\pi}{4}$，$a = 2$，且三角形有两个解，求 b 的取值范围。

实践表明，学生对待这个问题出现如下三种解题路径，一是利用正弦定理，得出 $\dfrac{b}{\sin B} = \dfrac{2}{\sin \dfrac{\pi}{4}}$，然后转化为 $b = 2\sqrt{2}\sin B$，再由 $B \in \left(0, \dfrac{3\pi}{4}\right)$，且 $B \neq \dfrac{\pi}{2}$，得 $b \in (0, 2\sqrt{2})$.

二是利用余弦定理 $a^2 = b^2 + c^2 - 2bc\cos A$，得出 $b^2 + c^2 - \sqrt{2}bc = 4$，然后利用方程有两个不相等的实根，转化为 $2b^2 - 4(b^2 - 4) > 0$，得 $b \in (0, 2\sqrt{2})$.

三是利用数形结合，先绘出角 $A = \dfrac{\pi}{4}$，分析极限位置及三角形有两解，得 $b\sin 45° < 2$，所以 $b \in (0, 2\sqrt{2})$.

研究发现，在解决问题时，优秀的学生首先总是从基本概念、原理来对问题进行分析，而后才逻辑地进行推理、转换，将数学关系转化为数学公式；而大部分学生则倾向于希望更快地找到如何运算。同时，优秀的学生面对解决不熟悉的问题时，更多地会从目标出发进行逆向推理分析，展开假设并寻找解释。

三、基于学生已有经验开展解题教学设计

1. 解题设计的核心是数学问题的设计

数学解题教学要以问题为载体，提问在学习和修正思维模式的过程中起着重要的作用，数学解题要引导学生理解"为什么这样解"，在解题过程中加深学生对知识的理解，要不断引导学生"学会如何解"。创设问题情境是关键，只有通过好的问题，才能提高学生理解问题、分析问题和解决问题的能力；也只有创设适合的问题，才能使学生更深入地理解知识、应用知识，形成从特殊到一般，从一般到特殊的思维方式，深入地理解数学知识的本质，学会深层学习，提高逻辑推理和数学直觉的能力。

例如，在"导数的应用"复习课中，通过导数的概念、导数的运算和导数的应用几个环节进行教学设计。

问题 1：已知函数 $f(x) = x^2 - 7x + 15$，求 $f'(x)$.

问题 2：已知函数 $f(x) = x(x-1)(x-2)\cdots(x-n)$，求 $f'(0)$.

通过以上两个问题，使学生对导数的概念及运算进行回顾，提高学生整体解决问题的数学能力。

对于问题 1，由导数的运算法则，得 $f'(x) = 2x - 7$，于是 $f'(2) = -3$.

对于问题 2，我们在前面第四章已经介绍过用导数的定义如何求解，不同的教学设计，不同的课型，我们设计并力求实现的目标不同。

由于 $f(x) = x(x-1)(x-2)\cdots(x-n)$，于是 $f'(x) = (x-1)(x-2)\cdots(x-n) + x[(x-1)(x-2)\cdots(x-n)]'$.

所以 $f'(0) = (-1)(-2)\cdots(-n) + 0 = (-1)^n n!$.

这里，我们需要引导学生关注数学知识的内在结构，注重体系的完整建立，深度思考整个导数内容的逻辑联系。教师的教学设计要在厘清核心概念的基础上，用精练的教学内容打造有深度并灵动的课堂。

为了让学生的思维活动起来，设计不能停留。

问题3：若不等式 $ax > \sin x$ 对于 $x \in \left(0, \dfrac{\pi}{2}\right)$ 恒成立，求 a 的取值范围。

许多同学对于恒成立问题都会用到分离参数法，如下：

由于不等式 $ax > \sin x$ 对于 $x \in \left(0, \dfrac{\pi}{2}\right)$ 恒成立，于是转化为

当 $x \in \left(0, \dfrac{\pi}{2}\right)$ 时，$a > \dfrac{\sin x}{x}$ 恒成立。

从而构造函数 $f(x) = \dfrac{\sin x}{x}$，下面求函数 $f(x)$ 在区间 $\left(0, \dfrac{\pi}{2}\right)$ 的最大值。

由 $f'(x) = \dfrac{x\cos x - \sin x}{x^2}$，许多学生到此就只能停下来了。有的思维能力好的同学会有以下路径，对分子再构造函数，令 $\varphi(x) = x\cos x - \sin x$，于是 $x \in \left(0, \dfrac{\pi}{2}\right)$ 时，$\varphi'(x) = -x\sin x < 0$.

从而 $\varphi(x) = x\cos x - \sin x$ 在区间 $\left(0, \dfrac{\pi}{2}\right)$ 上单调递减，所以 $\varphi(x) < \varphi(0) = 0$.

所以 $x \in \left(0, \dfrac{\pi}{2}\right)$ 时，$f'(x) = \dfrac{x\cos x - \sin x}{x^2} < 0$.

因此，函数 $f(x) = \dfrac{\sin x}{x}$ 在区间 $\left(0, \dfrac{\pi}{2}\right)$ 上单调递减。

此时，又出现一个难点。许多同学会发现函数 $f(x) = \dfrac{\sin x}{x}$ 在区间 $\left(0, \dfrac{\pi}{2}\right)$ 上没有最大值。

那怎么办呢？

经过师生分析，本题只要能求出 $a \leqslant f(0)$ 就可以了。

再经过师生共同讨论，我们可以利用导数的定义来解决。

$$\lim_{x \to 0} \frac{\sin x}{x} = \lim_{x \to 0} \frac{\sin x - \sin 0}{x - 0} = (\sin x)'\big|_{x=0} = \cos 0 = 1.$$

从而 $a \geqslant 1$，问题得到了解决（其实上面这一步骤就是洛必达法则的应用）。

从以上三个问题的设计中，我们可以引领学生不断深化，纵深理解导数的概念与导数的运算，培养学生灵活地运用基础知识与基本方法解决问题的能力，帮助他们积累基本数学解题经验，形成数学思想方法。

数学教学要在"四基"上开拓努力，为了使学生的理解能力更上一层楼，笔者继续设计了以下问题。

问题 4：已知函数 $f(x) = \dfrac{a\ln x}{x+1} + \dfrac{b}{x}$，曲线 $y = f(x)$ 在点 $(1, f(1))$ 处的切线方程为 $x + 2y - 3 = 0$.

(1) 求 a、b 的值；

(2) 如果当 $x > 0$，且 $x \neq 1$ 时，$f(x) > \dfrac{\ln x}{x-1} + \dfrac{k}{x}$，求 k 的取值范围。

解析：(1) $a = 1$、$b = 1$（过程略）；

(2) 学生基本还会模仿问题 3 的解法，采用参变分离的方法来解题。

当 $x > 0$，且 $x \neq 1$ 时，$f(x) > \dfrac{\ln x}{x-1} + \dfrac{k}{x}$，

即 $k < 1 - \dfrac{2x\ln x}{x^2-1}$，$x \in (0, 1) \cup (1, +\infty)$.

令 $h(x) = 1 - \dfrac{2x\ln x}{x^2-1}$，$x \in (0, 1) \cup (1, +\infty)$.

则 $h'(x) = \dfrac{2(x^2+1)\ln x - 2(x^2-1)}{(x^2-1)^2} = \dfrac{2(x^2+1)}{(x^2-1)^2}\left(\ln x - \dfrac{x^2-1}{x^2+1}\right)$.

再令 $\varphi(x) = \ln x - \dfrac{x^2-1}{x^2+1}$，$x \in (0, 1) \cup (1, +\infty)$，

于是 $\varphi'(x) = \dfrac{1}{x} - \dfrac{4x}{(x^2+1)^2} = \dfrac{(x^2-1)^2}{x(x^2+1)^2} > 0$，

从而 $\varphi(x) = \ln x - \dfrac{x^2-1}{x^2+1}$ 在区间 $(0, 1)$ 和区间 $(1, +\infty)$ 上单调递增。

又由于 $\varphi(1) = 0$.

所以当 $x \in (0, 1)$ 时，$\varphi(x) < 0$；当 $x \in (1, +\infty)$ 时，$\varphi(x) > 0$.

当 $x \in (0,1)$ 时，$h'(x) < 0$；当 $x \in (1, +\infty)$ 时，$h'(x) > 0$.

所以 $h(x) = 1 - \dfrac{2x\ln x}{x^2-1}$ 在区间 $(0, 1)$ 上单调递减，在区间 $(1, +\infty)$ 上单调递增。

于是 $h(x)_{\min} > \lim\limits_{x \to 1}\left(1 - \dfrac{2x\ln x}{x^2-1}\right) = 1 - \lim\limits_{x \to 1}\dfrac{2x\ln x}{x^2-1}$

$$= 1 - \lim_{x \to 1}\left(\frac{\dfrac{2x\ln x}{x-1}}{\dfrac{1}{x+1}}\right)$$

$$= 1 - \frac{\displaystyle\lim_{x \to 1}\frac{2x\ln x}{x-1}}{\displaystyle\lim_{x \to 1}\frac{1}{x+1}}$$

显然，由导数的定义，得

$$\lim_{x \to 1}\frac{2x\ln x}{x-1} = \lim_{x \to 1}\frac{2x\ln x - 0}{x-1} = (2x\ln x)'\big|_{x=1} = 2 , \lim_{x \to 1}\frac{1}{x+1} = \frac{1}{2}.$$

所以 $h(x)_{\min} > \lim_{x \to 1}\left(1 - \frac{2x\ln x}{x^2-1}\right) = 0$.

从而由 $k < h(x)_{\min}$ ，得 $k \leqslant 0$.

综上，当 $x > 0$ ，且 $x \neq 1$ 时，$f(x) > \frac{\ln x}{x-1} + \frac{k}{x}$ 时，k 的取值范围是 $(-\infty, 0]$.

2. 基于学生已有经验开展解题教学，"讲评"是关键

优秀的数学老师总是会运用"讲评"的方法与程序帮助学生学习、思考和总结。我们知道，当学生发展新知识和推理能力时，首先需要经历个人的同化，基于学生已有经验的"先学后教，先做后讲"：要通过"讲评"来提高；学生的智能水平，"讲评"的目的就是要使学生在现有的水平上略有提高也只有通过"讲评"，才能引起学生对所碰到的知识进行反思和干预，只有学生具有反思和干预的意识，他们才会选择和控制知识。数学教学就是要借助原有知识的反思，通过讲评来扩充知识的过程。

在上面"导数的应用"中，我们需要对问题3和问题4的解题过程与步骤引导学生认真理解，通过讲评，明了其中的原理。只有讲评到位，才能真正提高学生的数学理解能力，学生才能灵活地运用数学知识与方法解好题。

事实上，在解决上述问题3和问题4中，我们用了高等数学中的洛必达法则，这里我们也不妨作一介绍。

定理1：若函数 $f(x)$ 和 $g(x)$ 满足下列条件：

(1) 当 $x \to x_0$ 时，函数 $f(x)$ 和 $g(x)$ 都趋于0；

(2) 在点的某去心邻域内，$f'(x)$ 和 $g'(x)$ 都存在，且 $g'(x) \neq 0$ ；

(3) $\lim\limits_{x \to x_0} \dfrac{f(x)}{g'(x)} = A$.

那么 $\lim\limits_{x \to x_0} \dfrac{f(x)}{g(x)} = \lim\limits_{x \to x_0} \dfrac{f'(x)}{g'(x)} = A$.

定理2：若函数 $f(x)$ 和 $g(x)$ 满足下列条件：

(1) 当 $x \to x_0$ 时，函数 $f(x)$ 和 $g(x)$ 都趋于 0；

(2) 当 $|x| > N$ 时，$f'(x)$ 和 $g'(x)$ 都存在，且 $g'(x) \ne 0$；

(3) $\lim\limits_{x \to \infty} \dfrac{f'(x)}{g'(x)} = A$.

那么 $\lim\limits_{x \to \infty} \dfrac{f(x)}{g(x)} = \lim\limits_{x \to \infty} \dfrac{f'(x)}{g'(x)} = A$.

注意：只有当分子分母都趋于 0 时，即 $\dfrac{0}{0}$ 型未定式，或者是分子分母都趋于∞时，即 $\dfrac{+\infty}{+\infty}$，$\dfrac{-\infty}{-\infty}$ 型未定式，才能用"分子分母同时求导"的方法求极限。

同样地，当分子分母都趋于∞时，即 $\dfrac{+\infty}{+\infty}$，$\dfrac{-\infty}{-\infty}$ 型未定式，也可以用"分子分母同时求导"的方法求极限。

这样的讲评，对于学生升入大学后的学习也是一个重要帮助，其作用必将来有所体现。

3. 基于学生已有经验开展解题教学，"反思"最重要

"反思是重要的数学活动，它是数学活动的核心动力，是一种积极的思维活动和探索行为，是同化，是发现，是再创造。"数学解题只有通过解题后的反思，才能从更高的观点、更宽的视野、更理性的眼光去思考。在"先学后教，先做后讲"中，特别的要点应在几个探究问题中多次涉及。既关注表层性的知识理解，更关注学生的深层理解与高级思维；既关注知识技能的获得、保持，更关注知识的灵活迁移，以便使学生建构起灵活的、整体的知识，从而不断提高他们的分析问题的能力。通过师生开展"师徒式"的引导演练，以学生对知识的理解为基础，着眼于知识的综合联系和灵活变通。像上面问题3与问题4这种变通的不断演练，可以促进学生灵活地对问题进行表征，培养学生良好的数学思维习惯，能让学生真正去领悟数学的本质，能让学生像专家教师那样灵活地解决问题，从而不断提高数学思维能力。

参考文献

[1] 中华人民共和国教育部. 普通高中数学课程标准（实验）[S]. 北京：人民教育出版社, 2003.

[2] 魏美云. 对数学教学问题情境设计的实践与思考 [J]. 湖北：数学通讯, 2010, 10.

[3] 曹才翰, 章建跃. 数学教育心理学 [M]. 北京：北京师范大学出版社, 2006.

[4] 季洪旭, 胡本全. 改善高中教学方式的案例评析 [M]. 上海：上海科学技术文献出版社, 2007.

[5] 陈晓端. 当代教学理论与实践问题研究 [M]. 北京：中国社会科学出版社, 2007.

[6] 喻平. 数学教育心理学 [M]. 南宁：广西教育出版社, 2008.

[7] 黄荣金, 李业平. 数学课堂教学研究 [M]. 上海：上海教育出版社, 2010.

6

第六章

—————

数学核心素养的教学理解与实践

数学教学要有核心。数学教学要围绕培养什么样的人、怎样培养人进行。《普通高中数学课标准标》指出：数学在形成人的理性思维、科学精神和促进人的智力发展的过程中，发挥着不可替代的作用。数学素养是现代社会每一个人应该具备的基本素养。

　　数学教育承载着落实立德树人根本任务、发展素质教育的功能。高中数学课程体现社会发展的需求、数学学科的特征和学生的认知规律，发展学生数学学科核心素养。高中数学教学以发展学生数学学科核心素养为导向，创设合适的教学情境，启发学生思考，引导学生把握数学内容的本质；不断引导学生感悟数学的科学价值、应用价值、文化价值和审美价值。

第一节　数学教学与立德树人

一、充分理解高中数学课程的性质

《普通高中数学课程标准》指出，数学教育承载着落实立德树人的根本任务、发展素质教育的功能。数学教育帮助学生掌握现代生活和进一步学习所必需的数学知识、技能、思想和方法；提升学生的数学素养，引导学生会用数学眼光观察世界，会用数学思维思考世界，会用数学语言表达世界；促进学生思维能力、实践能力和创新意识的发展，探寻事物变化规律，增强社会责任感；在学生形成正确人生观、价值观、世界观等方面发挥独特作用。

高中数学落实立德树人根本任务，方式多样，我们可以在教学中融入数学文化，也可以通过在数学探索的过程中开展品德修养教育，于无声处润育品德，在解题后感悟价值。

例如，在"等比数列"的教学中，我们可以通过以下问题加以延伸，对学生开展相应的品德思想教育。

池塘里的荷花每日以前一天的 2 倍数量开放，到第 30 天开满池塘。那么当荷花遮蔽半个池塘的时候，是第几天？是第 15 天吗？

当数学问题解决后，我们可以有意无意地进行品德修养的教育：最后第 30 天的圆满，等于此前所有努力的结果；没有积累，没有沉淀，就没有最后铺天盖地的成功！

二、在教学中提升学生的思维品质，发展数学核心素养

学科核心素养，对大众来说可能是一个新名词，也是高中课程改革提出的核心概念之一，是指学生在学完相应学科课程之后，所应达成的正确价值观念、必备品格和关键能力。比如，语文学科的核心素养有四个方面，分别是语言建

构与运用、思维发展与品质、文化传承与理解、审美鉴赏与创造；数学学科的核心素养有六个方面，分别是数学抽象、逻辑推理、数学建模、数学运算、直观想象、数据分析。其他学科，也都有体现自身学科性质的核心素养要求。

围绕上述学科核心素养的落实，高中数学教学要更加关注学科思想、思维方式的培养，克服重教书轻育人的倾向。为了着力提升学生的思维品质，教材普遍通过设计不同板块的练习活动，培养学生分析问题和解决问题的能力，促进学生的批判性思维和创新性思维能力的发展。同时，都强调以恰当的素材创设问题情境，并突出情境的时代性和问题的典型性、丰富性、适应性等，从而使学生感受知识产生的背景，并在真实情境下分析和解决复杂问题的过程中发展核心素养，培养创新精神和实践能力。

教学中，尽量用既通俗又科学的方式表述概念、原理和基本理论。设计活动时，务求做到循序渐进、由浅入深，设置不同层次、不断进阶的问题串，以"想"作舟，引导学生畅游思维长河，激发学生的兴趣和学习欲望，促使学生的思维层次不断深化；还应注意提供多层次、多种类的习题、活动等弹性化学习内容，兼顾不同学生的需求，体现学生学科核心素养发展水平的层次性和成长性，为不同潜能学生的发展提供空间。

例如，在"研究递推数列的通项公式"一节时，我们给出了如下几个问题。

问题 1：已知各项都为正数的数列 $\{a_n\}$ 满足 $a_{n+2} = 2a_{n+1} + 3a_n$.

(1) 证明：数列 $\{a_n + a_{n+1}\}$ 为等比数列；

(2) 若 $a_1 = \dfrac{1}{2}, a_2 = \dfrac{3}{2}$，求 $\{a_n\}$ 的通项公式。

分析：数学是研究数量关系与形式的科学，引导学生学会想问题是数学教学的核心。从数量关系的角度分析，可以将已知条件转化为 $a_{n+2} = 3a_{n+1} - a_{n+1} + 3a_n$，进一步可转化为 $a_{n+2} + a_{n+1} = 3(a_{n+1} + a_n)$，从而第（1）问顺利解出。

关于第（2）问，有以下解法：

解法 1：由已知递推式，得 $a_{n+2} + a_{n+1} = 3(a_{n+1} + a_n)$，

又 $a_1 + a_2 = 2$

所以数列 $\{a_n + a_{n+1}\}$ 是一个以 2 为首项，以 3 为公比的等比数列。

于是 $a_{n+1} + a_n = 2 \times 3^{n-1}$ ①

同理，由已知递推式，得 $a_{n+2} - 3a_{n+1} = -(a_{n+1} - 3a_n)$，

又 $a_2 - 3a_1 = 0$

所以数列 $\{a_{n+1} - 3a_n\}$ 是一个以 0 为首项的常数数列。

于是 $a_{n+1} - 3a_n = 0$　　　　　　　　　　　　　　　　　　②

由①②得 $a_n = \dfrac{3^{n-1}}{2}$.

所以数列 $\{a_n\}$ 的通项公式为 $a_n = \dfrac{3^{n-1}}{2}$.

解法2：由（1）知数列 $\{a_n + a_{n+1}\}$ 是一个以 2 为首项，以 3 为公比的等比数列。

于是 $a_{n+1} + a_n = 2 \times 3^{n-1}$　　　　　　　　　　　　　　①

将上式两边同除以 3^{n-1} ，得 $\dfrac{a_{n+1}}{3^{n-1}} + \dfrac{1}{3} \cdot \dfrac{a_n}{3^{n-2}} = 2$ ，

进一步转化，得 $\dfrac{a_{n+1}}{3^{n-1}} - \dfrac{3}{2} = -\dfrac{1}{3}\left(\dfrac{a_n}{3^{n-2}} - \dfrac{3}{2}\right)$.

又 $\dfrac{a_1}{3^{-1}} - \dfrac{3}{2} = 0$　　　　　　　　　　　　　　　　　②

所以数列 $\left\{\dfrac{a_n}{3^{n-2}} - \dfrac{3}{2}\right\}$ 是一个以 0 为首项的常数数列。

$\therefore a_n = \dfrac{3^{n-1}}{2}$.

所以数列 $\{a_n\}$ 的通项公式为 $a_n = \dfrac{3^{n-1}}{2}$.

解法3：由已知递推式，得 $a_{n+2} - 3a_{n+1} = -(a_{n+1} - 3a_n)$ ，

又 $a_2 - 3a_1 = 0$

所以数列 $\{a_{n+1} - 3a_n\}$ 是一个以 0 为首项的常数数列。

于是 $a_{n+1} - 3a_n = 0$ ，即 $a_{n+1} = 3a_n$　　　　　　　①

又 $a_1 = \dfrac{1}{2}$　　　　　　　　　　　　　　　　　　　②

所以数列 $\{a_n\}$ 是一个以 $\dfrac{1}{2}$ 为首项，以 3 为公比的等比数列。

$\therefore a_n = \dfrac{3^{n-1}}{2}$.

所以数列 $\{a_n\}$ 的通项公式为 $a_n = \dfrac{3^{n-1}}{2}$.

以上三种解法都是从数量与数量关系中抽象出数学概念以及概念之间的关系，从具体的背景中抽象出规律与结构，并用数学语言加以表征。这样的问题有助于学生积累从具体到抽象的数学活动经验，有助于学生把握问题的本质进行思考并解决问题。

问题2：已知数列 $\{a_n\}$ 中，$a_1 = \dfrac{1}{2}$，$a_n = 4a_{n-1} + 1$（$n \geqslant 2$），对这个数列的递推公式作一研究，写出它的通项公式。

问题3：请你分析问题1与问题2，它们之间有什么联系吗？

问题2是教科书上的问题，通过问题2的解决并引导学生分析问题1的解法2，开展比较分析有助于学生在复杂的情境中把握事物之间的关联，把握事物发展的脉络，理解命题体系，形成合乎逻辑的思维品质和理性精神，增强交流与表达能力。

第二节　数学教学与学生思考

一、数学教学要重视数学概念

概念是思维的基本单位。结合安德森关于数学知识的分类，我们认为数学概念也可以分为陈述性概念、程序性概念和构造性概念。喻平教授把程序性概念和构造性概念统称为运算性概念。

高中数学概念主要是抽象逻辑思维的产物，有的概念很难找到客观实在与之对应。因此，如何帮助学生理解概念描述的语义并且使用概念来判断，就成为概念教学中的难点。教师引导学生运用抽象概括或推理论证进行逻辑建构，在数学化的过程中，学生以概念形成、概念同化，领悟数学符号及其意义的心理转换，从而掌握数学概念的符号化表达。

概念教学的目标是使学生理解概念，并能运用概念解决问题。教师通过概念的运用和变式训练，以演绎推理的方式帮助学生完善概念。变式训练是对数学概念再认识的一个过程。设计多以问题的形式展开，利用问题驱动，层层递进，拾级而上。这样可以引导学生从知识、方法等方面加以总结、归纳，形成结构化、系统化和条理化的数学知识。

例如，在《数学选修2-3》的"条件概率"一节中，不同的教材版本选择了不同的问题展开，苏教版的编排是这样的。

首先提出问题：抛掷一枚质地均匀的硬币两次。

（1）两次都是正面向上的概率是多少？

（2）在已知有一次出现正面向上的条件下，两次都是正面向上的概率是多少？

（3）在第一次出现正面向上的条件下，第二次出现正面向上的概率是多少?

上述几个问题有什么区别?它们之间有什么关系?

问题开门见山,引导学生通过运算,研究事件的关系,这是典型的运算性概念。

两次抛掷硬币的基本事件构成集合 $S = \{$正正,正反,反正,反反$\}$,其中两次都是正面向上的事件记为 A,即 $A = \{$正正$\}$,故 $P(A) = \dfrac{1}{4}$.

两次抛掷硬币,其中有一次正面向上的事件记为 B,即 $B = \{$正正,正反,反正$\}$,那么在事件 B 发生的条件下,事件 A 发生的概率为 $\dfrac{1}{3}$.

这说明,在事件 B 发生的条件下,事件 A 发生的概率产生了变化。

从而引入条件概率的概念。

一般地,对于两个事件 A 和 B,在已知事件 B 发生的条件下,事件 A 发生的概率,称为事件 B 发生的条件下,事件 A 的条件概率,记为 $P(A \mid B)$.

然后,再回顾前面提出的问题,进一步理解条件概率的概念与表示。

记"两次抛掷硬币,其中有一次正面向上"为事件 B,"两次抛掷硬币,都是正面向上"为事件 A,则 $P(A \mid B)$ 就表示"两次抛掷硬币,在已知有一次正面向上的条件下,两次都是正面向上的概率"。

进一步,引导学生解决运算性概念的运算性问题。

教材没有纠结引入的计算过程,而是从概率的角度来引导学生发现结论,并形成程序性运算规则,从而直接将运算性概念转化为程序性概念。

教材从两次抛掷硬币出发,引导学生发现,$P(B) = \dfrac{3}{4}$,$P(AB) = \dfrac{1}{4}$,$P(A \mid B) = \dfrac{1}{3}$,于是得出 $P(A \mid B) = \dfrac{1}{3} = \dfrac{\frac{1}{4}}{\frac{3}{4}} = \dfrac{P(AB)}{P(A)}$.

进而得出结论:一般地,若 $P(B) > 0$,则事件 B 发生的条件下,事件 A 发生的条件概率是 $P(A \mid B) = \dfrac{P(AB)}{P(B)}$.

这样一种教学安排,知识结构清晰,逻辑层次清楚,符合教学内容的逻辑关系和学生的认知规律。

二、启发学生思考，发展学生思维能力

但同样的条件概率，在《人教版选修2－3》中，它的编排是这样的。

首先提出探究问题：三张奖券中只有一张能中奖，现分别由三名同学无放回地抽取，问最后一名同学抽到中奖奖券的概率是否比前两名同学小。

教材这样设计的目的是引导学生通过熟悉的古典概型，在事件发生包含的基本事件数上立意，通过基本事件数这一切入点，引导学生进行运算。

如果三张奖券分别用 X_1，X_2，Y 表示，其中 Y 表示那张中奖奖券，那么三名同学的抽奖结果共有六种可能：X_1X_2Y，X_1YX_2，X_2X_1Y，X_2YX_1，YX_1X_2，YX_2X_1. 用 B 表示事件"最后一名同学抽到中奖奖券"，则 B 仅包含两个基本事件：X_1X_2Y，X_2X_1Y.

由古典概型计算概率的公式可知，最后一名同学抽到中奖奖券的概率为

$$P(B) = \frac{2}{6} = \frac{1}{3}.$$

在解决上面的探究问题后，紧接着教材提出了思考题：

如果已经知道第一名同学没有抽到中奖奖券，那么最后一名同学抽到中奖奖券的概率又是多少？

因为已知第一名同学没有抽到中奖奖券，所以可能出现的基本事件只有 X_1X_2Y，X_1YX_2，X_2X_1Y，X_2YX_1. 而"最后一名同学抽到中奖奖券"包含的基本事件仍然是 X_1X_2Y，X_2X_1Y. 由古典概型计算概率的公式可知，最后一名同学抽到中奖奖券的概率为 $\frac{2}{4}$，即 $\frac{1}{2}$。

进而引入条件概率的表示方法。

若用 A 表示事件"第一名同学没有抽到中奖奖券"，则将"已知第一名同学没有抽到中奖奖券的条件下，最后一名同学抽到中奖奖券"的概率记为 $P(B \mid A)$。

进一步提出问题：已知第一名同学的抽奖结果为什么会影响最后一名同学抽到中奖奖券的概率呢？

用 Ω 表示三名同学可能抽取的所有结果，则它由六个基本事件组成，即 $\Omega = \{X_1X_2Y,\ X_1YX_2,\ X_2X_1Y,\ X_2YX_1,\ YX_1X_2,\ YX_2X_1\}$。既然已知事件 A 发生，那么只需在 $A = \{X_1X_2Y,\ X_1YX_2,\ X_2X_1Y,\ X_2YX_1\}$ 的范围内考虑问题，即只有

四个基本事件。在事件 A 发生的情况下，事件 B 发生等价于事件 A 和事件 B 同时发生，即事件 AB 发生。而事件 AB 发生中包含 X_1X_2Y，X_2X_1Y 两个基本事件，因此，$P(B\mid A) = \dfrac{2}{4} = \dfrac{1}{2} = \dfrac{n(AB)}{n(A)}$，其中 $n(A)$ 和 $n(AB)$ 分别表示事件 A 和事件 AB 的基本事件个数。

由此可以看出，为了使学生更好地理解条件概率的运算，笔者在基本事件上进行了更多分析，试图使学生更好地理解条件概率发生变化的由来。

另外，根据古典概型计算概率的公式可知，$P(AB) = \dfrac{n(AB)}{n(\Omega)}$，$P(A) = \dfrac{n(A)}{n(\Omega)}$，其中 $n(\Omega)$ 表示 Ω 中包含的基本事件个数。所以 $P(B\mid A) = \dfrac{n(AB)}{n(A)} = \dfrac{\frac{n(AB)}{n(\Omega)}}{\frac{n(A)}{n(\Omega)}} = \dfrac{P(AB)}{P(A)}$。

进而得出结论：一般地，设 A，B 为两个事件，若 $P(A) > 0$，称 $P(B\mid A) = \dfrac{P(AB)}{P(A)}$ 为在事件 A 发生的条件下，事件 B 发生的条件概率。

结合两种不同版本教材的编写安排，它们的观点有所差异，人教版教材重视实际应用，明确利用基本事件数求条件概率是一种重要的方法。

对于运算性概念的数学教学，教师应根据学生的实际情况寻求合适的认知根源，关注教材在知识表述方面的特征，力求使知识的呈现方式与学生已有的知识经验相适应，促进学生的概念形成和知识建构。

三、使学生经历完整的概念学习过程，引导学生感悟数学学科特征

概念教学不是一个单纯的逻辑解析过程，让学生经历概念的发生发展过程很重要。在学生经历概念的发生过程后，教师要重视事实性知识，通过让学生举例子等方法引导学生认识概念的所有特征，进一步围绕概念让学生构建一个概念网络或概念域；与相关的概念建立好联系，形成一个完善的概念体系。

高中数学课本构建数学概念的学习过程基本是这样的：创设具体的情境问题，以学生熟悉的问题为背景，然后提出问题，让学生归纳，逐步抽象出数学概念，再加以辨析和应用，在应用中进行概念的精致的过程。

例如，在《选修 2-3》的"离散型随机变量的均值"教学中，我们首先要

解析离散型随机变量的均值这个数学概念，解析概念的关键是要让学生经历概念的发生发展，于是：

1. 创设情境问题

问题1：某商场将单价分别为 18 元/kg，24 元/kg，36 元/kg 的 3 种糖果按 3∶2∶1 的比例混合成一种新糖果进行销售，将其定价为 24 元/kg，请问：商场这样定价合理吗？

引领学生分析问题，由于 1kg 的混合糖果中，3 种糖果的质量分别是 $\frac{1}{2}$kg，$\frac{1}{3}$kg，$\frac{1}{6}$kg，所以混合糖果的合理价格应该是 $18 \times \frac{1}{2} + 24 \times \frac{1}{3} + 36 \times \frac{1}{6} = 23$（元/kg），因此商场将其定价为 24 元/kg，显然不合理。

为了进一步使学生经历并形成离散型随机变量的均值的概念，我们继续设计了以下问题。

问题2：如果上述混合糖果中每一颗糖果的质量都相等，从中任取一颗，求它原本的价格 X 的可能值及其分布列。

根据古典概型计算概率的公式可知，在混合糖果中，任取一颗糖果，这颗糖果为第一、二、三种糖果的概率分别为 $\frac{1}{2}$，$\frac{1}{3}$，$\frac{1}{6}$，即取出的这颗糖果的价格为 18 元/kg，24 元/kg，36 元/kg 的概率分别为 $\frac{1}{2}$，$\frac{1}{3}$，$\frac{1}{6}$. 用 X 表示这颗糖果的价格，则它是一个离散型随机变量，其分布列为表 6-2-1。

表 6-2-1

X	18	24	36
P	$\frac{1}{2}$	$\frac{1}{3}$	$\frac{1}{6}$

于是，每千克混合糖果的合理价格应该是 $18 \times \frac{1}{2} + 24 \times \frac{1}{3} + 36 \times \frac{1}{6} = 23$（元/kg），即 $18 \times P(X = 18) + 24 \times P(X = 24) + 36 \times P(X = 36) = 23$（元/kg）。

这样，使学生自然地将头脑中已有的知识逻辑地联系起来，从而形成了一种网状结构，于是离散型随机变量的均值的概念呼之即出。

2. 形成数学概念

一般地，若离散型随机变量 X 的分布列为表 6 – 2 – 2。

表 6 – 2 – 2

X	x_1	x_2	⋯	x_i	⋯	x_n
P	p_1	p_2	⋯	p_i	⋯	p_n

则称 $E(X) = x_1p_1 + x_2p_2 + \cdots + x_ip_i + \cdots + x_np_n$ 为随机变量的均值或数学期望。

只有这样，从学生熟悉的场景出发，才有利于学生与输入信息的互动，有利于学生的认知加工；在同化和顺应上加以适应和转化，从而提高学生的理解能力和思维能力。

四、精选课程内容，处理好数学学科核心素养与知识技能的关系

同样地，在《选修 2 – 3》"正态分布"的概念教学中，我们首先要解析正态曲线和正态分布的数学概念，解析概念的关键是要让学生经历概念的发生发展，于是：

1. 创设情境问题

问题 1：通过抽样调查，获得 100 位居民 2007 年的月均用水量如下表所示（单位：t）：

3.1 2.5 2.0 2.0 1.5 1.0 1.6 1.8 1.9 1.6
3.4 2.6 2.2 2.2 1.5 1.2 0.2 0.4 0.3 0.4
3.2 2.7 2.3 2.1 1.6 1.2 3.7 1.5 0.5 3.8
3.3 2.8 2.3 2.2 1.7 1.3 3.6 1.7 0.6 4.1
3.2 2.9 2.3 2.3 1.8 1.4 3.5 1.9 0.8 4.3
3.0 2.9 2.4 2.4 1.9 1.3 1.4 1.8 0.7 2.0
2.5 2.8 2.3 2.3 1.8 1.3 1.3 1.6 0.9 2.3
2.6 2.7 2.4 2.1 1.7 1.4 1.2 1.5 0.5 2.4
2.5 2.6 2.3 2.1 1.6 1.0 1.0 1.7 0.8 2.4
2.8 2.5 2.2 2.0 1.5 1.0 1.2 1.8 0.6 2.2

（1）列出样本频率分布表。

（2）画出频率分布直方图和频率分布折线图。

这是学生熟悉的问题情境，从学生已有的熟悉的知识背景出发，是教学的生长点。

在此基础上，我们引入新思考和新观察：如果将样本容量不断增大，分组的组距不断缩小，则频率分布折线将趋于一条曲线，我们称这一条曲线为总体分布的密度曲线，如图6-2-1所示。

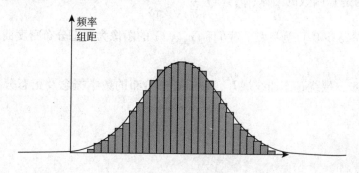

图6-2-1

在原来的基础上理解新的信息，加入新的问题思考，引导学生改变知识表征，理解新的知识。从一个问题出发，并不足以引导学生产生新思维，形成新知识，因此，创设问题情境有时需要提供不同的问题情境，在此基础上形成归纳总结。

问题2：（高尔顿钉板试验问题）从入口处放进一个直径略小于两颗钉子之间的距离的小圆玻璃球，当小圆球向下降落过程中，碰到钉子后皆以$\frac{1}{2}$的概率向左或向右滚下，于是又碰到下一层钉子。如此继续下去，直到滚到底板的一个格子内为止。把许许多多同样大小的小球不断从入口处放下，只要球的数目相当大，它们在底板将堆成近似于正态的密度函数图形（即：中间高，两头低，呈左右对称的古钟形），如图6-2-2所示。

图6-2-2

请同学们分析玻璃小球为什么会这样分布？

通过以上两个问题的情境以及解答过程中形成的直观形象，可以让学生对正态分布是什么，如何形成有一个明确的信息。只有对学生的学习过程加以强化才可能帮助学生对知识形成进行内在加工，进而促进学生有效的学习活动。

2. 形成概念

从以上两个问题我们可以得出，随着试验次数（抽样数据）的增加，频率分布直方图（或频率分布折线图）会越来越像一条钟形曲线。这条曲线就是（或近似的是）函数的图像：$\varphi_{\mu,\delta}(x) = \dfrac{1}{\sqrt{2\pi}\delta}e^{-\frac{(x-\mu)^2}{2\delta^2}}$，$x \in (-\infty, +\infty)$，其中实数 μ 和 $\delta(\delta > 0)$ 为参数。我们称 $\varphi_{\mu,\delta}(x)$ 的图像为正态分布密度曲线，简称正态曲线。

进一步，围绕正态曲线展开，形成正态分布的数学概念及正态分布的数学模型。

第三节　深度融合把握数学本质

一、学习机制与教学的有效性

高中数学教学要以发展学生数学学科核心素养为导向，创设合适的教学情境，启发学生思考，引导学生把握数学内容的本质。

因此，在数学概念的教学中，如何深化并加以巩固是值得研究的一个重要课题。例如，在"导数的概念"教学中，通过创设情境，引导、带领学生得出导数的概念：$f'(x) = \lim\limits_{\Delta x \to 0} \dfrac{f(x + \Delta x) - f(x)}{\Delta x}$，此后教材利用这一概念进一步推导了几个常见函数的导数。但为了让学生真正理解导数的概念，笔者给出了如下的问题。

问题： 已知函数 $f(x) = x(x + 1)(x + 2)\cdots(x + 2020)$，求 $f'(0)$.

这个问题的提出，可以从两个方面对学生的抽象思维能力加以训练，一是函数的图像不能画出，二是如何求函数在某一点的导数。这两个问题促使学生从直观到抽象，从而提高他们通过数学概念解决数学问题的能力。

由导数的概念，我们可以得到 $f'(0) = \lim\limits_{\Delta x \to 0} \dfrac{f(0 + \Delta x) - f(0)}{\Delta x} = \lim\limits_{\Delta x \to 0} (\Delta x + 1)(\Delta x + 2)\cdots(\Delta x + 2020) = 1 \times 2 \times \cdots \times 2020$，这样的概念教学可以提高学生了解信息如何想到联系成为一个组块的能力。教师指导学生学习的困难在于如何使学生看到联系。教学要在引导、促进学生的大脑形成神经联结上下功夫。让信息有意义的最好、最有效的途径之一就是将新知识与已知概念进行联系或比较，将不熟悉的信息与熟悉的信息挂靠起来。当我们教学中对这些学习机制了解得更深刻，教学就更有效。

二、在立体几何的教学中发展学生逻辑推理能力

《高中数学课程标准（2017年版）》指出，逻辑推理是指从一些事实和命题出发，依据规则推出其他命题的素养。逻辑推理主要包括两类：一类是从特殊到一般的推理，主要采用归纳、类比进行；另一类是从一般到特殊的推理，推理的形式主要是演绎。立体几何是培养学生逻辑推理素养的很好的载体。立体几何教学要以"研究一个数学对象的基本套路"为指导来设计数学活动，引导学生构建研究数学对象的路径，发现数学问题，探寻解题方法，指导学生学会思考与发现，发展学生的理性思维和培养学生的科学精神。

例如，在立体几何教学中，我们可以通过以下问题，不断演绎，引导学生学会研究问题的方法和套路。

问题： 已知在三棱锥 $S-ABC$ 中，$\angle SAB = \angle ABC = \dfrac{\pi}{2}$，$SB = 4$，$SC = 2\sqrt{13}$，$AB = 2$，$BC = 6$，则三棱锥 $S-ABC$ 的体积是（　　）。

A. 4　　　　　B. 6　　　　　C. $4\sqrt{3}$　　　　　D. $6\sqrt{3}$

立体几何的研究对象是立体图形，研究的基本方法是直观感知、操作确认、推理论证、度量计算。教学中要引导学生体会这些思路和方法，因此我们可以设计以下问题。

（1）你能画出这个三棱锥的直观图吗？

（2）如果你画的直观图不能完全反映空间点、线、面的位置关系，那么我们可以如何来研究这个问题呢？

如果教师不指导学生画图，学生解决这个问题时所画的三棱锥就会出现各种各样的情形，他们直观感知到三棱锥中的点、线、面的位置关系是不可测的，没有方向，这时如何将学生的关注点引向数量关系，通过度量计算来解决问题值得重视，因此问题2就很好地将学生的研究视角引向了数量关系，从数量关系中寻找规律关系，进行推理论证。通过问题引导学生构建具体的研究思路，体会研究图形的位置关系。

解答： 如图6-3-1所示，在三棱锥 $S-ABC$ 中，由于 $\angle SAB = \dfrac{\pi}{2}$，$SB = 4$，$AB = 2$，所以 $SA = \sqrt{SB^2 - AB^2} = 2\sqrt{3}$。

又 $\angle ABC = \dfrac{\pi}{2}$, $AB = 2$, $BC = 6$,

所以 $AC = \sqrt{AB^2 + BC^2} = 2\sqrt{10}$.

于是在 ΔSAC 中, $SC = 2\sqrt{13}$, $SA = 2\sqrt{3}$, $AC = 2\sqrt{10}$,

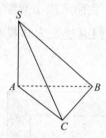

图 6 – 3 – 1

所以 $SC^2 = SA^2 + AC^2$,所以 $SA \perp AC$. 从而 $SA \perp$ 平面 ABC , SA 的长度就是三棱锥 $S - ABC$ 的高。

所以 $V_{S-ABC} = \dfrac{1}{3}S_{\Delta ABC} \cdot SA = \dfrac{1}{3} \times \dfrac{1}{2}AB \cdot BC \cdot SA = \dfrac{1}{3} \times \dfrac{1}{2} \times 2 \times 6 \times 2\sqrt{3}$

$= 4\sqrt{3}$.

问题的解决是否到此结束了呢?学生图形的确认还没有进行,我们只是通过度量计算解决了问题。度量计算、逻辑论证的重要手段,学生需要认识。要注意引导学生在研究几何对象的过程中,体会这些思路和方法呈现由具体到抽象的过程。

为了学生深入理解"研究一个数学对象的基本套路"的研究过程,我们需要进一步操作确认,提升学生发现和提出问题的能力,于是进一步提出以下问题。

(3)数学家华罗庚先生有这么一段名言:

数与形,本是相倚依,焉能分作两边飞;

数无形时少直觉,形少数时难入微;

数形结合百般好,隔离分家万事休;

切莫忘,几何代数统一家,永远联系切莫分离。

我们可以通过一个不太规范、不太准确的图形,但结合数量关系,很好地解决了问题,那么如何找到适合问题的立体几何的直观图呢?

（4）通过这个问题的解决与研究，你有什么学习体会呢？

对知识形成深层理解，是数学教与学的目标，在立体几何的教学中，关注确定图形的组成要素和特殊的位置往往是考虑问题的出发点，要充分利用实物原型和长方体模型，帮助学生理解基本立体图形及其位置关系，发展学生的数学抽象素养。因此，通过（3）我们可以引导学生对空间几何体的三视图与直观图更好地操作确认，于是我们通过长方体模型，可以操作得到三棱锥 $S-ABC$，如图 $6-3-2$ 所示。

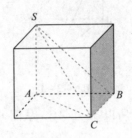

图 6 − 3 − 2

立体几何教学，要特别重视"模型→图形→文字→符号"的抽象过程，更要重视"符号→文字→图形"的过程，让学生理解符号及文字所表达的图形及关系，并把它们用图形直观地表示出来，从而为逻辑推理的进行打好基础。

通过（3）（4），要让学生体会立体几何研究的基本思路和方法，逐步学会抽象数学对象，提升学生发现问题和解决问题的能力。

为了加深学生对直观图的画法与投影的关系，我们可以再一次层层递进，提出新的问题。

（5）三棱锥 $S-ABC$ 的各个面中，直角三角形的个数有多少？

（6）在三棱锥 $S-ABC$ 中，最长的棱长是多少？它的外接球的体积是多少？

三、通过数学探究积累数学思维经验，提升数学学科核心素养

《高中数学课程标准（2017 年版）》对数学探究活动的定义为：数学探究活动是围绕某一个具体的数学问题，开展自主探究，发现和提出有效的数学问题，猜测合理的数学结论，通过论证数学结论，进而进行数学建模解决数学问题。数学教学要将数学探究作为关键任务，培养学生的能力，提高学生数学核心素养。

有经验的教师都知道，学生要知道思考问题的数量和质量与学习获得的方式是有关的。数学探究活动可以让学生获得好的思维方式训练、理解性知识的存储量的增加、发现问题和解决问题的能力的增强。探究教学与学习是在教师选择涉及学生学习中的问题，并引导学生追求探究结果的过程。数学探究性的理解水平主要在探究过程中发现、在解释过程中理解。在探究中，学生可以获得许多的综合知识和事实性知识及理解。

例如，在"函数与方程"的教学中，我们遇到以下问题。

已知函数 $f(x) = e^x + x - 2$ 的零点为 a ，函数 $g(x) = \ln x + x - 2$ 的零点为 b ，则下列不等式中成立的是（　　　）。

A. $e^a + \ln b > 2$ 　　　　　　　　　B. $e^a + \ln b < 2$

C. $a^2 + b^2 < 3$ 　　　　　　　　　D. $ab > 1$

引导学生分析，由函数零点的概念，要由 $f(x) = e^x + x - 2 = 0$ 求出函数 $f(x)$ 的零点 a 是困难的；同时要由 $g(x) = \ln x + x - 2 = 0$ 求出函数 $g(x)$ 的零点 b 也是困难的。

那么，问题应该如何转化呢？于是可以引出一系列探究的问题串。

（1）直接求函数的零点比较困难时，我们有什么其他方法吗？

通过设置问题，引导学生反思、寻找解决问题的技巧，学生会为了解决问题而挖掘出问题的不同方面，累积数学思维经验。

由题意得，$f(x) = e^x + x - 2 = 0$ 可转化为 $e^x = 2 - x$ ，$g(x) = \ln x + x - 2 = 0$ 可转化为 $\ln x = 2 - x$.

所以零点 a 是函数 $y = e^x$ 与 $y = 2 - x$ 的图像交点 A 的横坐标，零点 b 是函数 $y = \ln x$ 与 $y = 2 - x$ 的图像交点 B 的横坐标，如图 $6 - 3 - 3$ 所示。

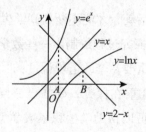

图 6 - 3 - 3

（2）请问点 A ，B 的坐标如何表示？它们之间有什么关系？

由于 a 是函数 $y = e^x$ 与 $y = 2 - x$ 的图像交点 A 的横坐标，所以 $A(a, e^a)$.

由于 b 是函数 $y = \ln x$ 与 $y = 2 - x$ 的图像交点 B 的横坐标，所以 $B(b$ ，$\ln b)$. 且 A ，B 两点关于直线 $y = x$ 对称，$a = \ln b$ ，$b = e^a$.

其中对于 $a = \ln b$ ，$b = e^a$ 需要教师进行解释性讲解，以促进学生的理解。

（3）结合两点的关系，如何通过变换解决其他的数学问题？

由于 A ，B 两点关于直线 $y = x$ 对称，且它们也在直线 $y = 2 - x$ 上，所以 A ，B 两点关于点（1，1）对称，从而得到 $a + b = 2$ ，$e^a + \ln b = 2$.

于是 $ab \leqslant \left(\dfrac{a + b}{2} \right)^2 = 1$ ，$a^2 + b^2 \geqslant \dfrac{1}{2} (a + b)^2 = 2$ ，当且仅当 $a = b$ 时等号成立。

（4）要判断 $a^2 + b^2 < 3$ ，需采用什么样的思想观念和数学方法来解决这个问题？

无论从范围还是从最值来理解这个问题，都可以利用函数的思想来解题。于是结合 $a + b = 2$ ，可以得到 $a^2 + b^2 = a^2 + (2 - a)^2 = 2(a - 1)^2 + 2$ 。由于 $f(x) = e^x + x - 2$ 的零点为 a ，结合函数 $f(x)$ 的图像与性质，可知 $f'(x) = e^x + 1 > 0$ ，所以函数 $f(x)$ 在 R 上单调递增。

又由于 $f\left(\dfrac{1}{3} \right) = \sqrt[3]{e} - \dfrac{5}{3} = \dfrac{\sqrt[3]{27e} - \sqrt[3]{125}}{3} < 0$ ，$f\left(\dfrac{1}{2} \right) = \sqrt{e} - \dfrac{3}{2} = \dfrac{\sqrt{4e} - \sqrt{9}}{2} > 0$ ，所以 $\dfrac{1}{3} < a < \dfrac{1}{2}$ ，从而 $a^2 + b^2 = 2(a - 1)^2 + 2 < 2 \left(\dfrac{1}{3} - 1 \right)^2 + 2 < 3$.

另外，由于 $b = e^a$ ，从而可以得到 $a^2 + b^2 = a^2 + e^{2a} < \dfrac{1}{4} + e < 3$.

以上思想和观念都需要经过长期的解题探究和解题总结才得以形成。因此，只要是有利于通过探究解题活动的问题都需要教师有耐心地加以引导、指导；只有经过长期的扎实的探究活动，才能不断提高学生的数学素养。

（5）请同学们结合解题探究过程编制出一些数学问题。

提出问题比解决问题更重要。李政道曾说过："能正确地提出问题就是迈出了创新的第一步。"数学探究重在探究，要在已有问题的基础上，通过不断探究、提出新问题。这样不但可以帮助学生积累数学思维经验，提高数学分析能力；而且对培养学生的创造意识具有作用。

在探究教学活动中，问题提出和系统阐述是它的主要特征。通过非重复的问题，挖掘问题的不同方面，从而可以提高学生的学习能力，同时问题的提出也使学生在同伴面前有了展现自己的更多机会，可以更好地激发学生的学习兴趣，而学生可以通过听并思考，学到更多的系统性知识。

四、通过问题解决建构和增长数学知识，提高数学运算与推理能力

问题解决和知识建构是两种认知活动。问题解决需要学生运用自己已有的知识和经验，将问题情境同化；需要对已有的知识改变、调整，以顺应当前的问题情境。同化和顺应是知识经验建构的机制。

问题解决的教学常常会对问题的特征展开描述，同时找寻问题解决的方法。

例如，在"概率与统计"中，有以下问题。

一批产品需要进行质量检验，检验方案是：先从这批产品中任取 4 件做检验，这 4 件产品中优质品的件数记为 n . 如果 $n = 3$ ，再从这批产品中任取 4 件做检验，若都是优质品，则这批产品通过检验；如果 $n = 4$ ，再从这批产品中任取 1 件做检验，若是优质品，则这批产品通过检验；其他情况下，这批产品都不能通过检验。假设这批产品的优质品率为 50% ，即取出的产品是优质品的概率都为 $\frac{1}{2}$ ，且各件产品是否是优质品相互独立。

（1）求这批产品通过检验的概率；

（2）已知每件产品检验费用为 100 元，且抽取的每件产品都需要检验，对这批产品作质量检验所需的费用记为 X（单位：元），求 X 的分布列及数学期望。

在学生解决这个问题时，我们要注意引导学生构建解题思路，需要阅读理解题目内容，采用一定的方法将问题再描述，改变知识的表述形态，才能更好地将当前问题与头脑中已有的知识相联系。

我们发现，在探究解决问题的过程中，许多同学采用了数形结合的方法对知识进行再建构。他们利用小方格对问题进行分析。

由题可知，以下第①②两种情形，产品通过检验。

① □□□■→□□□□→产品通过检验。

□□■□→□□□□→产品通过检验。

□■□□→□□□□→产品通过检验。

■□□□→□□□□→产品通过检验。

② □□□□→□→产品通过检验。

（其中"□"表示产品是优质品，"■"表示产品不是优质品）

于是这批产品通过检验的概率为 $P = C_4^3 \left(\frac{1}{2}\right)^3 \cdot \left(\frac{1}{2}\right) \cdot \left(\frac{1}{2}\right)^4 + \left(\frac{1}{2}\right)^4 \cdot$

$\left(\frac{1}{2}\right) = \frac{3}{64}$.

而以下几种情形，则表示这批产品不能通过检验。

③ □□■■→产品不能通过检验。

　　□■■■→产品不能通过检验。

　　■■■■→产品不能通过检验。

④ □□□■→□□□■→产品不能通过检验。

　　□□□■→□□■■→产品不能通过检验。

　　□□□■→□■■■→产品不能通过检验。

　　□□□■→■■■■→产品不能通过检验。

⑤ □□□□→■→产品不能通过检验。

于是需要的检验费用 X 的值分别为 400，500，800 元。

其中 $X = 400$ 元，也就是情形③，

$$P(X = 400) = C_4^2 \left(\frac{1}{2}\right)^2 \left(\frac{1}{2}\right)^2 + C_4^3 \left(\frac{1}{2}\right)^3 \left(\frac{1}{2}\right) + C_4^4 \left(\frac{1}{2}\right)^4 = \frac{11}{16}$$

其中 $X = 500$ 元，也就是情形②和⑤，

$$P(X = 500) = \left(\frac{1}{2}\right)^4 \left(\frac{1}{2}\right) + \left(\frac{1}{2}\right)^4 \left(\frac{1}{2}\right) = \frac{1}{16},$$

其中 $X = 800$ 元，也就是情形①和④，

$$P(X = 800) = C_4^3 \left(\frac{1}{2}\right)^3 \left(\frac{1}{2}\right) \times 1 = \frac{1}{4}.$$

于是其他问题可以解决。

我们看到，在解决数学问题的过程中，常常会伴随着对问题的再描述。数学教学就是要把数学的学术形态转化为好的教育形态，使学生在已有的知识基础上同化新知识，提高推理能力。这样的描述与表示才是知识的生长点。只有适合学生的心理特征和认知特点的方法才会为学生更容易接纳。数学教学要在这些方面着力。不断建构和增长学生的数学知识，提高逻辑推理能力。

第四节　数学阅读与数学教学

一、数学阅读有助于学生的认知发展

作为认知的主要因素，思维的发展在认知发展中起着举足轻重的作用，数学则是训练思维的最有效工具。数学集抽象思维、逻辑思维、形象思维和直觉思维于一体，它的灵魂就是思维。

从数学研究过程看，数学家需要经历观察、实验、合情推理、猜想等思维过程去提出概念和命题，这里面要借助形象思维、直觉思维和抽象思维。对提出的命题进行证伪和证实，这一过程离不开思维。

例如，在"基本不等式"中，我们让学生阅读以下问题。

甲、乙两同学分别解"$x \in [1, +\infty)$，求函数 $y = 2x^2 + 1$ 的最小值"的过程如下。

甲：$y = 2x^2 + 1 \geq 2\sqrt{2x^2 \cdot 1} = 2\sqrt{2}x$，又 $x \geq 1$，所以 $2\sqrt{2}x \geq 2\sqrt{2}$，从而 $y \geq 2\sqrt{2}x \geq 2\sqrt{2}$，即 y 的最小值是 $2\sqrt{2}$.

乙：因为函数 $y = 2x^2 + 1$ 在 $[1, +\infty)$ 上单调递增，所以 y 的最小值是 $2 \times 1^2 + 1 = 3$.

试判断谁错，错在何处？

学生要通过知识的建构理解数学、学习数学，从一定意义上说，必须要经历数学家的某些思维过程。一个概念或命题作为客观知识的存在而没有内化为个人的主观知识，那么这种主观知识对个人来说是毫无意义的。要形成主观知识，必须通过个体的思维对客观知识进行抽象，体验概念的形成过程，经历命题的证明过程，建构属于个人意义上的主观知识。因此，数学学习是一种思维操作、思维训练和思维发展的过程。

同时数学也是一种语言。著名数学家斯托利亚尔指出："数学教学也就是数学语言的教学。"数学语言既是数学思维的载体，又是数学思维的具体体现；既是表达的工具，又是交流的工具。学生在数学学习中对数学语言的听、说、读、写能力，直接关系到其数学思维的发展和数学知识的理解、掌握和应用。数学语言的学习离不开数学阅读。

数学阅读和思考对于改变学生在学习活动中对数学内容单纯的记忆和模仿，形成积极主动的学习方式，实现学生可持续发展，至为关键。

阅读是学生获取新知识的方法之一。通过阅读，学生的知识经验扩充了，学习的方法技术迁移了。对比与思考，使学生对知识命题的理解深刻了。

例如，在"三角恒等变换"中，我们组织同学阅读以下问题。

由倍角公式 $\cos 2x = 2\cos^2 x - 1$ 可知，$\cos 2x$ 可以表示为 $\cos x$ 的二次多项式。

对于 $\cos 3x$，我们有 $\cos 3x = \cos(2x + 1) = \cos 2x \cos x - \sin 2x \sin x$

$$= (2\cos^2 x - 1)\cos x - (2\sin x \cos x)\sin x$$
$$= 2\cos^3 x - \cos x - 2(1 - \cos^2 x)\cos x$$
$$= 4\cos^3 x - 3\cos x.$$

可知 $\cos 3x$ 可以表示为 $\cos x$ 的三次多项式。

那么可以用 $\cos x$ 的四次多项式表示 $\cos 4x$ 吗？

在高中数学教材中，阅读材料还有很多，如"向量与直线""欧拉公式和正多面体的种类""抽签有先有后，对每个人是否公平"等，教学中不妨多引导学生开展阅读活动。这样的阅读活动，有助于学生的学习和认知的发展。

二、数学阅读有益于人的心灵净化

数学文化是人类文化的一个重要组成部分。它与人类的文明共同滋生、延续和发展。我们在重视数学科学本质的同时，也要把数学文化的内涵充分挖掘出来，强调对数学中人文精神的追求，强调数学课程的价值取向指向人的本质力量，寻求数学的科学文化与人文文化的沟通与融合。

在教学设计中，深入挖掘数学中的文化要义，充分揭示人类在创造数学知识过程中的思维、理想和情感因素，使学生既能系统地掌握数学基础知识，形成数学基本技能，发展数学能力，又能使学生体验数学活动过程，领略数学美，感悟数学精神，促进自我的情感发展。

罗素指出："数学，如果正确地看它，则具有……至高无上的美——正像雕刻的美，是一种冷而严肃的美，这种美不是投合我们天性的微弱的方面，这种美没有绘画或音乐的那些华丽的装饰，它可以纯净到崇高的地步，能够达到严格的只有最伟大的艺术才能显示的那种完美的境地．一种真实的喜悦的精神，一种精神上的亢奋，一种感觉高于人的意识——这些是至善至美的标准，能够在诗里得到，也能够在数学里得到。"

如果说，罗素对数学的美做了精彩描述；那么怀特海（A. N. Whitehead）则对数学的善做了深刻分析。所谓善，是指真、善、美，是一种理想的东西，具有无限的性质。怀特海认为，数学是研究模式的科学，数学正是通过有限的模式而与善的理想相联系。事实上，模式在人类生活中占有重要地位。"每一种艺术都奠基于模式的研究。社会组织的结合力也依赖于行为模式的保持；文明的进步也侥幸地依赖于这些行为模式的变更。因而，把模式灌输到自然发生的事物中，这些模式的稳定性以及这些模式的变更，对于善的实现都是必要条件。数学对于理解模式和分析模式之间的关系，是最强有力的技术。"因此，在怀特海看来，数学渗透人类生活的一切领域。一方面，数学将无限空间的事物转化为有限的模式去研究，表现出对无限的、真理的、理想的善的追求；另一方面，数学模式帮助人类认识自然的秩序与规则，为人类的福利和文明做出积极的贡献，给人类带来了善。

三、数学阅读有益于个性品质的形成

数学是一种艺术，是美的化身。"这种美是思维抽象创造的产物，是一种精神。欣赏数学、鉴赏数学、评价数学活动只有在学习数学和做数学的过程中才可进行。只有置身于其中，才能分享这种美，才能产生喜悦的感受，感受到精神上的亢奋，而不是感官的满足。"从价值追求上看，数学的审美是一种理性的精神。这种精神，使得人类的思想得以运用到完善至美的程度；也正是这种精神，从一定程度上影响人类的物质、道德和社会生活，以试图回答有关人类自身提出的一些问题，使人们能尽可能探求和确立客观世界的规律。

数学给人带来了真、善、美，数学学习的一个目标就是学习者对数学的真、善、美的不断追求和体悟过程。

数学的问题性，使得抽象的学习材料生成于人们乐意去探究的问题中，特别是人们现实生活中的问题，更容易诱发探索的欲望；数学的思维性对人的智慧是一种大挑战，它有一种驱使人们去实践的动因，特别当思维的结果与追寻的目标达成一致时，人们会领略成功的喜悦，感受到数学思维的无穷魅力，催生兴趣生成的内源；数学的审美性不仅是数学发展的动力，而且也是数学兴趣产生的牵引力。数学中的对称美使人赏心悦目；数学中的简洁美使人肃然起敬；数学中的奇异美使人赞叹不已；数学中的和谐美让人心旷神怡。

参考文献

[1] 喻平. 数学教育心理学 [M]. 南宁：广西教育出版社，2008.

[2] 方延明. 数学文化导论 [M]. 南京：南京大学出版社，1999.

[3] 邓陈皋. 数学与文化 [M]. 北京：北京大学出版社，1990.

[4] 人民教育出版社课程教材研究所. 普通高中课程标准实验教科书·数学 2 [M]. 北京：人民教育出版社，2007.

[5] [苏] 斯托利亚尔. 数学教育学 [M]. 丁尔升，译. 北京：人民教育出版社，1984.

[6] 中华人民共和国教育部. 普通高中数学课程标准（2017 年版）[S]. 北京：人民教育出版社，2018.

7

第七章

数学模式识别与数学表达的经验方法

数学教与学的目标是解决实际问题，解决问题是数学的归宿。学生的数学能力不仅包括理解、运用数学概念和原理，形成正确的逻辑推理，进行准确有效地数学运算；还应包括：会检索阅读相应的数学资料，会利用图、表、文字语言等，会选择、分析和处理各种信息，形成、建立相应的数学模型，选择有效的数学方法解决问题，也就是建立数学模型解决问题的能力。

第一节　数学模式识别与数学理解

加强模式识别，深化知识理解。

模式识别是一种知觉过程。在此基础上提高学生的模式识别能力，深化知识理解，能够让学生与头脑中的项目形成最佳匹配，是数学复习有效的关键。

下面我们通过两道试题来看一下这个问题。

例1： 已知等差数列 $\{a_n\}$ 的公差为 2，前 n 项和为 S_n，且 S_1，S_2，S_4 成等比数列。

（I）求数列 $\{a_n\}$ 的通项公式；

（II）令 $b_n = (-1)^{n-1} \dfrac{4n}{a_n a_{n+1}}$，求数列 $\{b_n\}$ 的前 n 项和 T_n.

从反馈的信息看，第（I）问同学们没有遇到什么问题，可以很好地求出数列 $\{a_n\}$ 的通项公式为 $a_n = 2n - 1$；第（II）问学生有以下三种不同的解法。

解法1： 因为 $a_n = 2n - 1$，于是

$$b_n = (-1)^{n-1} \frac{4n}{a_n a_{n+1}} = (-1)^{n-1} \frac{4n}{(2n-1)(2n+1)} = (-1)^{n-1} \cdot$$

$$2n\left(\frac{1}{2n-1} - \frac{1}{2n+1}\right),$$

$$\therefore T_n = b_1 + b_2 + b_3 + \cdots + b_n$$

$$= 2\left(1 - \frac{1}{3}\right) - 4\left(\frac{1}{3} - \frac{1}{5}\right) + 6\left(\frac{1}{5} - \frac{1}{7}\right) + \cdots + (-1)^{n-1} \cdot 2n\left(\frac{1}{2n-1} - \frac{1}{2n+1}\right)$$

$$= \left(2 - \frac{2}{3}\right) - \left(\frac{4}{3} - \frac{4}{5}\right) + \left(\frac{6}{5} - \frac{6}{7}\right) + \cdots + (-1)^{n-1} \cdot \left(\frac{2n}{2n-1} - \frac{2n}{2n+1}\right)$$

$$= 2 - \left(\frac{2}{3} + \frac{4}{3}\right) + \left(\frac{4}{5} + \frac{6}{5}\right) - \left(\frac{6}{7} + \frac{8}{7}\right) + \cdots$$

$$+ (-1)^{n-1}\left(\frac{2n-2}{2n-1} + \frac{2n}{2n-1}\right) - (-1)^{n-1} \frac{2n}{2n+1}$$

$$= 2 - 2 + 2 - 2 + \cdots + (-1)^{n-1} \cdot 2 - (-1)^{n-1} \cdot \frac{2n}{2n+1}.$$

从而，当 n 为偶数时，$T_n = b_1 + b_2 + b_3 + \cdots + b_n = \frac{2n}{2n+1}$.

当 n 为奇数时，$T_n = b_1 + b_2 + b_3 + \cdots + b_n = 2 - \frac{2n}{2n+1} = \frac{2n+2}{2n+1}$.

解法2： 因为 $a_n = 2n - 1$，

所以 $b_n = (-1)^{n-1} \dfrac{4n}{a_n a_{n+1}} = (-1)^{n-1} \dfrac{4n}{(2n-1)(2n+1)} = (-1)^{n-1} \cdot$

$\left(\dfrac{1}{2n-1} + \dfrac{1}{2n+1} \right)$，

$\therefore T_n = b_1 + b_2 + b_3 + \cdots + b_n$

$$= \left(1 + \frac{1}{3} \right) - \left(\frac{1}{3} + \frac{1}{5} \right) + \left(\frac{1}{5} + \frac{1}{7} \right) + \cdots + (-1)^{n-1} \cdot \left(\frac{1}{2n-1} + \frac{1}{2n+1} \right)$$

$$= 1 + \frac{1}{3} - \frac{1}{3} - \frac{1}{5} + \frac{1}{5} + \frac{1}{7} - \cdots + \frac{(-1)^{n-1}}{2n-1} + \frac{(-1)^{n-1}}{2n+1}$$

$$= 1 + \frac{(-1)^{n-1}}{2n+1}.$$

解法3： 因为 $a_n = 2n - 1$，

所以 $b_n = (-1)^{n-1} \dfrac{4n}{a_n a_{n+1}} = (-1)^{n-1} \cdot \dfrac{4n}{(2n-1)(2n+1)}$，

即 $b_n = (-1)^{n-1} \left(\dfrac{1}{2n-1} + \dfrac{1}{2n+1} \right) = \dfrac{(-1)^{n-1}}{2n-1} - \dfrac{(-1)^n}{2n+1}$.

$\therefore T_n = b_1 + b_2 + b_3 + \cdots + b_n$

$$= \left[1 - \frac{(-1)}{3} \right] + \left[\frac{(-1)}{3} - \frac{1}{5} \right] + \left[\frac{1}{5} - \frac{(-1)}{7} \right] + \cdots + \left[\frac{(-1)^{n-1}}{2n-1} - \frac{(-1)^n}{2n+1} \right]$$

$$= 1 - \frac{(-1)}{3} + \frac{(-1)}{3} - \frac{1}{5} + \frac{1}{5} - \frac{(-1)}{7} + \cdots + \frac{(-1)^{n-1}}{2n-1} - \frac{(-1)^n}{2n+1}$$

$$= 1 - \frac{(-1)^n}{2n+1}.$$

说明： 第（II）问学生均知晓用裂项相消法展开数列求和，90% 的学生采用 $b_n = (-1)^{n-1} \dfrac{4n}{a_n a_{n+1}} = (-1)^{n-1} \cdot 2n \cdot \left(\dfrac{1}{2n-1} - \dfrac{1}{2n+1} \right)$ 展开求和，但得出正确结果的为 15%.

而利用 $b_n = (-1)^{n-1}\dfrac{4n}{a_n a_{n+1}} = (-1)^{n-1}\left(\dfrac{1}{2n-1} + \dfrac{1}{2n+1}\right)$ 的学生占比近 10%，全部得出了正确的结论。

只有两位学生采用了 $b_n = (-1)^{n-1}\dfrac{4n}{a_n a_{n+1}} = \dfrac{(-1)^{n-1}}{2n-1} - \dfrac{(-1)^n}{2n+1} = \dfrac{(-1)^{n-1}}{a_n} - $ $\dfrac{(-1)^n}{a_{n+1}}$ 展开求和，这两位学生的数学成绩非学优秀。

分析以上三种不同的解法，足以看出学生对裂项相消法求数列的前 n 项和的模式识别与知识理解程度的不同。

对于 $b_n = (-1)^{n-1}\dfrac{4n}{a_n a_{n+1}} = (-1)^{n-1}\cdot\dfrac{4n}{(2n-1)(2n+1)} = (-1)^{n-1}\cdot$ $\dfrac{(2n-1)+(2n+1)}{(2n-1)(2n+1)} = (-1)^{n-1}\left(\dfrac{1}{2n-1} + \dfrac{1}{2n+1}\right).$ 我们让大家听一下学生 1 的解释：裂项相消法的实质是要裂项。对于分式，我们要把它分裂成两项，由于分母是两个数的乘积，因此我们将分子与分母联系起来，将分子进行变化，从而可以得出这种分裂法。一般地，若分母可以分裂为一个数列的相邻两项，而分子恰好是这两项的差（或和），则可以分裂成两项的差（或和）。

对于采用 $b_n = (-1)^{n-1}\dfrac{4n}{a_n a_{n+1}} = \dfrac{(-1)^{n-1}}{2n-1} - \dfrac{(-1)^n}{2n+1} = \dfrac{(-1)^{n-1}}{a_n} - \dfrac{(-1)^n}{a_{n+1}}.$

学生 2 是这样解释的：裂项相消法求和，裂项的目标是相邻的两项可以相消；而要能相消，正负相消就是最基本的常识。于是我把前面的 $(-1)^{n-1}$ 放进去，再利用指数运算的性质，从而可以得到这个差式，于是可以很好地解决这个问题。

例 2：已知数列 $\{a_n\}$ 中，$a_1 = 1$，$a_{n+1} + a_n = 3\cdot 2^{n-1}$（$n \in \mathbf{N}^*$）.

（Ⅰ）求数列 $\{a_n\}$ 的通项；

（Ⅱ）证明：对一切正整数 n，有 $\dfrac{1}{a_2-1} + \dfrac{1}{a_3-1} + \cdots + \dfrac{1}{a_{n+1}-1} < \dfrac{5}{3}$.

从反馈的信息看，第（Ⅰ）问同学们没有遇到什么问题，可以很好地求出数列 $\{a_n\}$ 的通项公式为 $a_n = 2^{n-1}$。第（Ⅱ）问学生有以下两种不同的解法。

解法 1：因为 $a_n = 2^{n-1}$，于是我们设

$$b_n = \frac{1}{a_{n+1}-1} = \frac{1}{2^n-1} = \frac{2^{n+1}-1}{(2^n-1)(2^{n+1}-1)} < \frac{2^{n+1}}{(2^n-1)(2^{n+1}-1)} =$$

$$2\left(\frac{1}{2^n - 1} - \frac{1}{2^{n+1} - 1}\right)$$

$\therefore$ 当 $n = 1$ 时，$T_n = b_1 = 1 < \frac{5}{3}$.

当 $n \geqslant 2$ 时，$T_n = b_1 + b_2 + b_3 + \cdots + b_n$

$$< 1 + 2\left(\frac{1}{3} - \frac{1}{7}\right) + 2\left(\frac{1}{7} - \frac{1}{15}\right) + \cdots + 2\left(\frac{1}{2^n - 1} - \frac{1}{2^{n+1} - 1}\right)$$

$$= 1 + \frac{2}{3} - \frac{2}{2^{n+1} - 1} < \frac{5}{3}.$$

综上，对一切正整数 n，有 $\frac{1}{a_2 - 1} + \frac{1}{a_3 - 1} + \cdots + \frac{1}{a_{n+1} - 1} < \frac{5}{3}$.

解法 2：因为 $a_n = 2^{n-1}$，

于是设 $b_n = \frac{1}{a_{n+1} - 1} = \frac{1}{2^n - 1} = \frac{1}{4 \times 2^{n-2} - 1} = \frac{1}{3 \times 2^{n-2} + 2^{n-2} - 1}$.

显然，当 $n \geqslant 3$ 时，$b_n = \frac{1}{3 \times 2^{n-2} + 2^{n-2} - 1} < \frac{1}{3 \times 2^{n-2}}$.

$\therefore$ 当 $n = 1$ 时，$T_n = b_1 = 1 < \frac{5}{3}$.

当 $n = 2$ 时，$T_n = b_1 + b_2 = 1 + \frac{1}{3} < \frac{5}{3}$.

当 $n \geqslant 3$ 时，$T_n = b_1 + b_2 + b_3 + \cdots + b_n$

$$< 1 + \frac{1}{3} + \frac{1}{3 \times 2} + \frac{1}{3 \times 2^2} + \cdots + \frac{1}{3 \times 2^{n-2}}$$

$$= 1 + \frac{1}{3}\left(1 + \frac{1}{2} + \frac{1}{2^2} + \cdots + \frac{1}{2^{n-2}}\right)$$

$$= 1 + \frac{2}{3} \cdot \left[1 - \left(\frac{1}{2}\right)^{n-1}\right] < \frac{5}{3}.$$

综上，对一切正整数 n，有 $\frac{1}{a_2 - 1} + \frac{1}{a_3 - 1} + \cdots + \frac{1}{a_{n+1} - 1} < \frac{5}{3}$.

说明：通过询问学生，想用裂项相消法展开数列求和的学生很多，但基本没有找到如何裂项，20% 的学生采用 $b_n = \frac{1}{a_{n+1} - 1} = \frac{1}{2^n - 1} = \frac{2^{n+1} - 1}{(2^n - 1)(2^{n+1} - 1)}$ 进行变形，证明了本题。

有 3 位学生采用了 $b_n = \dfrac{1}{a_{n+1}-1} = \dfrac{1}{2^n-1} < \dfrac{1}{3\times 2^{n-2}}$ 来解题，很好地得到了结论。

对于采用 $b_n = \dfrac{1}{a_{n+1}-1} = \dfrac{1}{2^n-1} = \dfrac{2^{n+1}-1}{(2^n-1)(2^{n+1}-1)}$ 进行变形，学生 1 是这样解释的：数列求和除了公式法以外，我们学过的也就只有裂项相消法与本题最为接近。裂项相消法的关键是要把分母转化为一个数列的相邻两项，然后作差，再转化为两个式子的差的形式，因此，我就分子、分母同乘以一个与 2^n -1 相邻的项 $2^{n+1}-1$．很明显，我们说学生 1 很好地理解了裂项相消法求数列各项和的解题要点。

对于采用了 $b_n = \dfrac{1}{a_{n+1}-1} = \dfrac{1}{2^n-1} < \dfrac{1}{3\times 2^{n-2}}$ 来解题，学生 2 说：由于要证明的不等式的左边小于右边，因此，我想如果每一项都把它进行放缩，然后考虑用等比数列的前 n 项和的公式来求解，也许就能得到答案。于是我就考虑对指数幂展开变形，确实解决了问题。

模式识别是最典型、最常见的问题解决思维活动形式。不同类型问题的特征、解法和解决过程有所不同，结构良好的问题往往强调知识的明确性，对促进学生对知识技能的巩固有意义。而结构不良问题在解法规则上具有开放性，更能提高学生的模式识别能力，促进学生的高水平思维。

教学中，加强学生对模式的识别至关重要。习题教学要发挥学生的主体性，让学生发表他们的想法，发表他们的见解，让学生相互交流，感悟数学模型如何建立；增强学生解题策略的选择与判断，通过思考所运用的方法，认真总结规律，从而有利于问题的解决。

理解是掌握知识的重要环节，是学生利用原有的认知结构，在新情境下进行个体心智运作和社会文化中介交互的意义建构。为学生设计适当的问题，引发他们的问题解决活动，是激发和促进学生高水平思维活动的基本途径。数学解题教学要越过表层的解题操作，指导学生去深入思考，对数学问题开展深层次的理解，总结解题规律与方法，对数学原理开展分析、比较、归纳并纳入到他们原有的认知结构中。通过"揭示—渗透"的原则，突出数学思想和方法，让学生在反复的体验和实践中加深对知识的理解和方法的领悟。

第二节 如何提高学生的数学表达能力

一、以数学发展过程中的重要人物思想引领数学教学

教学中，通过数学发展过程中的重要人物的名言，重要人物的重要成果，让学生加深对数学的理解，体会数学对人类发展的作用，扩展学生的数学视野，提高学生对数学的应用价值、文化价值的认识，使学生掌握和体会一些重要的概念和方法。

例如，在《人教版高中数学选修 2 – 3》"随机变量及其分布"的学习时，如何引入才能更好地帮助学生，我们充分应用重要人物笛卡尔名句"有一个颠扑不破的真理，那就是当我们不能确定什么是真的时，我们就应该去探求什么是最可能的"。

在这句名言之后，我们给出了如下情境问题。

问题 1： 工厂生产的一批产品共 N 件，其中有 M 件不合格，在随机取出的 n 件产品中，不合格品数 X 的可能值有哪些？它们的概率各是多少？

问题 2： 老师要从 10 篇课文中随机抽取 3 篇让学生背诵，规定至少要背出其中 2 篇才能及格。某学生只能背诵其中的 6 篇。求

（1）抽到他能背诵的课文的数量 X 的分布列；

（2）他能及格的概率。

用怎样的数学模型刻画上述问题？

如何运用这些数学模型解决相关的实际问题？

解析： 在问题 1 中，不合格品数 X 究竟会出现哪一个，我们是不能确定的；但它可能出现哪些值呢？我们是可以探求的。X 可能出现的值为 0，1，2，…，m，其中 $m = \min\{M, n\}$。

$$P(X = k) = \frac{C_M^k C_{N-M}^{n-k}}{C_N^n} \ (k = 0, 1, 2, \cdots, m), \text{其中} \ m = \min\{M, n\}.$$

对于问题 2，抽到某学生能背诵的课文的数量 X 是不确定的；但它可能出现哪些值呢？我们是可以探求的。X 可能出现的值为 0，1，2，3.

$$P(X = k) = \frac{C_6^k C_4^{3-k}}{C_{10}^3} \ (k = 0, 1, 2, 3).$$

通过这样的语境，很多学生在学习中形成了基于理解的记忆。这样的语境可以帮助他们多次反复理解所学的内容，表面上看似乎是一种非常表面的学习，实际上重复这一语境过程加深了他们的理解。因为每重复一次这些名句名言，可以使学生更好地理解与文字、文本和公式有关的现象及与其意义相关的现象，进而不断形成深层次的学习理解，进而发现两个问题在本质上的一致性，总结形成超几何分布的数学模型。这样也会为后续解题与学习提供了类比的思想方法。

同样地，在学习二项分布时，我们还以笛卡尔名句"有一个颠扑不破的真理，那就是当我们不能确定什么是真的时，我们就应该去探求什么是最可能的"作为引言，给出如下问题。

问题 1： 种植 10 粒棉花种子，每一粒种子可能出苗，也可能不出苗，其出苗率为 70%，请问：出苗数 X 的可能值有哪些？它们的概率各是多少？

问题 2： 某人射击 8 次，每 1 次可能击中目标，也可能击不中目标，其击中目标的概率为 0.8，请问：击中目标次数 X 的可能值有哪些？它们的概率各是多少？

用怎样的数学模型刻画上述问题？

如何运用这些数学模型解决相关的实际问题？

解析： 在问题 1 中，出苗数 X 究竟会出现哪一个，我们是不能确定的，但它可能出现哪些值呢？我们是可以探求的。X 可能出现的值为 0，1，2，$\cdots$，10.

$$P(X = k) = C_{10}^k \cdot (0.7)^k \cdot (1 - 0.7)^{10-k} \ (k = 0, 1, 2, \cdots, 10)$$

对于问题 2，击中目标的次数 X 是不确定的；但它可能出现哪些值呢？我们是可以探求的。X 可能出现的值为 0，1，2，$\cdots$，8.

$$P(X = k) = C_8^k \cdot (0.8)^k \cdot (1 - 0.8)^{8-k} \ (k = 0, 1, 2, \cdots, 8)$$

再一次利用名家名言引导学生展开学习，可以很容易寻找到解题路径，并通过重复理解，反复操作，可以归纳出二项分布的数学模型：若离散型随机变量 X 的分布列为 $P(X = k) = C_n^k \cdot p^k \cdot (1 - p)^{n-k} \ (k = 0, 1, 2, \cdots, n)$，其中 $0 \leq$

$p \leqslant 1$，则称 X 服从二项分布。

事实上，引入名人名言的过程就是一种榜样模仿学习。在榜样模仿中，学生观察学习他人的言行，在头脑中形成对这种言行的观念，然后使用这些观念来编码，并指导个体的学习行为。这样的指导性学习，学生很容易掌握学习的技能，也很快解决了问题，提高了解题能力，并获得了对这一类问题背后隐藏的抽象规则及原理的理解。

思维的工具也包括那些代表认知操作和关系的语言符号，教诲也可以促进认知学习，因此教学中重视意识作用，比重复强化更有效。

同样地，在选修 2－1 的"圆锥曲线与方程"中，我们以 M. 克莱因的名言"解析几何彻底改变了数学的研究方法"来引领学生学习。结合引言，教材给出了如下问题情境。

德国著名天文学家开普勒发现的行星运动三定律揭示了行星运动的规律，其中的第一定律指出：太阳系中的每个行星都在某个椭圆上运动，这些椭圆都以太阳为一个焦点。

慧星的运行轨道，有些是椭圆，也有些是抛物线，还有些是双曲线。

炮弹的飞行轨道，广场上喷水池里的水柱都是呈抛物线形状的。

……

椭圆、双曲线和抛物线统称为圆锥曲线。

建立曲线的方程和通过方程来研究曲线的性质是解析几何的两个基本问题。

怎样建立圆锥曲线的方程？

怎样通过方程来研究圆锥曲线的性质？

通过这段引言和问题可以让学生明了数学的一些研究方法，为整章学习形成更好地理解。

学生的学习就是一个建构认知、改变感知、获得感知的过程，教学还必须带领学生不断领悟名家名言，只有经过检验的概括化的感知才能让学生形成理解。

二、通过数学探究与写作活动，提升数学建模、逻辑推理素养

数学探究与写作是围绕某个具体的数学问题，开展探究并用数学语言表达问题的过程，教学中可以组织学生收集、阅读、抽象有关结论，通过寻找问题、

展开数学运算、形成数学模型，并通过逻辑推理对问题进行剖析，得到有价值的问题结论，进而可以帮助学生形成数学建构知识的能力，提高数学逻辑推理能力，并提高发现问题、分析问题的能力。

例如，在"平面向量的数量积"的教学中，有以下结论。

已知两个非零向量 $\vec{a}$ 与 $\vec{b}$，我们把数量 $|\vec{a}||\vec{b}|\cos\theta$ 叫作 $\vec{a}$ 与 $\vec{b}$ 的数量积，记作 $\vec{a}\cdot\vec{b}$，即 $\vec{a}\cdot\vec{b}=|\vec{a}||\vec{b}|\cos\theta$，其中 θ 是 $\vec{a}$ 与 $\vec{b}$ 的夹角。

我们引导学生得出下面的结论。
$$-|\vec{a}||\vec{b}| \leqslant \vec{a}\cdot\vec{b} \leqslant |\vec{a}||\vec{b}|.$$

当 $\vec{a}$ 与 $\vec{b}$ 共线且方向相同时，右边的不等式中的等号成立；当 $\vec{a}$ 与 $\vec{b}$ 共线且方向相反时，左边的不等式中的等号成立。

如何应用这个结论解题，它可以用来解决什么样的问题，可以给学生进行研究。通过学生的合作探究，教师指导，最终学生们列举了如下应用。

1. 这个结论在证明不等式中的应用

例1： 已知 $x,y,z\in\mathbf{R}^+$，且 $x+y+z=1$，求证：$\dfrac{1}{x}+\dfrac{4}{y}+\dfrac{9}{z}\geqslant 36$．

证明： 记 $\vec{a}=\left(\dfrac{1}{\sqrt{x}},\dfrac{2}{\sqrt{y}},\dfrac{3}{\sqrt{z}}\right)$，$\vec{b}=(\sqrt{x},\sqrt{y},\sqrt{z})$，

于是由 $\vec{a}\cdot\vec{b}\leqslant|\vec{a}||\vec{b}|$，得 $6\leqslant\sqrt{\dfrac{1}{x}+\dfrac{4}{y}+\dfrac{9}{z}}\cdot\sqrt{x+y+z}$．

又 $x+y+z=1$，

所以 $\sqrt{\dfrac{1}{x}+\dfrac{4}{y}+\dfrac{9}{z}}\geqslant 6$，从而 $\dfrac{1}{x}+\dfrac{4}{y}+\dfrac{9}{z}\geqslant 36$．

当且仅当 $\dfrac{1}{x}=\dfrac{2}{y}=\dfrac{3}{z}$ 时，上式中的等号成立。

即 $\dfrac{1}{x}+\dfrac{4}{y}+\dfrac{9}{z}\geqslant 36$，当且仅当 $x=\dfrac{1}{6}$，$y=\dfrac{1}{3}$，$z=\dfrac{1}{2}$ 时的等号成立。

例2： 已知 $a,b,c\in\mathbf{R}^+$，且 $a+b+c=1$，求证：$\dfrac{b^2}{a}+\dfrac{c^2}{b}+\dfrac{a^2}{c}\geqslant 1$．

证明： 记 $\vec{m}=\left(\dfrac{b}{\sqrt{a}},\dfrac{c}{\sqrt{b}},\dfrac{a}{\sqrt{c}}\right)$，$\vec{n}=(\sqrt{a},\sqrt{b},\sqrt{c})$，于是由 $\vec{m}\cdot\vec{n}\leqslant|\vec{m}||\vec{n}|$，

得 $a+b+c\leqslant\sqrt{\dfrac{b^2}{a}+\dfrac{c^2}{b}+\dfrac{a^2}{c}}\cdot\sqrt{a+b+c}$．

又 $a + b + c = 1$ ，

所以 $\sqrt{\dfrac{b^2}{a} + \dfrac{c^2}{b} + \dfrac{a^2}{c}} \geqslant 1$ ，从而 $\dfrac{b^2}{a} + \dfrac{c^2}{b} + \dfrac{a^2}{c} \geqslant 1$.

当且仅当 $\dfrac{b}{a} = \dfrac{c}{b} = \dfrac{a}{c}$ 时，上式中的等号成立。

即 $\dfrac{b^2}{a} + \dfrac{c^2}{b} + \dfrac{a^2}{c} \geqslant 1$ ，当且仅当 $a = b = c = \dfrac{1}{3}$ 时的等号成立。

2. 这个结论在求最值中的应用

例 3：已知 x，y 是正数，且 $x + y = 1$，求 $\sqrt{4x + 1} + \sqrt{4y + 1}$ 的最大值。

解析：设 $\overrightarrow{a} = (\sqrt{4x + 1}, \sqrt{4y + 1})$，$\overrightarrow{b} = (1, 1)$，则

$\overrightarrow{a} \cdot \overrightarrow{b} = \sqrt{4x + 1} + \sqrt{4y + 1}$，$|\overrightarrow{a}| = \sqrt{4x + 4y + 2} = \sqrt{6}$，$|\overrightarrow{b}| = \sqrt{2}$.

于是由 $\overrightarrow{a} \cdot \overrightarrow{b} \leqslant |\overrightarrow{a}||\overrightarrow{b}|$，得 $\sqrt{4x + 1} + \sqrt{4y + 1} \leqslant 2\sqrt{3}$.

当且仅当 $\sqrt{4x + 1} = \sqrt{4y + 1}$ 时，上式中的等号成立。

即 $x = y = \dfrac{1}{2}$ 时，$\sqrt{4x + 1} + \sqrt{4y + 1}$ 取得最大值为 $2\sqrt{3}$.

3. 这个结论在解方程中的应用

例 4：解方程 $\sqrt{x - \dfrac{1}{x}} + \sqrt{1 - \dfrac{1}{x}} = x$.

解析：由题可知，$x > 1$，

设 $\overrightarrow{a} = (\sqrt{x - \dfrac{1}{x}}, \dfrac{1}{\sqrt{x}})$，$\overrightarrow{b} = (1, \sqrt{x - 1})$，则

$\overrightarrow{a} \cdot \overrightarrow{b} = \sqrt{x - \dfrac{1}{x}} + \sqrt{1 - \dfrac{1}{x}}$，$|\overrightarrow{a}| = \sqrt{x}$，$|\overrightarrow{b}| = \sqrt{x}$.

于是由 $\overrightarrow{a} \cdot \overrightarrow{b} \leqslant |\overrightarrow{a}||\overrightarrow{b}|$，得 $\sqrt{x - \dfrac{1}{x}} + \sqrt{1 - \dfrac{1}{x}} \leqslant x$.

当且仅当 $\sqrt{x - \dfrac{1}{x}} = \sqrt{1 - \dfrac{1}{x}}$ 时，上式中取等号，即 $\sqrt{x - \dfrac{1}{x}} + \sqrt{1 - \dfrac{1}{x}} = x$.

即 $x(x^2 - x - 1) = 0$ 时，$\sqrt{x - \dfrac{1}{x}} + \sqrt{1 - \dfrac{1}{x}} = x$.

所以当 $x = \dfrac{1 + \sqrt{5}}{2}$ 时，$\sqrt{x - \dfrac{1}{x}} + \sqrt{1 - \dfrac{1}{x}} = x$

所以方程 $\sqrt{x - \dfrac{1}{x}} + \sqrt{1 - \dfrac{1}{x}} = x$ 的解为 $x = \dfrac{1 + \sqrt{5}}{2}$.

数学教学中，发现和得出有意义的数学结论，通过学生合作探究，举例应用，论证结论，拓展写作，从而使知识形成体系，并不断反思完善数学知识网络和认知结构，是一种提升学生逻辑推理、数学建模、数学表达和数学抽象素养的非常有价值的方法。

第三节　如何开展探究性数学教学

一、以观察、思考、探究为主线创设问题开展数学教学

学习始于问题，课本大都通过"适当的问题情境——提出问题，引出需要学习的数学内容，通过学生活动——体验数学，然后在观察、思考中让学生对学习进行意义建构——感知数学，在探究中形成数学理论——建立数学，通过学生亲身实践，运用数学，主动思维，经历不断地从具体到抽象、从特殊到一般的概括活动来反思、理解数学"这种内容组织形式，使学生完整经历了知识的发生、发展和运用的过程；也只有这种通过学生的独立思考，同时掌握科学的思维方法，才能让学生真正学会数学。

例1： 苏教版《高中数学 2－1》的"圆锥曲线与方程"中有以下一道习题：已知点 M 到椭圆 $\dfrac{x^2}{169} + \dfrac{y^2}{144} = 1$ 的左焦点和右焦点的距离之比为 $2:3$，求点 M 的坐标 (x,y) 满足的方程。

解析： 由已知点 M 的坐标为 (x,y)，椭圆的左焦点为 $(-5,0)$，右焦点为 $(5,0)$，于是依题意得

$$\frac{\sqrt{(x+5)^2 + y^2}}{\sqrt{(x-5)^2 + y^2}} = \frac{2}{3}.$$

化简得 $(x+13)^2 + y^2 = 144$.

我们把这个题目的图形画出来，可以引导学生进一步进行观察分析：

（1）点 M 的轨迹是一个以点 $(-13,0)$ 为圆心，半径为 12 的圆，从数学的对称性出发，如何改变问题的提出，能使所求的点 M 的轨迹方程是一个以点 $(13,0)$ 为圆心，半径为 12 的对称的圆？

（2）对于一般的椭圆的标准方程 $\frac{x^2}{a^2}+\frac{y^2}{b^2}=1$（$a>b>0$），上述问题可以推广吗？应该如何设计问题？其中有什么一般的结论？

对于第一个问题，学生可以很好地回答上来。点 M 到椭圆 $\frac{x^2}{169}+\frac{y^2}{144}=1$ 的左焦点和右焦点的距离之比为 $2:3$，求点 M 的坐标 (x,y) 满足的方程。

更进一步，我们可以提出问题：点 M 到椭圆 $\frac{x^2}{169}+\frac{y^2}{144}=1$ 的两焦点的距离之比为 $2:3$，求点 M 的坐标 (x,y) 满足的方程。

而对于第二个问题，则真正触及到核心，学生则需要对椭圆中的数字结构特征做进一步地分析，对椭圆的几何性质需要再分析，这才是本题真正的关键所在。

要想对第二个问题有一个正确地假设，需要从特殊出发，再分析第一问，对于椭圆 $\frac{x^2}{169}+\frac{y^2}{144}=1$，它的长半轴长为 $a=13$，短半轴长为 $b=12$，从而半焦距 $c=\sqrt{a^2-b^2}=5$，于是 $\frac{2}{3}=\frac{13-5}{12}=\frac{a-c}{b}$，从而得出假设。

例2：设椭圆 $\frac{x^2}{a^2}+\frac{y^2}{b^2}=1$（$a>b>0$）的焦距为 c，动点 $M(x,y)$ 到两焦点的距离之比为 $\frac{a-c}{b}$，求点 M 的轨迹方程。

解析：由已知点 M 的坐标为 (x,y)，椭圆的左焦点为 $(-c,0)$，右焦点为 $(c,0)$，于是依题意得

$$\frac{\sqrt{(x+c)^2+y^2}}{\sqrt{(x-c)^2+y^2}}=\frac{a-c}{b} \quad \text{或} \quad \frac{\sqrt{(x-c)^2+y^2}}{\sqrt{(x+c)^2+y^2}}=\frac{a-c}{b}.$$

化简得 $(x+a)^2+y^2=b^2$ 或 $(x-a)^2+y^2=b^2$.

从而我们的推论成立，得到如下一般的结论。

定理：到椭圆 $\frac{x^2}{a^2}+\frac{y^2}{b^2}=1$（$a>b>0$）两焦点的距离之比为 $\frac{a-c}{b}$（c 为半焦距）的动点 M 的轨迹是以椭圆的长轴的端点为圆心，短半轴长为半径的两个对称圆：$(x\pm a)^2+y^2=b^2$.

学会审美不仅可以陶冶情操，而且能够改善思维品质。通过形象思维进而增强理性思维能力的数学建模，学生对美的感受能够从感性走向理性，在解决

问题过程中，实现知识的有效建构。

数学教学要在美与数学的对称、美与数学的和谐等方面刻画审美，充分挖掘数学美中隐含的本质意义，帮助学生真正理解题意，分析问题，看他们能否区分题中的相关信息，学会对问题进行图解，并提出不同的假设，学会对问题进行分析思考，学会运用类比进行思考，形成对知识的新理解，提升学生的直观想象和数学抽象素养。

从数学学习、数学研究过程来看，我们经常使用上面研究问题的逻辑思考方法，如图 7 – 3 – 1 所示。

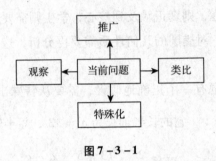

图 7 – 3 – 1

通过观察、类比、特殊化可以有力地促进学生的数学思考，使他们更有效地寻找自己感兴趣的问题，并从研究中获得研究方法的启示。这种潜移默化的逻辑结构熏陶是培养学生数学思维的载体。它可以提高学生的思维广阔度，可以引导学生提出更多的问题，并不断改进、推广，形成更有价值的结论，更深入地洞察知识的内在联系；是获得数学结论，探索数学性质，构建知识体系的重要方法。

解题中引导学生关注问题的结构特征以及解决过程，抽象出其中的意义关键点，从中概括出原理性知识，从而形成良好的知识结构。教学中，我们要将数学内容之间的内在联系，特别是蕴含在数学知识中的数学思想方法，启发和引导学生学会观察、特殊化、类比、推广、化归等数学思考的常用逻辑方法，将问题解决中的推理路线有逻辑地与相关的知识联系起来，实现知识与经验的整合提升，提高思维活动的系统逻辑性，从而使学生学会数学思考与推理，不断提高数学思维能力。

二、以跟进式问题解决促进学生思维能力提高

数学教学要关注理解的形成和发展，通过问题解决使学生获得解决某种类

型问题的图式，建构解决某类问题的原理性知识和观念性知识，形成对一些概念、规律和数学关系的理解。

例如，在"常用逻辑用语"一节中，有这样一道习题：在 $\triangle ABC$ 中，若 $\angle A > \angle B$，则 $\sin A > \sin B$。

解决问题的关键在于学生能充分利用三角形的边角关系，会利用大角对大边的原理性知识，由 $\angle A > \angle B$ 得出 $a > b$，然后再利用正弦定理 $\dfrac{a}{\sin A} = \dfrac{b}{\sin B} = \dfrac{c}{\sin C} = 2R$，于是可得到 $2R\sin A > 2R\sin B$，从而得出 $\sin A > \sin B$。

学生在解决这个问题时会经常出错，错误的原因在于学生未能激活它的背景知识（三角形或者三角形的边角关系），对问题情境的理解不准确，不能建立适当的数学表征。即使教师带领学生纠错后，学生在遇到这个问题时还是会出现同样的错误。究其原因，还是没有真正地领会原理性知识，学生对问题中蕴含的新的关系和规律没有理解到位。因此，教学必须丰富学生的知识领域，通过跟进式问题，进一步让学生主动地生成新的知识联系，让学生更深入地理解问题中蕴含的深层关系，促使他们建构更深层次的理解。

于是我们可以设计一个跟进式问题。

问题：在 $\triangle ABC$ 中，$\angle A$，$\angle B$，$\angle C$ 的对应边分别为 a，b，c，条件 $p: a \leqslant \dfrac{b+c}{2}$，结论 $q: A \leqslant \dfrac{B+C}{2}$，那么条件 p 是结论 q 成立的充分条件吗？

解法 1：由条件 $p: a \leqslant \dfrac{b+c}{2}$，得 $2a \leqslant b + c$。

于是结合正弦定理 $\dfrac{a}{\sin A} = \dfrac{b}{\sin B} = \dfrac{c}{\sin C} = 2R$，得 $2\sin A \leqslant \sin B + \sin C$。

利用和差化积公式，得 $2\sin A \leqslant 2\sin\dfrac{B+C}{2}\cos\dfrac{B-C}{2}$。

又 $B + C = \pi - A$，所以 $4\sin\dfrac{A}{2}\cos\dfrac{A}{2} \leqslant 2\sin\dfrac{\pi-A}{2}\cos\dfrac{B-C}{2}$。

即 $4\sin\dfrac{A}{2}\cos\dfrac{A}{2} \leqslant 2\cos\dfrac{A}{2}\cos\dfrac{B-C}{2}$ ①

又由于 $0 < A < \pi$，$-\dfrac{\pi}{2} < \dfrac{B-C}{2} < \dfrac{\pi}{2}$。

所以 $\cos\dfrac{A}{2} > 0$，$0 < \cos\dfrac{B-C}{2} \leqslant 1$。

于是代入①得，$2\sin\dfrac{A}{2} \leqslant 1$.

所以 $\sin\dfrac{A}{2} \leqslant \dfrac{1}{2}$.

从而得到 $0 < A \leqslant \dfrac{\pi}{3}$，于是可以得出 $q: A \leqslant \dfrac{B+C}{2}$.

所以条件 p 是结论 q 成立的充分条件。

跟进式问题要把学生引导到对问题中的基本关系的理解和解决问题的理念性知识上，从解题中概括出原理性知识与观念性经验。为了使新知识与旧知识经验能够有序地进行相互作用，跟进式问题解决活动的系统逻辑性很重要，问题设计要有明确的目标，要把学生引导到对这类问题的基本关系的理解上，进行聚焦性地学习研究，生成对这一类问题的深层次理解。

事实上，上面的问题还有以下解法。

解法 2: 由条件 $p: a \leqslant \dfrac{b+c}{2}$，得 $2a \leqslant b+c$.

于是由余弦定理，得 $\cos A = \dfrac{b^2 + c^2 - a^2}{2bc} \geqslant \dfrac{4b^2 + 4c^2 - (b+c)^2}{8bc}$，

即 $\cos A \geqslant \dfrac{3b^2 + 3c^2 - 2bc}{8bc}$，

又 $b^2 + c^2 \geqslant 2bc$.

$\therefore \cos A \geqslant \dfrac{1}{2}$.

而 $0 < A < \pi$，所以 $0 < A \leqslant \dfrac{\pi}{3}$.

从而可以得出 $q: A \leqslant \dfrac{B+C}{2}$.

所以条件 p 是结论 q 成立的充分条件。

跟进式问题解决过程的核心是学生对问题涉及的技能的识记和回忆。设计跟进式问题就是要围绕学生对解决问题的程序性理解并所形成的观念性知识进行，需要把问题背后的观念性知识整合到学习中，让学生充分建构这类知识，生成真正的、多角度和方向的想法，并验证和改进这些观念，形成有联系的理解，不断提高数学思维能力。

跟进式问题解决正是"深度教学"的基本过程。

关于跟进式问题的教学设计，可以与数学核心素养的相关主题相结合，针对不同的要求展开。由于我们的研究还不够深入，还有许多课题值得研究，例如，它与变式教学有什么不同，学生直观想象能力如何利用跟进式问题解决加以提高等。

第四节　如何提高数学思维能力

一、通过类化引领学生体悟提高数学思维能力

数学是研究数量关系和空间形式的一门科学。这不仅仅是关于数学的科学概念，也是数学学习的方法论，其中蕴含着数学学习、数学思考、数学解题的方法。

例如，在"基本不等式"的教学中，有下面的问题。

问题：已知 x，y 是正数，且 $\dfrac{1}{x} + \dfrac{2}{y} = 1$，求 $x + y + xy$ 的最小值。

我们从数量关系考虑，采用换元法，可以得到以下解法。

解法1：由于 x，y 是正数，$\dfrac{1}{x} + \dfrac{2}{y} = 1$，于是我们可以利用换元法，

令 $x = \dfrac{1}{\cos^2 \alpha}$，$y = \dfrac{2}{\sin^2 \alpha}$，

于是 $x + y + xy = \dfrac{1}{\cos^2 \alpha} + \dfrac{2}{\sin^2 \alpha} + \dfrac{2}{\sin^2 \alpha \cos^2 \alpha}$

$$= \frac{3\sin^2 \alpha + 4\cos^2 \alpha}{\sin^2 \alpha \cos^2 \alpha}$$

$$= \frac{3}{\cos^2 \alpha} + \frac{4}{\sin^2 \alpha}$$

$$= \frac{3\sin^2 \alpha + 3\cos^2 \alpha}{\cos^2 \alpha} + \frac{4\sin^2 \alpha + 4\cos^2 \alpha}{\sin^2 \alpha}$$

$$= 7 + \frac{3\sin^2 \alpha}{\cos^2 \alpha} + \frac{4\cos^2 \alpha}{\sin^2 \alpha}$$

$$\geqslant 7 + 2\sqrt{\frac{3\sin^2 \alpha}{\cos^2 \alpha} \cdot \frac{4\cos^2 \alpha}{\sin^2 \alpha}} = 7 + 4\sqrt{3}$$

当且仅当 $\dfrac{3\sin^2\alpha}{\cos^2\alpha} = \dfrac{4\cos^2\alpha}{\sin^2\alpha}$ 时，上式取等号。

即 $x = 1 + \dfrac{2\sqrt{3}}{3}$，$y = 2 + \sqrt{3}$ 时，上式取等号。

所以 $x + y + xy$ 的最小值为 $7 + 4\sqrt{3}$.

如果引导学生观察和分析，从数学符号的表征形式来研究，我们可以先对已知条件式进行变形，从而发现所要求得的结论与已知条件的联系，于是有以下解法。

解法 2：由于 x，y 是正数，$\dfrac{1}{x} + \dfrac{2}{y} = 1$，

对已知条件式变形，得 $xy = 2x + y$.

于是 $x + y + xy = x + y + 2x + y = 3x + 2y$

$$= (3x + 2y) \cdot \left(\dfrac{1}{x} + \dfrac{2}{y} \right)$$

$$= 3 + 4 + \dfrac{2y}{x} + \dfrac{6x}{y}$$

$$\geqslant 7 + 2\sqrt{\dfrac{2y}{x} \cdot \dfrac{6x}{y}} = 7 + 4\sqrt{3}.$$

当且仅当 $\dfrac{2y}{x} = \dfrac{6x}{y}$，即 $y = \sqrt{3}x$ 时，上式取等号。

所以当 $x = 1 + \dfrac{2\sqrt{3}}{3}$，$y = 2 + \sqrt{3}$ 时，$x + y + xy$ 有最小值为 $7 + 4\sqrt{3}$.

关于代数变形，学生中也有以下方法：由 $\dfrac{1}{x} + \dfrac{2}{y} = 1$，得

$$x + y + xy = x + y + xy \cdot \left(\dfrac{1}{x} + \dfrac{2}{y} \right) = x + y + y + 2x = 3x + 2y.$$

只要我们的教学多在方法上加以引导，学生的创造意识就可以得以生长，一种学习情境中习得的知识、技能、理解，对其他情境中的学习如何产生影响，也是教学中需要考虑的问题，为迁移而教十分重要。

类化在数学教学中非常重要。类化就是指个体经验间的一种关系。它又叫作规律、法则或规则，是对关系的理解或陈述，即某一方面经验的获得有助于在其他方面的思维和行动。

心理学家贾德说过："仅仅获得个别知识点并不能够保证知识的有效性。只

有建立了知识之间的联系，对某个知识点能够给予阐明和解释的时候，知识才具有更大的价值。"

我们的教学应该要意识到概括共同原理的价值。正是基于这种教学逻辑，我们可以提问学生：在高中数学学习中，求最大值、最小值有哪些方法？学生一定能回答利用函数的图像来求最值。于是我们可以有目的地开展解题探究活动。

解法3：已知 $\frac{1}{x} + \frac{2}{y} = 1$（$x, y > 0$），求函数 $f(x,y) = x + y + xy$ 的最小值。

由已知，得 $y = \frac{2x}{x-1}$ 且 $x \in (1, +\infty)$

于是 $x + y + xy = x + \frac{2x}{x-1} + \frac{2x^2}{x-1} = \frac{3x^2 + x}{x-1}$

构造函数 $\varphi(x) = \frac{3x^2 + x}{x-1}$，$x \in (1, +\infty)$

由 $\varphi'(x) = \frac{3x^2 - 6x - 1}{(x-1)^2} = 0$，得 $x = 1 - \frac{2\sqrt{3}}{3}$（舍去）或 $x = 1 + \frac{2\sqrt{3}}{3}$.

∴ 当 $x \in \left(1, 1 + \frac{2\sqrt{3}}{3}\right)$ 时，$\varphi'(x) < 0$；当 $x \in \left(1 + \frac{2\sqrt{3}}{3}, +\infty\right)$ 时，$\varphi'(x) > 0$.

因此，函数 $\varphi(x)$ 在 $\left(1, 1 + \frac{2\sqrt{3}}{3}\right)$ 上单调递减，在 $\left(1 + \frac{2\sqrt{3}}{3}, +\infty\right)$ 上单调递增。

所以当 $x = 1 + \frac{2\sqrt{3}}{3}$ 时，$\varphi(x) = \frac{3x^2 + x}{x-1}$ 取得最小值 $7 + 4\sqrt{3}$.

即当 $x = 1 + \frac{2\sqrt{3}}{3}$，$y = 2 + \sqrt{3}$ 时，$x + y + xy$ 有最小值为 $7 + 4\sqrt{3}$.

知识是可以传授的，我们在组织教学的时候，要引导学生注意知识与经验之间的广泛联系；在活动中培养学生解题能力，在活动中引导学生加深对数学知识本质的理解；要有效避免教学的局限和迁移的匮乏；教学要以发展学生的能力为目标，不断引发学生的思维递进，发展学生的思维能力。

二、借助几何直观带领学生认真感悟数学，探索解决问题的思路

教学必须在学生的原有认知结构中找到知识的生长点，进而促进新知识的

生长和构建。而几何教学能够更好地帮助学生建立数学联系。几何教学也是帮助学生建立良好思维习惯的最佳工具。它借助非形式知识来学习数学，可以更好地促进学生的逻辑思维能力的发展，提高学生数学思考方法的水平和能力。

例如，在"解三角形"一节中，有下面的问题：研究一下，是否存在一个三角形具有以下性质。

（1）三边是连续的三个自然数；

（2）最大角是最小角的 2 倍。

解决这个问题的关键在于学生要学会使用几何模型来表示和解释数量及代数关系；通过分析图形，归纳推理关系进而展开演绎推理，如图 7 - 4 - 1 所示。

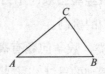

图 7 - 4 - 1

实际解题中，许多学生根据题意，设三角形的三边长分别为 $n - 1$, n , $n + 1$, 三个内角分别为 α , 2α , $\pi - 3\alpha$, 但此后却无从下手了。究其原因，还在于模型的识别上。

师：最大的角是哪一个？与它对应的边是哪一条？

生：$n - 1$ 的对角是 α , $n + 1$ 的对角是 2α.

在这样的提示下，学生很容易得出以下数量关系：$\dfrac{n - 1}{\sin\alpha} = \dfrac{n + 1}{\sin2\alpha} = \dfrac{n}{\sin3\alpha}$.

进一步变形，得 $\cos\alpha = \dfrac{n + 1}{2n - 2}$.

此后同学们的解答又停止不前。此时，教师适当加以提示"是否存在一个三角形具有以下两个性质"，问题的解决到什么程度才算解决呢？

生：就是要找到这样的三角形，把它的边求出来，把它的三个内角也求出来。

师：是的，也就是要求出 n 和 α 来，结合方程的思想，那该如何处理呢？

于是学生先利用余弦定理，得到 $\cos\alpha = \dfrac{n^2 + (n + 1)^2 - (n - 1)^2}{2n(n + 1)} = \dfrac{n^2 + 4n}{2n^2 + 2n}$.

从而，得到 $\dfrac{n+1}{2n-2} = \dfrac{n^2+4n}{2n^2+2n}$，于是 $n = 5$．

分析解题过程中学生遇到的困难，主要在于几何直观不到位。这也启示教师，在数学教学中，要借助几何直观带领学生学习数学。几何直观可以把复杂的数学问题变得简明、形象，有助于帮助学生探索解决问题的思路。

三、通过问题解决促进思维和知识建构

问题解决和知识建构是两种认知活动。问题解决活动需要学生运用原有的知识经验，将当前的问题情境同化到已有的经验结构中；同时对原有的知识做一定的调整改变，即原有的知识经验会顺应于当前的问题情境。问题解决活动中的同化和顺应是知识经验建构的机制。

参照布卢姆的教育目标分类，数学问题有高水平问题和低水平问题之分。高水平问题要求学生进行更为精细的思维，需要对知识更好地进行推理。

例如，在"三角恒等变换"的教学中，我们有以下问题。

问题： 如图 7-4-2 所示，在平面直角坐标系 xOy 中，以 Ox 轴为始边做两个锐角 α，β，它们的终边分别与单位圆相交于 A，B 两点，已知 A，B 的横坐标分别为 $\dfrac{\sqrt{2}}{10}$，$\dfrac{2\sqrt{5}}{5}$．

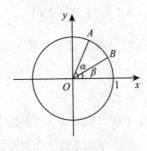

图 7-4-2

(1) 求 $\tan(\alpha+\beta)$ 的值；

(2) 求 $\alpha+2\beta$ 的值。

解析： 由条件得 $\cos\alpha = \dfrac{\sqrt{2}}{10}$，$\cos\beta = \dfrac{2\sqrt{5}}{5}$．

因为 α，β 为锐角，所以 $\sin\alpha = \sqrt{1-\cos^2\alpha} = \dfrac{7\sqrt{2}}{10}$，

同理可得 $\sin\beta = \dfrac{\sqrt{5}}{5}$.

所以 $\tan\alpha = 7$，$\tan\beta = \dfrac{1}{2}$.

（1）$\tan(\alpha + \beta) = \dfrac{\tan\alpha + \tan\beta}{1 - \tan\alpha\tan\beta} = -3$.

（2）因为 $\tan(\alpha + 2\beta) = \tan[(\alpha + \beta) + \beta] = \dfrac{\tan(\alpha + \beta) + \tan\beta}{1 - \tan(\alpha + \beta)\tan\beta} = -1$.

因为 α，β 为锐角，所以 $0 < \alpha + 2\beta < \dfrac{3\pi}{2}$，

所以 $\alpha + 2\beta = \dfrac{3\pi}{4}$.

教学中，我们为了检查学生对这个问题解决的理解，提出了以下问题。

问题1：欲求 $\alpha + 2\beta$ 的值，就要先求 $\alpha + 2\beta$ 的一个三角函数值。为什么会选择求 $\tan(\alpha + 2\beta)$ 的值？如果选择求 $\sin(\alpha + 2\beta)$ 的值，$\cos(\alpha + 2\beta)$ 的值会如何？

这个问题一提出来，就引发了学生的思考、分析和探究活动。

生1：$\sin(\alpha + 2\beta) = \sin\alpha\cos2\beta + \cos\alpha\sin2\beta$

$\qquad = \sin\alpha(1 - 2\sin^2\beta) + 2\cos\alpha\sin\beta\cos\beta$

$\qquad = \dfrac{7\sqrt{2}}{10} \times \dfrac{3}{5} + 2 \times \dfrac{\sqrt{2}}{10} \times \dfrac{\sqrt{5}}{5} \times \dfrac{2\sqrt{5}}{5} = \dfrac{\sqrt{2}}{2}$.

生2：$\cos(\alpha + 2\beta) = \cos\alpha\cos2\beta - \sin\alpha\sin2\beta$

$\qquad = \cos\alpha(1 - 2\sin^2\beta) - 2\sin\alpha\sin\beta\cos\beta$

$\qquad = \dfrac{\sqrt{2}}{10} \times \dfrac{3}{5} - 2 \times \dfrac{7\sqrt{2}}{10} \times \dfrac{\sqrt{5}}{5} \times \dfrac{2\sqrt{5}}{5} = -\dfrac{\sqrt{2}}{2}$.

问题2：我们求出了 $\sin(\alpha + 2\beta) = \dfrac{\sqrt{2}}{2}$，是不是就可以确定 $\alpha + 2\beta$ 的值呢？

生3：由于 $\sin(\alpha + 2\beta) = \dfrac{\sqrt{2}}{2}$，又因为 α，β 为锐角，所以 $0 < \alpha + 2\beta < \dfrac{3\pi}{2}$.

于是 $\alpha + 2\beta = \dfrac{\pi}{4}$ 或 $\alpha + 2\beta = \dfrac{3\pi}{4}$.

问题3：这个解决问题的过程看上去没有什么问题，但结果为什么与前面不一致，这是为什么？

生4：如果由 $\cos(\alpha + 2\beta) = -\dfrac{\sqrt{2}}{2}$，又因为 α，β 为锐角，所以 $0 < \alpha + 2\beta < \dfrac{3\pi}{2}$.

于是 $\alpha + 2\beta = \dfrac{3\pi}{4}$ 或 $\alpha + 2\beta = \dfrac{5\pi}{4}$，它的结果也多了一种情况。

正是因为这样两种不同结果的出现，从而引起学生的讨论。他们进一步分析当前问题的结果，对问题中所蕴含的关系和规律有了进一步地理解，于是形成了以下两种解决方案。

生5：由于 $\sin(\alpha + 2\beta) = \dfrac{\sqrt{2}}{2}$，$\cos(\alpha + 2\beta) = -\dfrac{\sqrt{2}}{2}$，

又因为 α，β 为锐角，所以 $0 < \alpha + 2\beta < \dfrac{3\pi}{2}$.

于是 $\alpha + 2\beta = \dfrac{3\pi}{4}$.

生6：我们可以从角的范围来考虑，将 $\angle \alpha$，$\angle \beta$ 的范围再缩小些.

由于 $\cos\alpha = \dfrac{\sqrt{2}}{10} \in \left(0, \dfrac{1}{2}\right)$，且 α 为锐角，所以 $\dfrac{\pi}{3} < \alpha < \dfrac{\pi}{2}$.

又 $\cos\beta = \dfrac{2\sqrt{5}}{5} \in \left(\dfrac{\sqrt{2}}{2}, 1\right)$，且 β 为锐角，所以 $0 < \beta < \dfrac{\pi}{4}$.

所以 $\dfrac{\pi}{3} < \alpha + 2\beta < \pi$.

这时无论由 $\sin(\alpha + 2\beta) = \dfrac{\sqrt{2}}{2}$ 还是 $\cos(\alpha + 2\beta) = -\dfrac{\sqrt{2}}{2}$，均可以得到 $\alpha + 2\beta = \dfrac{3\pi}{4}$.

从这个问题的解决过程中，学生可以形成更完善地解决问题的知识图式，建构起对三角函数求角的规律和关系的更深刻理解和洞悉。本题通过追问促进了学生对问题的深入思考，提出不同的假设而使学生对问题做了重新的思考，从而促进学生对问题的更进一步理解。

用于深化理解的问题需要学生深入思考，做必要的变通。如何提出这样的问题，是需要教师在教学中围绕学生探究的内容设计出一个核心问题，并若干个后续深化性问题。深化性问题需要学生进行知识综合和灵活变通。

以问题推进教学不需要打乱学科的基本结构，它可以基于各个基本的知识来设计探索的核心问题。

参考文献

［1］喻平．数学教育心理学［M］．南宁：广西教育出版社，2008．

［2］［美］Patricia Wolfe．脑的功能——将研究结果应用于课堂实践［M］．北京师范大学"认知神经科学与学习"国家重点实验室脑科学与教育应用研究中心译．北京：中国轻工业出版社，2005．

［3］［美］比格等著．写给教师的学习心理学［M］．徐蕴等译．北京：中国轻工业出版社，2005．

［4］中华人民共和国教育部．高中数学课程标准［S］．北京：人民教育出版社，2018．

［5］张建伟，孙燕青．建构性学习——学习科学的整合性探索［M］．上海：上海教育出版社，2005．

［6］沈子兴．基于核心素养培育的数学教学设计［M］．上海：华东师范大学出版社，2020．

8

第八章

数学解题与数学解题教学的理解与方法

数学离不开解题，解题教学是数学教学的核心内容。数学解题的好与坏，数学解题的快与慢，很大程度上取决于学生对数学概念的本质属性的理解是否准确；取决于学生对数学方法和数学思想的理解是否到位。本章我们从数学解题的一般策略、数学解题策略的理解、知识意义的增值、模式结构的构建与改造四个方面展开论述，了解教师对知识的理解与如何对学生的数学解题展开训练，获得有效的数学解题方法，从而为提高数学解题能力提供方法论。

第一节　数学解题的一般策略

一、波利亚的《怎样解题》与解题表

《怎样解题》是美国著名的数学家和数学教育家乔治·波利亚的著作。在罗增儒教授的《数学解题学引论》中指出："每个大学生，每个学者，每个数学教师都应该读这本引人入胜的书。"

在《怎样解题》一书中，波利亚给出了一个解题表。

1. 理解题目

你必须弄清问题。

① 未知量是什么？已知数据是什么？条件是什么？条件有可能满足吗？条件是否足以确定未知量？或者它不够充分？或者多余？或者矛盾？

② 画一张图，引入适当的符号。

③ 把条件的不同部分分开，你能把它们写下来吗？

2. 拟定方案

找出已知数据与未知量之间的联系。如果找不到直接的联系，你也许不得不考虑辅助题目。最终你应该得出一个解题方案。

① 你以前见过它吗？或者你见过同样的题目以一种稍有不同的形式出现吗？

② 你知道一道与它有关的题目吗？你知道一条可能有用的定理吗？

③ 观察未知量！并尽量想出一道你所熟悉的具有相同或相似未知量的题目。

④ 这里有一道题目和你的题目有关而且以前解过．你能利用它吗？你能利用它的结果吗？你能利用它的方法吗？为了有可能应用它，你是否应该引入某

个辅助元素？

⑤ 你能重新叙述这道题目吗？你还能以不同的方式叙述它吗？

⑥ 回到定义上去。

⑦ 如果你不能解所提的题目，先尝试去解某道有关的题目。

3. 执行方案

执行你的方案。执行你的解题方案，检查每一个步骤。你能清楚地看出这个步骤是正确的吗？你能否证明它是正确的？

4. 回顾

检查已经得到的解答。

① 你能检验这个结果吗？你能检验这个论证吗？你能以不同的方式推导这个结果吗？你能一眼就看出它来吗？

② 你能在别的什么题目中利用这个结果或这种方法用于其他的问题吗？

波利亚认为，上面的解题表有两个特点：普遍性与常识性。

表中所提问题与建议的重要特点之一是普遍性。例如，未知量是什么？已知数据是什么？条件是什么？这些问题都是一个数学题中普遍适用的。在所有的解题、审题、读题中，提出上面的这些问题都会取得好的效果。所提的这些问题都是有意义的，有助于帮助学生解题。

表中的建议是简单的、自然的，来自常识。例如，观察未知量！并尽量想出一道你所熟悉的具有相同或相似未知量的题目。

二、实践波利亚的解题表解题举例

例：若双曲线 $C : x^2 - \dfrac{y^2}{4} = 1$ 上存在关于直线 $l : y = kx + 2$ 对称的两个点 A 和 B ，求线段 AB 的中点的轨迹方程，并说明轨迹是什么图形。

分析与讲解：第一，必须理解题目，弄清问题。

(1) 这是一个什么问题？

这是一个解析几何题，一个直线与曲线相交的问题。

(2) 已知条件有哪些？

双曲线 $C : x^2 - \dfrac{y^2}{4} = 1$ 上存在关于直线 $l : y = kx + 2$ 对称的两个点 A , B .

(3) 画一张图，你如何分析直线与双曲线的位置关系？

很明显，当 $k = 0$ 时，双曲线 $x^2 - \dfrac{y^2}{4} = 1$ 上不存在关于直线 $l : y = kx + 2$ 对称的两点。

因此，直线 $l : y = kx + 2$ 中未知量 k 是有限制要求的。

（4）题目要求的是什么？

A，B 两点的中点的轨迹是什么？它的方程是什么？

第二，拟定解题方案。

（5）由上面的分析，A，B 两点关于直线 $l : y = kx + 2$ 对称，结合图形，你见过这种问题吗？这种问题应该从哪里入手呢？

这个问题其实就是直线 AB 与直线 $l : y = kx + 2$ 垂直，A，B 的中点在直线 l 上。

第三，实现你的解题方案。

解析： ①当 $k = 0$ 时，双曲线 C 上不存在关于直线 $l : y = kx + 2$ 对称的两点 A，B.

②当 $k \neq 0$ 时，设直线 AB 的方程为 $y = -\dfrac{1}{k}x + m$，且 $A(x_1，y_1)$，$B(x_2，y_2)$.

由 $\begin{cases} x^2 - \dfrac{y^2}{4} = 1 \\ y = -\dfrac{1}{k}x + m \end{cases}$，得 $(4k^2 - 1)x^2 + 2mkx - k^2(m^2 + 4) = 0$

于是 $\begin{cases} \Delta = k^2m^2 + 4k^2 - 1 > 0 \\ x_1 + x_2 = \dfrac{2mk}{1 - 4k^2} \\ x_1 x_2 = \dfrac{k^2(m^2 + 4)}{1 - 4k^2} \end{cases}$

由 $\Delta = k^2m^2 + 4k^2 - 1 > 0$，得 $m^2 > \dfrac{1}{k^2} - 4$ ①

设线段 AB 的中点 M 的坐标为 $(x，y)$，于是

$\begin{cases} x = \dfrac{x_1 + x_2}{2} = \dfrac{mk}{1 - 4k^2} \\ y = -\dfrac{4k^2 m}{1 - 4k^2} \end{cases}$ ②

又因为点 $M(x , y)$ 在直线 $l : y = kx + 2$ 上

$$\therefore -\frac{4k^2 m}{1 - 4k^2} = \frac{k^2 m}{1 - 4k^2} + 2$$

$$\therefore m = -\frac{2(1 - 4k^2)}{5k^2} \tag{③}$$

由①③得 $(1 - 4k^2)(4 - 41k^2) > 0$

$$\therefore k < -\frac{1}{2} , \text{或} -\frac{2\sqrt{41}}{41} < k < 0 , \text{或} 0 < k < \frac{2\sqrt{41}}{41} , \text{或} k > \frac{1}{2}$$

由②③得 $x = -\frac{2}{5k} , y = \frac{8}{5}$

从而 $x < -\frac{\sqrt{41}}{5} , \text{或} -\frac{4}{5} < x < 0 , \text{或} 0 < x < \frac{4}{5} , \text{或} x > \frac{\sqrt{41}}{5}$

于是所求线段 AB 的中点 M 的轨迹方程是

$$y = \frac{8}{5} \left(x < -\frac{\sqrt{41}}{5} , \text{或} -\frac{4}{5} < x < 0 , \text{或} 0 < x < \frac{4}{5} , \text{或} x > \frac{\sqrt{41}}{5} \right)$$

其轨迹是射线 $y = \frac{8}{5} \left(x < -\frac{\sqrt{41}}{5} , x > \frac{\sqrt{41}}{5} \right)$ 和线段 $y = \frac{8}{5} \left(-\frac{4}{5} < x < 0, 0 < x < \frac{4}{5} \right)$.

第四，解题回顾。

(6) 能不能把这个结果或方法用于其他的问题？可不可以总结出一般的解题规律来？在上面的解题中，最关键的步骤在哪里？

最关键的在于直线 AB 的方程为 $y = -\frac{1}{k}x + m$ 与双曲线 $x^2 - \frac{y^2}{4} = 1$ 相交，其中点的应用以及位置关系的判别式 Δ 的应用。

推广结论 1：若直线 $\frac{x_0 x}{a^2} - \frac{y_0 y}{b^2} = 1$ 与双曲线 $\frac{x^2}{a^2} - \frac{y^2}{b^2} = 1(a > 0 , b > 0)$ 相

交于 A , B 两点，则线段 AB 的中点 M 的坐标为 $\left(\dfrac{x_0}{\frac{x_0^2}{a^2} - \frac{y_0^2}{b^2}} , \dfrac{y_0}{\frac{x_0^2}{a^2} - \frac{y_0^2}{b^2}} \right)$.

推广结论 2：若直线 $\frac{x_0 x}{a^2} - \frac{y_0 y}{b^2} = 1$ 与双曲线 $\frac{x^2}{a^2} - \frac{y^2}{b^2} = 1(a > 0 , b > 0)$ 相

交于 A , B 两点，则点 $P(x_0 , y_0)$ 不在双曲线上，且满足 $\frac{x_0^2}{a^2} - \frac{y_0^2}{b^2} < 1$.

第五，利用推广结论，解决更多的问题。

在你找到解决问题的方法后，要再回顾四周，总是可以发现更多、更好的问题，因为问题就像蘑菇，它们总是成堆生长的。

练习题：已知双曲线方程为 $x^2 - y^2 = 4$，过点 $P(3, \sqrt{7})$ 的直线与该双曲线交于 A，B 两点，求线段 AB 的中点 M 的轨迹方程。

答案：$x^2 - 3x = y^2 - \sqrt{7}y$（$x < 6 - \sqrt{14}$ 或 $x > 6 + \sqrt{14}$）.

（说明：这个案例"美学原则下双曲线的几个定理及应用"发表在《数学通讯》2006 年 5 月第 10 期）

第二节　数学解题策略的理解

一、数学原理性知识与数学解题

喻平教授在《数学教育心理学》中介绍了认知心理学家对问题解决过程的观点。认知心理学家将问题解决过程看做对问题空间的搜索过程。学生在解题过程中，要利用各种算子改变问题的起始状态，经过各种中间状态，逐步达到目标状态，从而解决问题。

数学教学应当在丰富学生算子上着力，尤其在概念、命题学习的基础上，应用数学知识去解题时，更应该帮助学生回忆、找到一个适合问题情境的规则，从而帮助学生学习、学会新的知识，并引起新的思维行动，形成新的算子。这其中，奥苏伯尔与格拉斯问题解决的认知模式给我们以启发，一种是学生在已知条件和解题目标之间，利用有关背景命题，根据一定的推理规则进行解题；另一种是对问题形成表征，制订一个解题计划，从长时记忆中搜索信息重构表征，进而解决问题。

教师的一个主要任务就是把知识转化为适合学生发展水平的材料。对于所学材料的最佳呈现顺序，以何种形式融会到学生当前的知识表征中去，就成为教师教学工作的重点。

问题解决和知识建构是两种认知活动。问题解决可能导致知识的建构和增长，它需要学生运用原有的知识经验，将当前的情境同化到已有的经验结构中，也就是同化。同时，原有知识也会在新的问题的影响下做出一定的调整，即原有的知识经验会顺应于新的问题情境，而这两点恰恰是知识建构的机制。

例如，在数学"导数在研究函数中的应用"一节中，我们利用两课时进行同样问题的不同解法教学。

例 1：已知函数 $f(x) = \ln x + 1 - 2ax$ 有两个零点，求实数 a 的取值范围。

分析 1：由已知得，函数 $f(x)$ 的图像与 x 轴有两个不同的交点，求实数 a 的取值范围。从而问题转化为研究函数 $f(x)$ 的图像，这样就与导数的应用最直接地联系上，很快进入学生当前的知识结构中。于是学生顺利地进入解决问题的情境中。

由于函数 $f(x)$ 的定义域为 $(0, +\infty)$，且 $f'(x) = \dfrac{1}{x} - 2a$，

① 当 $a \leqslant 0$ 时，$f'(x) > 0$，函数 $f(x)$ 在 $(0, +\infty)$ 上单调递增，所以函数 $f(x)$ 至多有一个零点，所以 $a \leqslant 0$ 不合题意；

② 当 $a > 0$ 时，由 $f'(x) = 0$，得 $x = \dfrac{1}{2a}$．

当 $x \in \left(0, \dfrac{1}{2a}\right)$ 时，$f'(x) > 0$，函数 $f(x)$ 在 $\left(0, \dfrac{1}{2a}\right)$ 上单调递增。

当 $x \in \left(\dfrac{1}{2a}, +\infty\right)$ 时，$f'(x) < 0$，函数 $f(x)$ 在 $\left(\dfrac{1}{2a}, +\infty\right)$ 上单调递减。

所以，要使得函数 $f(x)$ 的图像与 x 轴有两个不同的交点，则 $f\left(\dfrac{1}{2a}\right) > 0$，

即 $\ln \dfrac{1}{2a} > 0$，所以 $0 < a < \dfrac{1}{2}$．

分析 2：概念的获得、问题的解决、技能的掌握是学生学习数学，获得知识的几种模式。教学的任务就是把知识转化为学生能够理解的结构，并利用已有知识解决问题。而解决本题除了利用近因效应，强化学生当前所学，利用导数研究函数图像以外，也要在发展学生思维上进一步展开，结合学生已有的知识图式，将解题教学扩展，使学生将知识结构网络联结得更加广泛。

我们将问题进行变形，由已知函数 $f(x) = \ln x + 1 - 2ax$ 有两个零点，也就是方程 $f(x) = 0$ 有两个实根，即方程 $\ln x + 1 - 2ax = 0$ 有两个大于 0 的实根；进一步，方程 $\ln x + 1 = 2ax$ 有两个大于 0 的实根，也就是方程 $2a = \dfrac{\ln x}{x} + \dfrac{1}{x}$ 在 $x \in (0, +\infty)$ 上有两个实根。即函数 $y = 2a$ 的图像与函数 $y = \dfrac{\ln x}{x} + \dfrac{1}{x}$ 的图像有两个不同的交点，求实数 a 的取值范围。

对于函数 $g(x) = \dfrac{\ln x}{x} + \dfrac{1}{x}$，$x \in (0, +\infty)$．

由于 $g'(x) = -\dfrac{\ln x}{x^2}$ ，于是有以下结论：

当 $x \in (0, 1)$ 时，$g'(x) > 0$ ，函数 $g(x)$ 在 $(0, 1)$ 上单调递增；

当 $x \in (1, +\infty)$ 时，$g'(x) < 0$ ，函数 $g(x)$ 在 $(1, +\infty)$ 上单调递减。

所以当 $x = 1$ 时，函数 $g(x)$ 取得最大值 $g(1) = 1$.

又由于 $x \to 0^+$ 时，$g(x) \to -\infty$ ；$x \to +\infty$ 时，$g(x) \to 0$.

所以，要使得函数 $f(x)$ 的图像与 x 轴有两个不同的交点，则 $0 < 2a < 1$ ，

所以 $0 < a < \dfrac{1}{2}$.

布鲁纳认为："个体不是机械地对特定刺激做出特定的反应，而是力图寻找隐藏在模式背后的原则或规则，以便将学到的东西迁移到新的问题中去。"由此可见，学生在学习知识的时候，总是会尽可能地把刚刚学到的知识与以往获得的心理框架联系起来。

数学问题解决就是学生在自己的长时记忆中提取解题图式用于新的问题情境的过程。解题的认知过程是学生对问题进行表征，对问题进行模式识别，然后将解题图式提取、迁移，进而达到目标状态的信息加工过程。

教学过程是将蕴含在文化中的大量知识变成我们头脑中规则规范的过程。教师的任务就是教授给学生学科的知识结构。因为"不可能把关于任何学科的所有知识都全部教完"，所以，一旦教学过程结束，学习必须能够在一定程度上概括出一套基本的原则、规则和思想。知识结构的价值大小取决于它简化信息、概括新问题、增强旧知识运用能力的大小。

二、采用逆向思维的解题策略

采用逆向分析的策略解决问题，也是一种非常常见的解题策略。它主要用来解决我们有些直接分析问题比较困难、分类极为复杂的问题。这时如果我们以事件发生的过程来分析，往往可以寻找到解题突破口，从而找到解题途径。下面的例题就是典型。

问题1：如图 8 - 2 - 1 所示，湖面上有 4 个相邻的小岛 A ，B ，C ，D，现要建 3 座桥梁，将这 4 个小岛连接起来，共有多少种不同的方案？

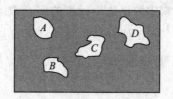

图 8 – 2 – 1

解析：我们知道，4 个小岛两两相连最多需要建 $C_4^2 = 6$ 座桥梁，现在只能留下 3 座桥梁，于是我们需要从 6 座桥梁中选 3 座桥梁，从而有 $C_6^3 = 20$ 种方法。但只连接 3 个小岛的 3 座桥梁这种方案不合题意，于是需要舍去其中只连接 3 个小岛的这些方案，只连接 3 个小岛的方案有 $C_4^3 = 4$ 种方案，从而建 3 座桥梁，将这 4 个小岛连接起来，共有 $C_6^3 - C_4^3 = 16$ 种不同的方案。

点评：这是一种非常典型的逆向分析解题策略。当我们直接解决问题比较困难时，我们可以从反面考虑，这样的教学和训练可以引导学生树立全面的学习观，深化学生对学习的认知。

问题 2：如图 8 – 2 – 2 所示，某地有南北街道 5 条，东西街道 6 条，一邮递员从该地东北角的邮局 A 出发，送信到西南角的 B 地，且途经 C 地，要求所走路程最短，共有多少种不同的走法？

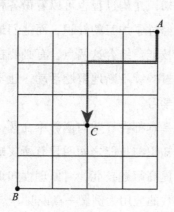

图 8 – 2 – 2

解析：要解决这个问题，我们按照事件的发生过程来进行，邮递员先从 A 地到 C 地，他会怎样走？我们不妨实际画两条路径，于是可以发现，不论邮递员采用何种方式，则从 A 地到 C 地一定要经过 5 条街道，其中东西走向的街道总是有 2 条。因此，问题就转化为所走的 5 条街道中哪 2 条为东西走向的问题，进而问题转化为从 5 个元素中取出 2 个元素的组合数问题，于是从 A 地到 C 地的路程最短的走法共有 $C_5^2 = 10$ 种方案。同理，从 C 地到 B 地的路程最短的走法共有 $C_4^2 = 6$ 种方案，于是根据分步计数乘法原理，所求最短路程的走法就有 $10 \times 6 = 60$ 种。

点评：本题也是一种典型的逆向分析，通过生活实际来理解数学学习，可以很好地把学生的已有生活经验结合到数学学习中来，让学生体会数学学习的方法，把知识建构作为教学的焦点，教学活动应该更多地在面对各种问题情境中进行知识的生成和问题解决的持续改进。

以上两个问题是排列组合教学中的经典问题，看不出一点排列组合的直接知识，教学与知识建构需要以学生原有的知识经验为基础来同化新的知识。学生获得知识的过程不应是将知识简单地从教师传递给学生，而应在原有知识经验上，通过问题解决而纳入新知识，进而生成对新信息与新知识的理解，从而加深对新知识的理解和原有知识的重组。

三、对原理性知识深入加工的解题策略

数学解题教学的目标之一就是对原理性知识进行深入加工，以促进学生的数学解题能力的提高；而知识建构过程也可以看做各种问题解决的过程。学生最可以习得的知识是他们经过了加工的知识，而他们最能习得的技能也是在他们完成任务时必须使用的技能。结合这两点，有必要在解题教学中引导学生对知识进行深加工。只有通过持续不断地解题活动，让学生的知识和技能得到应用，才能导致真正有效地学习。

每一年的高考压轴题基本都在导数与函数中命题，对于这样的问题，学生并不缺失原理性知识。但知识与技能之间明显有所欠缺的是技能，因此提高技能就成了关键因素。如何提高解题技能，对原理性知识深入加工就成了值得研究的课题。下面我们以导数的应用为例做一点说明。

问题 1：已知函数 $f(x) = a\ln x - \dfrac{be^x}{x}$，曲线 $y = f(x)$ 在点 $(1, f(1))$ 处的切线方程为 $2x - y - 2 - e = 0$.

（1）求 a，b 的值；

（2）证明函数 $f(x)$ 有唯一的极大值点 x_0，且 $f(x_0) < 2\ln 2 - 2$.

为了更好地解决这个问题，教师在教学中需要进行教学设计。教学设计在

解题教学中需要通过问题对原理性知识的应用做出解释性说明，通过解题进行说明是提高学生应用原理性知识的转化手段。知识的建构需要进行说明，才能将新的知识纳入到原有的认知结构中，从而生成知识网络，形成更好地联结。正是基于这一思想，我们在教学中先引入一个引例。

引例：（Jordon 不等式）已知 $x \in \left(0, \dfrac{\pi}{2}\right)$，证明 $\dfrac{\sin x}{x} > \dfrac{2}{\pi}$．

解析：我们构造函数 $f(x) = \dfrac{\sin x}{x}$，$x \in \left(0, \dfrac{\pi}{2}\right)$．于是问题转化为研究函数 $f(x)$ 的图像，对于如何研究函数的图像，我们不妨引导学生回顾一下所需要的原理性知识和步骤。然后开始进行解题，进入技能环节。

设 $f(x) = \dfrac{\sin x}{x}$，$x \in \left(0, \dfrac{\pi}{2}\right)$，

于是 $f'(x) = \dfrac{x\cos x - \sin x}{x^2}$，$x \in \left(0, \dfrac{\pi}{2}\right)$．

令 $f'(x) = \dfrac{x\cos x - \sin x}{x^2} = 0$，显然我们可以猜得其中一个解 $x = 0$，这一步很明显会使学生形成认知上的冲突。方程还有没有其他的解？这样的解题技巧有什么依据？正是因为这一冲突为我们的教学引入、知识的建构提供了机会，进而提出问题，这一步该如何进行呢？

提出问题：由于 $f'(x) = 0$，$f'(x) < 0$，$f'(x) > 0$ 不容易解出来，于是我们如何进一步才能确定 $f'(x) = 0$，$f'(x) < 0$，$f'(x) > 0$ 呢？

从而引导得出方法：那就是需要研究 $g(x) = x\cos x - \sin x$ 在 $x \in \left(0, \dfrac{\pi}{2}\right)$ 上的图像，于是再求导，进而引入连续求导的解题方法，从而点出课题。

证明：设 $f(x) = \dfrac{\sin x}{x}$，$x \in \left(0, \dfrac{\pi}{2}\right)$．

于是 $f'(x) = \dfrac{x\cos x - \sin x}{x^2}$，$x \in \left(0, \dfrac{\pi}{2}\right)$．

由于 $f'(x) = 0$，$f'(x) < 0$，$f'(x) > 0$ 不容易解出来，

于是我们再设 $g(x) = x\cos x - \sin x$，$x \in \left(0, \dfrac{\pi}{2}\right)$．

$\therefore g'(x) = -x\sin x$，$x \in \left(0, \dfrac{\pi}{2}\right)$．

于是当 $x \in \left(0, \dfrac{\pi}{2}\right)$ 时, $g'(x) < 0$.

$\Rightarrow g(x) = x\cos x - \sin x$ 在 $\left(0, \dfrac{\pi}{2}\right)$ 上单调递减,

$\Rightarrow x \in \left(0, \dfrac{\pi}{2}\right)$ 时, $g(x) < g(0) = 0$,

$\Rightarrow x \in \left(0, \dfrac{\pi}{2}\right)$ 时, $f'(x) < 0$.

$\Rightarrow f(x) = \dfrac{\sin x}{x}$ 在 $\left(0, \dfrac{\pi}{2}\right)$ 上单调递减,

$\Rightarrow f(x) > f\left(\dfrac{\pi}{2}\right) = \dfrac{2}{\pi}$,

所以 $x \in \left(0, \dfrac{\pi}{2}\right)$, $\dfrac{\sin x}{x} > \dfrac{2}{\pi}$.

点评: 有了以上引例就为我们展开问题 1 的教学架设了桥梁,也为我们进一步对导数在研究函数中的应用扫清了解题障碍,为提高学生的解题技能打下了坚实的理论基础。

对于问题 1,第(1)小题我们略过,答案为 $a = 2$, $b = 1$. 下面我们证明第(2)小题。

证明: 由(1)可知, $f(x) = 2\ln x - \dfrac{e^x}{x}$, $x \in (0, +\infty)$.

要研究 $f(x)$ 的极大值,我们先来研究函数 $f(x)$ 的图像,

由于 $f'(x) = \dfrac{2x - xe^x + e^x}{x^2}$, $x \in (0, +\infty)$.

显然 $f'(x) = 0$, $f'(x) < 0$, $f'(x) > 0$ 不容易解出来,

于是设 $\varphi(x) = 2x - xe^x + e^x$, $x \in (0, +\infty)$,我们研究 $\varphi(x)$ 的图像。

由于 $\varphi'(x) = 2 - xe^x$, $x \in (0, +\infty)$.

显然 $\varphi'(x) = 0$, $\varphi'(x) < 0$, $\varphi'(x) > 0$ 不容易解出来,

于是设 $\gamma(x) = 2 - xe^x$, $x \in (0, +\infty)$,我们研究 $\gamma(x)$ 的图像。

由于 $\gamma'(x) = -(x + 1)e^x$, $x \in (0, +\infty)$.

于是得出 $x \in (0, +\infty)$ 时, $\gamma'(x) = -(x + 1)e^x < 0$,

然后问题就可以一步一步再倒推回去,从而

$\Rightarrow \gamma(x) = 2 - xe^x$ 在 $(0, +\infty)$ 上单调递减,

由于 $\gamma(0) = 2 > 0$，$\gamma(1) = 2 - e < 0$.

所以在区间 $(0, 1)$ 上存在一个 x_1，使得 $\gamma(x_1) = 0$.

$\Rightarrow x \in (0, x_1)$ 时，$\gamma(x) > 0$；$x \in (x_1, +\infty)$，$\gamma(x) < 0$.

$\Rightarrow x \in (0, x_1)$ 时，$\varphi'(x) > 0$；$x \in (x_1, +\infty)$，$\varphi'(x) < 0$.

$\Rightarrow x \in (0, x_1)$ 时，$\varphi(x)$ 单调递增；$x \in (x_1, \infty)$，$\varphi(x)$ 单调递减。

又由于 $\varphi(0) = 1 > 0$，$\varphi(1) = 2 > 0$，$\varphi(2) = 4 - e^2 < 0$.

所以在区间 $(1, 2)$ 上存在一个 x_0，使得 $\varphi(x_0) = 0$.

$\Rightarrow x \in (0, x_0)$ 时，$\varphi(x) > 0$；$x \in (x_0, +\infty)$，$\varphi(x) < 0$.

$\Rightarrow x \in (0, x_0)$ 时，$f'(x) > 0$；$x \in (x_0, +\infty)$，$f'(x) < 0$.

$\Rightarrow x \in (0, x_0)$ 时，$f(x)$ 单调递增；$x \in (x_0, +\infty)$，$f(x)$ 单调递减。

所以函数 $f(x)$ 有唯一的极大值点 x_0，且 $f(x_0) = 2\ln x_0 - \dfrac{e^{x_0}}{x_0}$，$x_0 \in (1, 2)$.

又由于 $\varphi(x_0) = 0$，即 $2x_0 - x_0 e^{x_0} + e^{x_0} = 0$，也即 $e^{x_0} = \dfrac{2x_0}{x_0 - 1}$.

所以 $f(x_0) = 2\ln x_0 - \dfrac{2}{x_0 - 1}$，$x_0 \in (1, 2)$.

要证明 $f(x_0) < 2\ln 2 - 2$.

于是再研究 $h(x) = 2\ln x - \dfrac{2}{x - 1}$，$x \in (1, 2)$ 的图像。

当 $x \in (1, 2)$ 时，$h'(x) = \dfrac{2}{x} + \dfrac{2}{(x-1)^2} > 0$.

所以 $h(x) = 2\ln x - \dfrac{2}{x - 1}$ 在 $(1, 2)$ 上单调递增。

所以 $h(x) < h(2) = 2\ln 2 - 2$，即 $f(x_0) < 2\ln 2 - 2$，于是命题得证。

解题教学与解题表述之间的差异很明显。我们的教学究竟是为表达而教还是为理解而教，这是值得研究的一个问题。数学是一门形式科学，在形式与内容之间如何取舍，只有理解了内容才能更好地在形式上加以表达。所以解题教学还是应该已有内容，只有把教学的纯学术形态转化为学生易于接收的教育形态，才是教学的应有形态。

上述这种解释性解题教学更多地聚焦在较窄的主题上进行深入学习，非常有利于习得超越具体情境的原理性知识并形成高水平的解题技能。我们看到，解题过程中不但需要融入学生初中学过的已有的描点做函数图像的基本技能，更是融入了高中导数在研究函数图像中应用的知识，从而形成更为整合、更为融会贯通的知识结构。

解题教学就是对原理性知识的精深加工，通过不断解释原理将陈述性知识转化为程序性知识。解题技能的提高就是将陈述性知识转化为程序性知识的过程。在问题解决的时候，我们通过手段与目标的分析方法，结合研究函数图像的目标，经过一个一个小问题的不断解决，某个陈述性知识（求导数，研究导数的符号，进而研究函数的单调性，形成函数的图像）会反复出现，从而形成一套产生式规则，从而使陈述性知识程序化。它不断深化知识技能，加深了学生对知识的理解。

解题教学的目标之一是为了提高相应的解题技能的熟练化，同时发现问题中隐含的各种数学关系，帮助学生对原理性知识的深层理解。

问题 2：已知函数 $f(x) = ax^2 - ax - x\ln x$，且 $f(x) \geqslant 0$.

（1）求 a；

（2）证明函数 $f(x)$ 有唯一的极大值点 x_0，且 $e^{-2} < f(x_0) < \frac{1}{4}$.

解析：（1）$f(x)$ 的定义域为 $(0, +\infty)$.

设 $g(x) = ax - a - \ln x$，$f(x) \geqslant 0$，等价于 $g(x) \geqslant 0$.

由于 $g(1) = 0$，

又要求 $g(x) \geqslant 0$ 对 $x \in (0, +\infty)$ 恒成立。

所以 $x = 1$ 是函数 $g(x)$ 的极小值点。

所以 $g'(1) = 0$.

又由于 $g'(x) = a - \frac{1}{x}$，

所以 $g'(1) = a - 1$，从而 $a = 1$.

若 $a = 1$，则 $g'(x) = 1 - \frac{1}{x}$.

当 $0 < x < 1$ 时，$g'(x) < 0$，$g(x)$ 单调递减；

当 $x > 1$ 时，$g'(x) > 0$，$g(x)$ 单调递增。

所以 $x = 1$ 是函数 $g(x)$ 的极小值点，故 $g(x) \geqslant g(1) = 0$.

综上，$a = 1$.

事实上，如果不是对数学解题原理有着更深刻地理解，网状的知识结构建立不到位，本题的常规思路可能是这样的。

由已知函数 $f(x)$ 的定义域为 $(0, +\infty)$.

设 $g(x) = ax - a - \ln x$, $f(x) \geqslant 0$ 等价于 $g(x) \geqslant 0$.

下面我们来研究函数 $g(x)$ 的图像。

由于 $g'(x) = a - \dfrac{1}{x}$, $x \in (0, +\infty)$.

若 $a \leqslant 0$, 则 $g'(x) < 0$, $g(x)$ 在 $(0, +\infty)$ 单调递减。

由于 $g(0)$ 的值我们无法判断，进而我们可以取其他点来判断。显然 $g(1) = 0$, $g(2) = a - \ln 2 < 0$, 所以 $g(x) \geqslant 0$ 不成立，从而 $a \leqslant 0$ 不合题意。

若 $a > 0$, 则由 $g'(x) = 0$, 得 $x = \dfrac{1}{a}$.

当 $0 < x < \dfrac{1}{a}$ 时, $g'(x) < 0$, $g(x)$ 单调递减；

当 $x > \dfrac{1}{a}$ 时, $g'(x) > 0$, $g(x)$ 单调递增。

所以 $x = \dfrac{1}{a}$ 是函数 $g(x)$ 的极小值点, 且 $g\left(\dfrac{1}{a}\right) = 1 - a + \ln a$.

下面再继续研究 $g\left(\dfrac{1}{a}\right) = 1 - a + \ln a \geqslant 0$ 时, a 的值。

由 $g'\left(\dfrac{1}{a}\right) = \dfrac{1}{a} - 1$, $a \in (0, +\infty)$.

所以当 $0 < a < 1$ 时, $g'\left(\dfrac{1}{a}\right) > 0$, $g\left(\dfrac{1}{a}\right)$ 单调递增；

当 $a > 1$ 时, $g'\left(\dfrac{1}{a}\right) < 0$, $g\left(\dfrac{1}{a}\right)$ 单调递减。

所以当 $a = 1$ 时, $g\left(\dfrac{1}{a}\right)$ 取得最大值 $g(1) = 0$.

所以 $g\left(\dfrac{1}{a}\right) = 1 - a + \ln a \geqslant 0$, 当且仅当 $a = 1$ 成立。

综上, $a = 1$.

从本题第（1）问的解法看来，在通过解题教学应用、建构原理性知识的过程中，建立网状的知识结构，通过解释过程中的数量关系，明辨推理，可以促进学生对问题结构的更深层理解，更有利于提高问题解决的系统逻辑。

下面我们来看第（2）问的证明。

(2) 由 (1) 知,$f(x) = x^2 - x - x\ln x$,$x \in (0, +\infty)$.

要研究函数 $f(x)$ 的极大值,我们先来研究函数 $f(x)$ 的图像。

由于 $f'(x) = 2x - 2 - \ln x$,$x \in (0, +\infty)$.

显然 $f'(x) = 0$,$f'(x) < 0$,$f'(x) > 0$ 不容易解出来。

于是设 $\varphi(x) = 2x - 2 - \ln x$,$x \in (0, +\infty)$,我们研究 $\varphi(x)$ 的图像。

由于 $\varphi'(x) = 2 - \dfrac{1}{x}$,$x \in (0, +\infty)$.

$\Rightarrow x \in \left(0, \dfrac{1}{2}\right)$时,$\varphi'(x) < 0$;$x \in \left(\dfrac{1}{2}, +\infty\right)$,$\varphi'(x) > 0$.

$\Rightarrow x \in \left(0, \dfrac{1}{2}\right)$时,$\varphi(x)$ 单调递减;$x \in \left(\dfrac{1}{2}, +\infty\right)$,$\varphi(x)$ 单调递增。

又由于 $\varphi(e^{-2}) = 2e^{-2} > 0$,$\varphi\left(\dfrac{1}{2}\right) = -1 + \ln 2 < 0$,$\varphi(1) = 0$,$\varphi(2) = 2 - \ln 2 > 0$.

所以在 $\left(0, \dfrac{1}{2}\right)$ 上有唯一零点 x_0,使得 $\varphi(x_0) = 0$;在 $\left(\dfrac{1}{2}, +\infty\right)$ 上有唯一零点 1。

$\Rightarrow x \in (0, x_0)$ 时,$\varphi(x) > 0$;$x \in (x_0, 1)$,$\varphi(x) < 0$,$x \in (1, +\infty)$,$\varphi(x) > 0$.

$\Rightarrow x \in (0, x_0)$ 时,$f'(x) > 0$;$x \in (x_0, 1)$,$f'(x) < 0$,$x \in (1, +\infty)$,$f'(x) > 0$.

$\Rightarrow x \in (0, x_0)$ 时,$f(x)$ 单调递增;$x \in (x_0, 1)$,$f(x)$ 单调递减。

所以函数 $f(x)$ 有唯一极大值点 x_0,且 $f(x_0) = x_0^2 - x_0 - x_0\ln x_0$,$x_0 \in \left(0, \dfrac{1}{2}\right)$.

又由于 $\varphi(x_0) = 0$,即 $2x_0 - 2 - \ln x_0 = 0$,也即 $\ln x_0 = 2x_0 - 2$.

所以 $f(x_0) = x_0 - x_0^2$.

由 $x_0 \in \left(0, \dfrac{1}{2}\right)$,得 $f(x_0) < \dfrac{1}{4}$.

又由于 $x = x_0$ 是函数 $f(x)$ 在区间 $\left(0, \dfrac{1}{2}\right)$ 的最大值点。

而 $e^{-1} \in \left(0, \dfrac{1}{2}\right)$,所以 $f(x_0) > f(e^{-1}) = e^{-2}$.

所以 $e^{-2} < f(x_0) < \dfrac{1}{4}$.

首先利用导数研究函数的单调性，其次证明函数 $f(x)$ 存在唯一极大值点，最后根据极值点处导数为零，证明不等式。这是导数在研究函数中的应用的典型原理性知识的再现。原理性知识转化为程序性解题步骤，进而使学生的数学解题形成技能，这其中少不了许多有意义的解释。一般来说，培养解题最好的方式就是更好地讲解，解题教学就是要说明解题的规则、思路与原理之间的联系。只有这样的解释策略才可能扩充学生对解题活动的理解，使学生明确解题的顺序，并深入地理解所学的原理和概念，从而促进知识的建构。

四、解题教学要注重原理，在基础上下足功夫

数学教学要追求最大限度的一般性模式，特别是一般性算法。离开知识的理解，不深入洞察知识的内在联系，不在更大的范围内进行知识的概括，学生不一定能真正地掌握数学知识。数学教学要在基础上舍得花时间。

例如，在《高中数学选修 2-2》的"导数在研究函数的应用"中，我们给出了例题。

问题：已知函数 $f(x) = x + \dfrac{a}{x} + \ln x$，$a \in \mathbf{R}$.

（1）若 $f(x)$ 在 $x = 1$ 处取得极值，求 a 的值；

（2）若 $f(x)$ 在区间 $(1, 2)$ 上单调递增，求 a 的取值范围。

对于这样一个问题，如何让学生经历从数学对象的获得再到研究数学对象并应用数学知识解决问题的完整过程，应该是我们的新授课教学需要思考的问题。正是从这一出发点，我们先引导学生学习课本总结的求函数 $y = f(x)$ 的极值的方法。

解方程 $f'(x) = 0$. 当 $f'(x) = 0$ 时：

① 如果在 x_0 附近的左侧 $f'(x) > 0$，右侧 $f'(x) < 0$，那么 $f(x_0)$ 是极大值；

② 如果在 x_0 附近的左侧 $f'(x) < 0$，右侧 $f'(x) > 0$，那么 $f(x_0)$ 是极小值。

于是，得出如下解法：

解析：由（1）题，得 $f'(x) = 1 - \dfrac{a}{x^2} + \dfrac{1}{x} = \dfrac{x^2 + x - a}{x^2}$，

因为 $f(x)$ 在 $x = 1$ 处取得极值。

所以 $f'(1) = 0$,

解得 $a = 2$,

经检验，当 $a = 2$ 时, $f(x)$ 在 $x = 1$ 处取得极小值，符合题意。

所以 $a = 2$.

同样地，对于第（2）问，有如下解法。

解: 由（1）知, $f'(x) = 1 - \dfrac{a}{x^2} + \dfrac{1}{x} = \dfrac{x^2 + x - a}{x^2}$ ，其中 $x \in (0, +\infty)$.

因为 $f(x)$ 在 $(1, 2)$ 上单调递增，

所以 $f'(x) \geqslant 0$ 在区间 $(1, 2)$ 上恒成立。

即 $a \leqslant x^2 + x$ 在区间 $(1, 2)$ 上恒成立，所以 $a \leqslant 2$.

为了让学生更好地经历从数学对象的获得再到研究数学对象的过程，我们可以再回归到上面这些解题方法的本质来源，让学生知其所以然。因此，不妨舍得多花点时间，再一次引导学生分析函数 $f(x) = x + \dfrac{a}{x} + \ln x$ 的图像。

由 $f(x) = x + \dfrac{a}{x} + \ln x$ ，可知它的定义域为 $x \in (0, +\infty)$,

又由 $f'(x) = 1 - \dfrac{a}{x^2} + \dfrac{1}{x} = \dfrac{x^2 + x - a}{x^2}$, $x \in (0, +\infty)$,

令 $\varphi(x) = x^2 + x - a$.

① 当 $a \leqslant 0$ 时, $\varphi(x) > 0$,

所以 $f'(x) > 0$, $f(x)$ 在 $(0, +\infty)$ 上单调递增；

② 当 $a > 0$ 时, 由 $\varphi(x) = 0$, 得 $x_1 = \dfrac{-1 - \sqrt{1 + 4a}}{2}$ （舍去）, $x_2 = \dfrac{-1 + \sqrt{1 + 4a}}{2}$.

所以当 $(0, x_2)$ 时, $f'(x) < 0$, $f(x)$ 在 $(0, x_2)$ 上单调递减；

当 $(x_2, +\infty)$ 时, $f'(x) > 0$, $f(x)$ 在 $(x_2, +\infty)$ 上单调递增。

于是, 对于第（1）问, $f(x)$ 在 $x = 1$ 处取得极值。

而由上面的研究知, $f(x)$ 在 $x_2 = \dfrac{-1 + \sqrt{1 + 4a}}{2}$ 处取得极小值。

所以 $\dfrac{-1 + \sqrt{1 + 4a}}{2} = 1$, 所以 $a = 2$.

对于第（2）问，$f(x)$ 在（1，2）上单调递增，

显然由上面图像的研究可知，$a \le 2$.

教学只有在不断让学生经历知识发现的完整过程，解题方法才能生根，灵活运用知识解决问题才有可能。数学教学要以"研究一个数学对象的基本套路"为指导，设计要体现教学的整体性，思维的系统性的系列化教学活动，引导学生对数学问题的抽象，进而构建并获得解决数学问题的方法，获得有价值的数学结论，建立数学模型解决数学问题；也只有这样的数学教学，才能实现从"知其然"到"知其所以然"，领悟好数学的基本方法与思想，学会理解和发现。

第三节　关注知识的结构改造与意义增值

一、知识的结构改造

学科知识是学习的基础，是提高能力的载体。具有良好结构的知识能帮助学生提炼出问题的本质，让他们拥有应对不同情境问题的能力。教学就是要引导学生对新的知识进行重组，与已经接纳、吸收了的观念进行比对、顺应、同化，将新知识嵌入到自己原有的知识结构中。学习过程中的新情境与原有知识之间的相互作用，既使得知识本身得到加工，也使得原有的知识结构得以改造、扩充与拓展。在数学教学中，沟通相关知识之间的联系，帮助学生逐渐和连贯地形成较为系统的知识结构尤为重要。

知识结构的改造应从宏观着眼、微观入手。宏观着眼学科思维的灵魂，整体规划；微观着手分析学习的具体方法，注重教学细节。例如，学生学习完指数幂的运算及对数的运算后，往往并不会与以前学过的数的运算紧密联系，他们的思维更多局限于单个的知识点，一遇到诸如 $2^n - 2^{n-1}$，$2^n + 2^{n-1}$ 等就不会计算了。同学们没有把关键概念联系起来，也没有建立起对知识的理解。这时就需要教师引导学生经历宏观与微观之间的思维转换，实现所学知识由点到面的结构改造。

首先是从微观到宏观，要让学生知道运算所涉及的知识结构。从数的运算到式的运算，我们所学的有哪些方向的运算。中学数学中有关数、式的加、减、乘法、除法、乘方、开方运算是我们观念里固有的结构知识。那么除了我们在指数幂的运算中介绍过的知识，这些没有公式、规则的运算如何进行呢？方法指导解题，结构性的知识就为我们解题指明了方向，也是我们研究问题的思考方向。这样一理解，那么对数换底公式也就让学生豁然开朗了。它就是对数的除法运算，$\log_a N = \dfrac{\log_b N}{\log_b a}$．这也是从微观到宏观的一次转换，学生的视野进一步打开。从宏观到微观以及从微观到宏观，经历几次的发散与收敛的教学，教师引领学生演绎学习的宏观策略与微观流程，可以不断丰富学生的数学认识，改造学生思考问题的角度与层次，从而不断地改造学生原有的知识结构，帮助学生建立学习的宏观视野，实现知识的统整，构建属于自己的整体知识体系与观念。

二、知识的意义增值

教师的教学除了对学生的知识结构进行改造以外，更高层次的教学则体现在学生对原有知识意义的基础上生成了新的意义，即实现了知识的意义增值。数学教学设计要源于学生所学知识又略高于其已有的知识经验和认知基础，让学生的原有知识在新的情境的相互作用过程中被注入新的意义。学生的学习要在教师的追问、启发与引导下，对原有的知识进行反思、重组和调整，从而获得新的有意义的理解。例如，对数换底公式 $\log_a N = \dfrac{\log_b N}{\log_b a}$ 的理解，在对数运算中的应用是其直接理解的表现形式，而在画函数 $y = \log_2 x$、$y = \log_3 x$、$y = \log_{\frac{1}{2}} x$ 等图像时，对数换底公式的应用才是主流。

知识的意义增值不是一次性的活动，而是一系列思维过程的结果。每一种思维活动都需要教师有针对性很强的追问进行有效驱动，引导学生审视他们原有的知识结构与思维角度，使学生对原有认知进行聚焦，从而反思自己原有的经验，消除可能存在的知识误解。

由于学生有着不同的经验以及看待问题的不同角度，因此课堂教学通过学生之间的相互交流，可以让他们拓宽视野，获得不同的视角和观点，有效地培养他们的发散思维。同时，对于其他同学的观点，学生需要进行分析、辨别，进而认同或质疑，这也锻炼了他们的收敛思维，从而让学生获得新的、创造性的知识内涵，进而促进数学知识新意义的生成。

例如，已知函数 $f(x) = \log_a(2 - ax)$ 在 $[0, 1]$ 上单调递减，求实数 a 的取值范围。学生是如何认识这道题目的？他们会如何理解与解答呢？那些对复合函数的单调性理解不到位的学生不会运用复合函数的单调性来解题，而是将"$f(x)$ 在 $[0, 1]$ 上单调递减"直接解读为"$f(0) > f(1)$"，从而求出参数 a

的取值范围。形成这种简单理解的原因，最主要的一点是在学习函数的单调性时，理解单调性的定义仅仅理解了内容的一种呈现方式。另一种思路，即对于函数 $y = f(x)$，设函数 $f(x)$ 的定义域为 I，区间 $D \subseteq I$，如果 $\forall x_1, x_2 \in D$，当 $x_1 < x_2$ 时，都有 $f(x_1) > f(x_2)$，那么就称函数 $f(x)$ 在区间 D 上单调递减。

　　这里提示我们，在数学教学中，在不同的时间里，要设计不同的问题背景，为实现不同的教学目标，带领学生从不同的角度去理解数学原理和概念，以达到获得高深知识的目标。只有这样才能提高学生的思维能力，使他们在将知识应用到具体的问题情境中去时才不至于过于简单。因此，多种呈现数学知识，多角度理解数学概念和原理在教学中显然极为重要。

第四节　模式识别与创造可以提高数学解题能力

一、数学解题认知模式

学习数学的过程中，将积累的知识经验经过加工，会得到长久保存价值的典型结构与重要类型。数学问题解决就是学生在自己的长时记忆中提取这些结构与图式的过程。喻平教授在《数学教育心理学》中指出，解题的认识过程是在元认知调控下，学生对问题进行表征，对问题进行模式识别。当遇到问题时，头脑检索这个问题的模式，在记忆存贮中提取相应的方法，展开迁移，从而达到解题目标的信息加工，进而解决问题的过程。

这么多年的教学实践表明，解决数学问题关键在于理解问题、问题表征、模式识别。

例 1：求函数 $y = \dfrac{\sqrt{7x-3}}{x}$，$x \in \left[\dfrac{1}{2},\ 3\right]$ 的最小值。

解决这个问题的常规模式，如果让学生去尝试，他们头脑中检索出来的基本是求导数，利用函数的单调性来研究。

由于 $y' = \dfrac{6-7x}{2x^2 \cdot \sqrt{7x-3}}$，

当 $x \in \left[\dfrac{1}{2},\ \dfrac{6}{7}\right]$ 时，$y' > 0$；当 $x \in \left(\dfrac{6}{7}, 3\right]$ 时，$y' < 0$.

所以函数 $y = \dfrac{\sqrt{7x-3}}{x}$ 在区间 $\left[\dfrac{1}{2},\ \dfrac{6}{7}\right)$ 上单调递增，在区间 $\left(\dfrac{6}{7},\ 3\right]$ 上单调递减。

又由于 $x = \dfrac{1}{2}$，$x = 3$ 时，$y = \sqrt{2}$.

所以函数 $y = \dfrac{\sqrt{7x-3}}{x}$，$x \in \left[\dfrac{1}{2},\ 3\right]$ 的最小值为 $\sqrt{2}$.

也有学生在头脑中检索出换元求函数值域的方法。

设 $\sqrt{7x-3} = t$，则 $x = \dfrac{t^2+3}{7}$ 且 $t \in \left[\dfrac{\sqrt{2}}{2},\ 3\sqrt{2}\right]$.

于是 $y = \dfrac{7t}{t^2+3} = \dfrac{7}{t + \dfrac{3}{t}}$，$t \in \left[\dfrac{\sqrt{2}}{2},\ 3\sqrt{2}\right]$.

又函数 $h(t) = t + \dfrac{3}{t}$ 在区间 $\left[\dfrac{\sqrt{2}}{2},\ \sqrt{3}\right)$ 上单调递减，在 $(\sqrt{3},\ 3\sqrt{2}]$ 上单调递增。

所以当 $t = \dfrac{\sqrt{2}}{2}$，或 $t = 3\sqrt{2}$ 时，$h(t)$ 取得最大值 $\dfrac{7\sqrt{2}}{2}$.

即 $x = \dfrac{1}{2}$，或 $x = 3$ 时，函数 $y = \dfrac{\sqrt{7x-3}}{x}$ 取得最小值 $\sqrt{2}$.

但如果我们注意到题目的限制条件，从条件入手进行变形，问题又会如何呢？

由 $x \in \left[\dfrac{1}{2},\ 3\right]$，得 $\left(x - \dfrac{1}{2}\right)(x - 3) \leqslant 0$，

即 $2x^2 - 7x + 3 \geqslant 0$，

$\therefore 2x^2 \geqslant 7x - 3$.

又 $\because x > 0$，

$\therefore \dfrac{\sqrt{7x-3}}{x} \geqslant \sqrt{2}$（当 $x = \dfrac{1}{2}$ 或 $x = 3$ 时等号成立）。

$\therefore y_{\min} = \sqrt{2}$.

从以上几种解法我们可以看到，数学解题的过程可以是从题目的条件不断向解题目标靠近，我们既要从常规解题方法与基本解题模式上去找寻、识别解题突破口；也要从解题目标中去联想，从基本方法和数、式、形等方面入手。这样可以产生意想不到的想法，从而创造性地找到意想不到的解题好思路，在解题理解上不断深化，进而提高数学学习、数学解题的能力。教学除了要帮助学生形成对事物的关键属性的抽象把握，还需要进一步深化学生的理解，使学生看到问题的不同侧面，在各种变化的情景中应用知识、解决问题。这样才能

使学生形成丰富的、真正的、灵活的知识。

理解常以问题解决的方式进行，对提出的问题给予不同的回答，将表现出理解的不同程度或不同水平。理解的重要标志之一，是对所理解的对象能用自己的话表达出来，对题目给出的材料进行重组，实现对自己问题解决的方案的设计表达。所以学生能否用自己原有的知识来解决问题是衡量学生是否真正理解的重要标志。因此，数学解题教学还要在学生的听、说、表达上加强训练。

二、比较、联想、创造是提高数学解题能力的生长点

由于经验世界对学生正确解决问题产生影响，因此数学解题活动需要在学生已有的经验世界中找到新知识的生长点，以促成最有效的学习和知识建构。

例 2：设函数 $f(x) = \sqrt{x^2 - 1} - ax$，当 $0 < a < 1$ 时，试证函数 $f(x)$ 在区间 $[0, +\infty)$ 上不是单调函数。

分析：从常规思路看，证明函数是单调函数是大家熟悉的，即只要在区间 $[0, +\infty)$ 上任取实数 x_1，x_2，且当 $x_1 < x_2$ 时，有 $f(x_1) < f(x_2)$ 或 $f(x_1) > f(x_2)$ 即可。从反面来看，证明函数不是单调函数，则只要在区间 $[0, +\infty)$ 上取实数 x_1，x_2，且当 $x_1 < x_2$ 时，有 $f(x_1) = f(x_2)$ 即可。

证明：在区间 $[0, +\infty)$ 上任取实数 x_1，x_2，且 $x_1 < x_2$，于是

$$f(x_1) - f(x_2) = \sqrt{x_1^2 - 1} - \sqrt{x_2^2 - 1} - ax_1 + ax_2$$

$$= \frac{x_1^2 - x_2^2}{\sqrt{x_1^2 + 1} + \sqrt{x_2^2 + 1}} - a(x_1 - x_2)$$

$$= (x_1 - x_2)\left(\frac{x_1 + x_2}{\sqrt{x_1^2 + 1} + \sqrt{x_2^2 + 1}} \right)$$

这时，取 $x_1 = 0$，要使 $f(x_1) = f(x_2)$，则把 $x_1 = 0$ 代入上式，得

$$\frac{x_2}{1 + \sqrt{x_2^2 + 1}} - a = 0，于是 x_2 = \frac{2a}{1 - a^2}$$

所以当 $x_1 = 0$，$x_2 = \frac{2a}{1 - a^2}$ 时，有 $f(x_1) = f(x_2)$，

即 $0 < a < 1$ 时，函数 $f(x) = \sqrt{x^2 - 1} - ax$ 在区间 $[0, +\infty)$ 上不是单调函数。

有大量证据表明，掌握学习，使用基础知识成分识别并确保学生能全部掌

握这些成分的方法会提高教学质量。同时技能间的迁移也只发生在这些技能间有相同的抽象知识要素的时候。因此，解题规律与方法的总结，对数学原理的分析、比较、归纳并纳入到他们原有的认知结构中形成系统，以及提高学生的数学思维能力和解题技能，是最为重要的步骤。

理解是掌握知识的重要环节。是学生利用原有的认知结构，在新情境下进行个体心智运作和社会文化中介的交互的意义建构。数学知识在课堂教学中的组织、呈现与传递往往都依赖于"问题"这一中介。布鲁纳说："问题常常作为一种标准，决定着学生素质的现状以及他们理解的程度……从一定意义上说，富有吸引力的问题是通向理解之途。"因此，设计出具有高质量的问题，引导学生去探究、去发现，指导学生去深入地思考问题，对数学问题开展深层次地理解，是数学教学的要义所在。

参考文献

［1］［美］Morris L. Bigge，Samuel S. Shermis. 写给教师的学习心理学
　　［M］. 徐蕴，张军华，等，译. 北京：中国轻工业出版社，2005.

［2］喻平. 数学教育心理学［M］. 南宁：广西教育出版社，2008.

9

第九章

真正理解数学的教与学

这些年来，"数学理解""数学学科核心素养"成为数学教育界研究的一个热点。

《写给教师的学习心理学》认为，理解是指一般化的含义或见识。通常我们可以将理解转换为语言，但有时候不可以。理解也可以这样定义：①领悟……的意思，抓住……的观点.②完全精通，清楚地领会……的特征或本质.③明确掌握或意识到一个事实。

理解的本质就是看出单个事实与一般原理之间的关系，我们必须将事实看成是支持某一原理或对原理提出疑问的东西。只看出关系的理解而忽视了目的是不充分的，如果学生能够看出某个物体、过程、观点或事实如何促进目的或目标的实现，那么学生对这个物体、过程、观点或事实就有了理解。

《高中数学课程标准》指出，学生参加高考，要能够理解用数学语言表达的概念、规则、推理和论证；能够通过数学对象、运算或关系理解数学的抽象结构；能够把握研究对象的数学特征，感悟通性通法的数学原理，抓住数学问题的本质，通过对数据得出所提供的知识和规律。因此，当我们可以创造性地使用一般观点及支持性事实解决问题时，理解就发生了。

《数学教育心理学》认为，数学理解的本质是学习者在头脑中形成关于数学知识的内部网络，建立了关于数学知识的图式，能够用程序的思想理解和解释问题。

第一节　数学理解的概念与理解水平的划分

一、数学理解的概念与理解水平的划分

我国学者喻平教授认为，建立了知识的图式也就是建立了知识的表征。一个数学陈述性知识被学生理解，就是指学生获得了对该对象的图式；一个程序性知识被学生理解，就是指学生建立了对该对象的产生式系统。他还认为，学生除了对这两类知识的理解之外，数学理解还包括对过程性知识的理解，也就是学生形成了完善而深刻的关系表征和观念表征。关系表征指学生对知识发展过程中知识之间存在某些关系的领悟，即命题网络中连接命题的连线和产生式系统中连接产生式的连线，观念表征则指对知识之间发生关系的缘由的体悟。

维特罗克对理解过程的分析。美国加州大学的维特罗克对理解的生成过程做了深入地分析和解释。他认为，学习是学习者生成信息的意义的过程，学习依赖于学习者已有的相关经验，学习者要生成对所知觉事物的理解，总是需要与他以前的知识经验相结合。同时，人脑也并不是被动地记录外界输入的信息，而是主动地建构对输入信息的解释，并从中得出推论。也就是说，在生成理解的过程中，学习者原有的认知结构（已经储存在头脑中的长时记忆中的知识经验和信息加工策略）与从学习环境中接收到的感觉信息相互作用，并主动地选择信息和注意信息，建构信息的意义。例如，下面的问题可以很好地说明学生生成理解的过程。

问题：请同学们准备一些 $2cm \times 2cm$ 正方形小纸板，如图 9-1-1 所示，请你摆出它的模型。

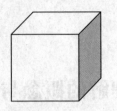

图 9 - 1 - 1

我们会发现，学生们摆出了两种不同的模型，因此心理学中有"学习就是知觉的重组"的理论。但如果我们把几何体的概念深入下去，学生会发现图中的模型就只能是一种情形了。如图 9 - 1 - 2 所示的正方体 $ABCD - A_1B_1C_1D_1$.

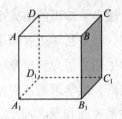

图 9 - 1 - 2

教学中我们要关注个体的知觉和选择性注意，特别关注短时记忆与长时记忆中的信息冲突。要达到对其意义的理解，需要将学生的选择性注意加以修正，需要和长时记忆中存在的信息建立更好地联系，激活一些有关的知识，生成对新信息的意义，形成更全面的理解，并不断地加以检验，修正学生的观念，只有这样才能不断地深化理解。

二、真知深解是数学教与学的目标

知识获得是教与学的目标，知识的获得有不同的水平，如果学生只是记住了一些数学概念、规则原理，而没有真正理解它的含义，只能应付课本上的典型习题，则还没有形成真正的知识。要对知识形成深刻的理解，形成真正的知识，《建构性学习》一书中提出了以下三个判断标准。

（1）真正的知识意味着学生获得的知识是结构化的、整合的知识，而不是零碎的。他们结合自己原有的知识经验来学习、探索新知识，将新知识与原有的知识经验联系起来，依据知识之间的逻辑关系，以基本原理和基本概念为核心，形成良好的知识结构。

（2）真正的知识意味着学生不仅仅满足于对基本概念、基本原理的掌握，他们建构的是灵活的知识，学生对知识形成多角度、丰富的理解，着眼于知识的不同侧面，在面对各种不同的问题时能更容易地激活这种知识，形成解决问题的程序。

（3）真正的知识意味着学生在建构他们自己对各种问题的观点与见解，建构他们所坚持的判断和信念，有助于他们的思维和探究。

总之，使学生真正深刻理解知识不只是要他们掌握事实性知识，更重要的是建构理念性知识。

例：如图 9 - 1 - 3 所示，已知点 O 是 $\triangle ABC$ 的外心，$2c^2 - c + b^2 = 0$，则 $\overrightarrow{BC} \cdot \overrightarrow{AO}$ 的取值范围是（　　　　）。

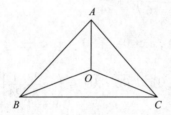

图 9 - 1 - 3

A. $\left[-\dfrac{1}{4},\ 2 \right)$ 　　　 B. $\left(-\dfrac{1}{8},\ 0 \right)$ 　　　 C. $\left(-\dfrac{1}{8},\ \dfrac{1}{24} \right]$ 　　　 D. $\left(0,\ \dfrac{1}{3} \right)$

当这个问题一出现时，许多学生束手无策，不知从哪里入手，这样的问题就真正地考查了学生对数学知识和方法的理解，需要学生充分调动他们的知识系统，从事实性知识和原理出发，如什么是三角形的外心，三角形的外心有什么性质，向量的运算如何进行，向量的概念是什么等，除了这些数学概念与数学原理性知识，还需要知道求一个数学式子的取值范围如何进行，有哪些可遵循的程序等观念性知识引路，只有这些知识成为了一个系统，有了深刻地理解，解决这个问题才可以比较顺利。

解题的关键在于思考向量的数量积运算如何进行？需要利用向量的基本定理（在平面内，任何一个向量总是可以用两个不共线的向量表示出来）。通过这一原理，于是

$$\overrightarrow{BC} \cdot \overrightarrow{AO} = -\overrightarrow{OA} \cdot (\overrightarrow{OC} - \overrightarrow{OB}) = -|\overrightarrow{OA}| \cdot |\overrightarrow{OC}| \cos\angle AOC + |\overrightarrow{OA}| \cdot |\overrightarrow{OB}|$$

$\cos\angle AOB$

又，点 O 是 $\triangle ABC$ 的外心，

$\therefore |\overrightarrow{OA}| = |\overrightarrow{OB}| = |\overrightarrow{OC}|$，

再结合已知条件，$2c^2 - c + b^2 = 0$，需要从 b，c 入手寻找数量关系。

在 $\triangle AOB$ 中，$c^2 = OA^2 + OB^2 - 2OA \cdot OB\cos\angle AOB$.

在 $\triangle AOC$ 中，$b^2 = OA^2 + OC^2 - 2OA \cdot OC\cos\angle AOC$.

以上两式相减，得，$2OA \cdot OB\cos\angle AOB - 2OA \cdot OC\cos\angle AOC = b^2 - c^2$，

$$\therefore \overrightarrow{BC} \cdot \overrightarrow{AO} = \frac{1}{2}(b^2 - c^2)$$

$$= \frac{1}{2}(c - 3c^2)$$

$$= -\frac{3}{2}\left(c - \frac{1}{6}\right)^2 + \frac{1}{24}$$

又由 $b^2 = c - 2c^2 > 0$，$c > 0$，得 $0 < c < \frac{1}{2}$.

结合二次函数的图像，所以 $\overrightarrow{BC} \cdot \overrightarrow{AO} \in \left(-\frac{1}{8}, \frac{1}{24}\right]$，故选：C.

三、如何判断学生是否真正地理解了知识及问题

理解是学生将学习的新知识与头脑中原有的知识建立起联系的桥梁。按照第二章我们介绍的布卢姆的目标分类学，学生学习的认知过程分为记忆（回忆）、理解、应用、分析、评价与创造。理解是促进学习迁移的起点，在理解的基础上，应用、分析、评价与创造等学习的迁移才会更好地发生。

学生对知识的理解深度究竟如何？也是有一些方法可以判断的。

（1）当问题出现时，能用自己的话去解释、表达其中的知识含义。只有学生能用自己的话去解释时，他才能真正地明白其中的知识与原理。如果学生对他所碰到的知识有了反思、干预的意识，他就会按照需要来选择和控制知识。

（2）当面对一个数学概念、一个陈述性知识时，学生能举出适当的实例，他才能算真正地理解其含义。

（3）当学生能对知识进行分类、总结、推断、比较和说明时，我们说学生就基本上理解了问题的内涵与外延。

美国教育测评专家格兰特·威金斯在《追求理解的教学设计》中提出了"理解六侧面"理论，依据这一理论，真正的理解要学生表现出能解释、能阐

明、能应用、能洞察、能深入、能自知. 能解释，就是能运用所学的知识合理地解释一些现象，说明知识之间的联系。能阐明，就是能进行知识的演绎，既讲道理也讲转化和推理，阐明知识的意义；能应用，就是能在不同的情境中有效地使用学到的知识；能洞察，就是能从不同的角度观察问题、分析问题，具有批判性思维；能深入，就是有代入感，有丰富的知识体验，能将所学知识与生活经验联系起来；能自知，就是能反思自己的思维，如何促进知识的转化，反思自己的学习，了解正迁移与负迁移并加以改善。

真正的理解要求学生会举一反三，在数学教学中多让学生说数学，多让学生讲思路，多让学生当老师。这样可以有效地提高学生的理解水平。

教学就是要引导学生借助于原有的知识，通过反思来扩充知识。这一过程至关重要，可以通过它来提高学生的自我意象。教学就是要鼓励学生利用他们头脑中的模式将问题中的条件与需要探求的结论联系起来，发展他们的理解，找到转换知识的感觉，提高他们解题的自信心。

第二节 数学教学要在理解方法论方面着力

一、在解释性的理解水平上进行教学

数学教学总的来说是在三种水平上进行的，记忆、解释性理解和探究性理解。在解释性理解的水平上进行数学教学非常多见。只有学生领会了知识，了解了单个事实与一般原理之间的关系，我们才能认为理解真的发生了。否则，我们的教学还需要带领学生概括理论，在一般理念和原理上努力进行。

数学解题中，如果学生能够看到某个过程、观点如何促进目标的实现，我们说他对这个过程和观点就有了理解。

例如，在"解析几何"的复习教学中，有以下问题。

已知点 $P(1, 5)$，直线 $l: kx - y + 1 + 2k = 0$（$k \in \mathbf{R}$），设点 P 到直线 l 的距离为 d，求 d 的最大值，并求此时直线 l 的方程。

我们发现，学生普遍都会由已知得到 $d = \dfrac{|3k - 4|}{\sqrt{k^2 + 1}}$，然后陷入解题困境。面对这种局面，作为教师的教，我们该如何展开？怎样才能帮助学生深入下去，解决好这个问题？

我们认为，在学生已有的知识基础上开展教学，才能帮助学生更好地理解知识和原理。于是我们展开探究：

前面我们得到了 $d = \dfrac{|3k - 4|}{\sqrt{k^2 + 1}}$，其中 $k \in \mathbf{R}$，下面要求 d 的最大值，我们可以利用函数的思想，通过研究函数的图像来研究 d 的最大值。于是利用导数，

设 $d = f(k) = \dfrac{|3k - 4|}{\sqrt{k^2 + 1}}$，其中 $k \in \mathbf{R}$，

(1) 当 $k \geqslant \dfrac{4}{3}$ 时，$d = f(k) = \dfrac{3k - 4}{\sqrt{k^2 + 1}}$，于是 $f'(k) = \dfrac{4k + 3}{(k^2 + 1)\sqrt{k^2 + 1}} > 0$，

所以 $f(k) = \dfrac{3k - 4}{\sqrt{k^2 + 1}}$ 在区间 $\left[\dfrac{4}{3}, \ +\infty\right)$ 上是增函数。

所以当 $k \to +\infty$ 时，d 的最大值为 $d\mathrm{max} = \lim\limits_{k \to +\infty} \dfrac{3k - 4}{\sqrt{k^2 + 1}} = 3$．

(2) 当 $k < \dfrac{4}{3}$ 时，$d = f(k) = \dfrac{4 - 3k}{\sqrt{k^2 + 1}}$，于是 $f'(k) = \dfrac{-4k - 3}{(k^2 + 1)\sqrt{k^2 + 1}}$．

当 $k \in \left(-\infty, \ -\dfrac{3}{4}\right)$ 时，$f'(k) > 0$，函数 $f(k)$ 单调递增。

当 $k \in \left(-\dfrac{3}{4}, \ \dfrac{4}{3}\right)$ 时，$f'(k) < 0$，函数 $f(k)$ 单调递减。

所以当 $k = -\dfrac{3}{4}$ 时，$d = f(k) = \dfrac{4 - 3k}{\sqrt{k^2 + 1}}$ 取得最大值，最大值为 $d_{\max} = 5$．

综上，d 的最大值为 5，此时直线 l 的方程为 $3x + 4y + 2 = 0$．

那么，问题是否到此就算得到圆满地解决了呢？

事实上，从解答数学问题的过程来看，学生首先要对问题加以表征，然后选择解题策略。选择解题策略既要对知识模式加以识别，又要对方法模式加以识别。

数学教学的关键在于指导学生对解题方法模式的选择，只有教会学生实现模式迁移，学生能有效进行自我监控，教学才能达到最有效。

数学学习是一种高级思维活动，数学学习应建立在理解的基础上，而理解学科研究方法是支撑新知识形成的依托。利用学科本质特征指导学生数学学习，提高学生数学素养，应成为数学教学的最有意义的事情。

基于此，上面问题的追求与目标显然不仅仅是解决问题，还应有更高地追求。我们要通过这个问题，让学生体会解析几何的本质，要学会用坐标法研究平面几何问题，会将几何性质与坐标法完美结合。于是进一步启发学生：

要求点到直线的距离的最大值，我们从解析几何的研究方法来看，通过数形结合，可以发现直线 $l : kx - y + 1 + 2k = 0$ $(k \in \mathbf{R})$ 恒过定点 $M(-2, 1)$，如图 9 - 2 - 1 所示，可知，当 $PM \perp l$ 时，d 取得最大值，$d_{\max} = |PM| = \sqrt{(1 + 2)^2 + (5 - 1)^2} = 5$．

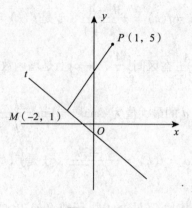

图 9 - 2 - 1

这时直线 PM 的斜率为 $k_{PM} = \dfrac{5-1}{1+2} = \dfrac{4}{3}$，所以直线 l 的斜率为 $k_l = -\dfrac{3}{4}$.

于是直线 l 的方程为 $y - 1 = -\dfrac{3}{4}(x+2)$，即直线 l 的方程为 $3x + 4y + 2 = 0$.

很明显，当我们从学科的研究方法出发，对知识的理解不只是停留在内容表面上，就要对知识之间的联系有着比较深刻地把握；这样，解题才显得更容易，但学生为什么会想不到呢？

有意义地学习只能建立在对数学学习理解的基础上，同时认知策略的介入很关键，要能调取合适的方法论。为了学生能掌握这种调取方法论和智力技能，教师的教学与对学生学习的解释性的理解相结合不失为一种成功的教学取向。数学教学不断地通过比较、举例，保持明确的目标，有效地引导学生，恰当地安排课程，在比较教学后尝试总结，使学生能理解并获得这一单元的知识的真正掌握。

学好数学要让学生自主探究和发现，利用已有的知识和方法自主探求想出要学习的知识，然后可以很好地发现课本知识。这样的学习才能生根落地，学生的学习才能深入并获得提高。为了使比较学习进一步深入，强化是必要的，要提供更多的机会让学生去练习，去真正独立地解决问题，帮助他们培养解决问题的能力。在此再举课本一例。

已知圆 $C : (x-1)^2 + (y-2)^2 = 25$，直线 $l : (2m+1)x + (m+1)y - 7m - 4 = 0$，$m$ 为任意实数。

（1）求证：直线 l 恒过定点；

（2）判断直线 l 被圆 C 截得的弦长何时最长、何时最短？并求截得的弦长最短时 m 的值以及最短长度。

学习数学的过程中，只有将积累的知识经验经过加工，才能得出长期保持的模式，并将其有意识地记忆。数学学习要积累基本问题并提升到数学思想，在举例与比较中转化并识别，认识、理解数学结构与体系。

二、通过数学建模，将解释性的理解水平教学和方法论加以深入

最优秀的老师对自己的学科历史以及教材中的各种争议有非常深刻地认识。正因为这种认识使他们不断思考学科的思想本质，进而不断思考他们自身对学科的理解，以此进一步领会学生可能用的学习方式。他们知道什么最重要，他们了解学生在培养理解能力时会碰到的困难，他们会为学生提出问题，并为学生简化和澄清问题，通过数学建模，要求学生以最新的研究方法与知识建构的眼光建立新的思维模式。

例如，在教学"指数的运算和对数的运算"时，学生头脑中现成的运算的思维模式是实数的加法、减法、乘法、除法、乘方和开方运算，那么对于指数运算和对数运算，我们是否也可以从这几种运算模式出发，提出以下问题呢？

化简以下各式：

① $3^{n+1} + 3^n$；② $3^{n+1} - 3^n$；③ $3^{n+1} \times 3^n$；④ $3^{n+1} \div 3^n$；⑤ $(3^{n+1})^2$；⑥ $\sqrt[3]{3^{n+1}}$.

学校教育的一个主要目标就是培养学生走出校门以后持续学习的能力。学校教育是否有效，在很大程度上取决于学生所掌握材料的迁移能力的大小。仅仅获得个别知识点并不能保证知识的有效性。只有从学生已有的知识出发，建立了知识之间的联系，对某些具体知识给予解释和阐明，知识才有更大的价值。

通过以上问题的尝试、猜测、转换与定型，可以得到课本学习的结论：

$a^m \cdot a^n = a^{m+n} (a > 0, m, n \in Q)$

$a^m \div a^n = a^{m-n} (a > 0, m, n \in Q)$

$(a^m)^n = a^{mn} (a > 0, m, n \in Q)$

$\sqrt[n]{a^m} = a^{\frac{m}{n}} (a > 0, m, n \in Q)$

虽然课本没有总结指数运算的加法、减法运算，但在后续数列的学习中，也是常常会涉及的运算方法。我们在学习的时候，适时地加以拓展，从学科知

识与学科结构上来理解，知识更系统，结构更完善。

同样地，在对数运算的教学中，我们也类比实数的运算法则，研究以下运算：

$$\log_a M + \log_a N \text{, } \log_a M - \log_a N \text{, } \frac{\log_a M}{\log_a N}（其中 a > 0，M，N > 0）.$$

在探究以上公式、法则的过程中，我们可以借助计算器等工具，从具体的数据入手，从具体到一般，逐步系统化、条理化，让学生体验数学的研究方法，完善学生的认知结构，既从思维上引导学生学习，又从结构上提升思维能力，从而使学生对学习的理解，对知识的应用切入有更深刻地认识。

教学中，既注重逻辑链，也注重思维链。将两者契合好，才能更好地去激发学生建立新的学习模式，进行"深度"学习。

《普通高中数学课程标准》指出，数学建模活动与数学探究活动是综合提升数学学科核心素养的载体。教师应整体设计、分步实施数学建模与数学探究活动，引导学生从类比、模仿到自主创新、从局部到整体构想，积累发现和提出问题、分析和解决问题的经验。教师要把教学活动的重心放在促进学生学会学习上。教师要加强学习方法指导，帮助学生养成良好的数学学习习惯，厘清知识的来龙去脉，建立知识之间的关联，引导学生总结出一些具有针对性的学习方式，将解释性的理解水平教学和方法论加以深入。

第三节　根据学生对问题感知的差异展开教学

一、学生对问题感知的差异理解

问题是数学的"心脏"。从数学的视角发现问题、提出问题、分析问题，构建模型、验证结论并改进模型，最终解决问题是数学课堂教学的本源。构建数学课堂问题，让学生在对问题的追寻中，体会知识的构建，可以实现对学习内容持久和深入地理解，促进学生高阶思维的发展，自主、自然地形成知识体系，关注知识的灵活迁移，对数学知识更有获得感。

例如，在《高中数学必修5》的"解三角形"中，有以下数学问题。

$\triangle ABC$ 的内角 A，B，C 的对边分别为 a，b，c，设 $(\sin B - \sin C)^2 = \sin^2 A - \sin B \sin C$.

（1）求 A ；

（2）若 $\sqrt{2}a + b = 2c$ ，求 $\sin C$.

课堂教学中呈现这个问题，常有以下解法。

对于第（1）问，由已知得 $\sin^2 B + \sin^2 C - \sin^2 A = \sin B \sin C$ ，

利用正弦定理，可以得到以下关系式，

$b^2 + c^2 - a^2 = bc$ ，

再由余弦定理，得 $\cos A = \dfrac{b^2 + c^2 - a^2}{2bc} = \dfrac{1}{2}$.

又由于 $0 < A < \pi$

所以 $A = \dfrac{\pi}{3}$.

而对于第（2）问，学生解题中常有以下方法。

方法 1：由 $\sqrt{2}a + b = 2c$ ，结合正弦定理，得

$\sqrt{2}\sin A + \sin B = 2\sin C$.

又由（1）知 $A = \dfrac{\pi}{3}$，且 $A + B + C = \pi$.

所以 $B = \dfrac{2\pi}{3} - C$.

于是，可以得到 $\dfrac{\sqrt{6}}{2} + \sin\left(\dfrac{2\pi}{3} - C\right) = 2\sin C$，

即 $\dfrac{\sqrt{6}}{2} + \dfrac{\sqrt{3}}{2}\cos C + \dfrac{1}{2}\sin C = 2\sin C$，

也即 $\dfrac{\sqrt{3}}{2}\sin C - \dfrac{1}{2}\cos C = \dfrac{\sqrt{2}}{2}$，

所以 $\sin\left(C - \dfrac{\pi}{6}\right) = \dfrac{\sqrt{2}}{2}$.

又由于 $0 < C < \dfrac{2\pi}{3}$，所以 $\cos\left(C - \dfrac{\pi}{6}\right) = \dfrac{\sqrt{2}}{2}$.

从而 $\sin C = \sin\left(C - \dfrac{\pi}{6} + \dfrac{\pi}{6}\right) = \sin\left(C - \dfrac{\pi}{6}\right)\cos\dfrac{\pi}{6} + \cos\left(C - \dfrac{\pi}{6}\right)\sin\dfrac{\pi}{6} = \dfrac{\sqrt{6} + \sqrt{2}}{4}$.

方法2：由（1）得，$b^2 + c^2 - a^2 = bc$ ①

又 $\sqrt{2}a + b = 2c$ ②

由②得，$2a^2 = b^2 + 4c^2 - 4bc$ ③

由①③得，$2a^2 = b^2 + 4c^2 - 4(b^2 + c^2 - a^2)$，

即 $2a^2 = 3b^2$，所以 $a = \dfrac{\sqrt{6}}{2}b$，

再把 $a = \dfrac{\sqrt{6}}{2}b$ 代入②，得 $c = \dfrac{\sqrt{3} + 1}{2}b$.

又由正弦定理，得 $\dfrac{a}{\sin A} = \dfrac{c}{\sin C}$.

而 $A = \dfrac{\pi}{3}$，$a = \dfrac{\sqrt{6}}{2}b$，$c = \dfrac{\sqrt{3} + 1}{2}b$.

所以 $\sin C = \dfrac{c\sin A}{a} = \dfrac{\sqrt{6} + \sqrt{2}}{4}$.

学生对问题感知的差异是如何形成的？形成以上不同解法的思维是如何引发的呢？

我们创造一个相对宽松自由的教学环境，让学生自由发表他们的见地。

对于方法 1，学生认为，由于要求的是角的三角函数值，因此，解题就需要将已知的边转化为角，即 $\sqrt{2}\sin A + \sin B = 2\sin C$；同时要求出 $\sin C$，就只要求出 $\sin A$ 和 $\sin B$. 这样还需要两个条件，而 $A = \dfrac{\pi}{3}$，同时 $A + B + C = \pi$，这样从解方程的思想出发，问题便可以解决了。

对于方法 2，学生认为，解三角形的总的思想是利用正弦定理或余弦定理，而题中已知 $A = \dfrac{\pi}{3}$，要求的是 $\sin C$，于是联系正弦定理 $\dfrac{a}{\sin A} = \dfrac{c}{\sin C}$，从而只要求出 a 和 c，问题便得到解决。因此，利用已知 $\sqrt{2}a + b = 2c$ 和 $b^2 + c^2 = a^2 + bc$，结合解方程的思想，可得 $a = \dfrac{\sqrt{6}}{2}b$，$c = \dfrac{1+\sqrt{3}}{2}b$，从而问题得以解决。

我们看到，学生是有自己判断的思维方法的。学习过程中的核心认知活动是深层理解及高水平思维，只有在学生已有的认知结构中找到知识生长点，注重学习的连续性，才能促进知识的生长和建构。学生通过对问题的思考，对自己想法进行反思性推敲、检验，注重学习的改造，才能更好地促进理解，保持和获得数学技能，实现知识的灵活迁移。数学课堂教学应建立在，指导学生会利用假设与演绎推理；会运用相关的原理知识，知道从特殊到一般或者从一般到特殊得出结论；会检验一连串推理并把它们内在连贯起来，在信息不完全的情况下知道如何推理，创造一种宽松表达的教学环境；让他们描述解决问题的过程，有助于提高学生的思维判断力，构筑他们自己的理解力，更进一步明白问题的实质。

二、加强模式识别，通过一题多解培养学生的思维判断能力

学生的学习方法受到他们已有的教育方法和学习背景的影响，从而形成了个体的学习模式。有的学生会把学习内容与已有的认识联系起来，从其他课程的角度去理解所学内容；有的学生会对学习内容进行推理，找出规律和原理；有的学生会把相互关联的例子和原理割裂，不注重理解，而只关注公式。

因此，了解并帮助学生修正学习数学的方法和理解数学学习原理是数学教

学过程的关键，引导学生把学习的内容与其他知识相联系，进行意义交流，不但知其然而且知其所以然就显得尤为重要。

教学中指导学生学习有意识地提出问题，常常问他们"在这个问题中，我们知道了什么，我们利用它们可以解决什么，我们要解决什么问题，如何假设，如何进行演绎推理？"对数学问题开展深层次地理解，总结解题规律与方法，对数学原理开展分析、比较、归纳并纳入到他们原有的认知结构中。通过"揭示—渗透"的原则，突出数学思想和方法，让学生在反复地体验和实践中，加深对知识的理解和方法的领悟。教学中，我们可以让节奏慢下来，让学生交流隐藏在一连串推理后的各种假设，检验一连串推理，会处理并形成"如果……那么……"这种基本解决问题的模式；能在信息不完全的情况下，讨论形成如何推理的步骤，增强与自己的思想和推理过程有关的意识。

一题多解恰好能最好地帮助学生学会正确推理和参与同伴的解题活动。好的数学题能够加深学生对概念和方法的理解，把学生引入一个完整的理论领域中，感悟数学概念、数学原理的本质内涵，改善学生的思维品质。数学教学，教师要把教学活动的重心放在促进学生学会学习上，抓住关键的教学环节，加强学习方法指导，帮助学生养成良好的数学学习习惯，善于思考，把握本质，明晰原理，厘清知识的来龙去脉，建立知识的关联。

三、将"费曼学习法"落实在数学教与学中

在数学学习中，体会问题的复杂性、确定性与不确定性，感悟数学概念、数学原理、数学方法的本质内涵及美学价值，思考数学知识的来龙去脉，掌握知识脉络的逻辑，是有效进行知识迁移，深入理解数学思想，实现学生数学学科核心素养形成和发展的重要环节。

费曼学习法在数学知识的学习过程中非常适用，费曼学习法是由诺贝尔物理奖获得者理查德·费曼提出来的。费曼学习法的核心是以教为学，它主要有以下几个步骤。

第一步：阅读（获取）新知识或者新概念，理解所要学习的材料的内容。

第二步：讲述或者复述获得的概念或主要内容。

第三步：反思在复述过程中是否卡顿，哪里卡顿了？对于卡顿的地方反复理解，然后纠错重述；并举例说明，加深理解；再尝试用更简单的精练的语言

表述材料的主要内容。

第四步：检验，通过不断地举例，反复地练习巩固、理解知识。

费曼学习法在表征概念的基础上进行逻辑推理，并通过举例、练习让知识在头脑中加深理解，从而促进了知识的主动建构，引发学生思考和交流。让学生不断积累数学基本活动经验，这可以促进学生数学学科核心素养的不断提升。

第四节　通过数学学会思维

一、数学教与学要在举例、比较、优化上着力

数学教学不仅要关注具体的教与学的方法，还应当联系教育目标更为深入地思考。数学教学要善于举例，举例有利于理解学习。南京师范大学的郑毓信教授指出，数学中的"问题"和"方法"都是一种"模式"，数学教学就要处理好特殊与一般的关系，数学教学就是要重视数学的形式与非形式之间的关系。数学教学通过适当地举例，可以帮助学生较好地理解抽象的数学概念，帮助学生由已有的实例过渡到数学定义，发展与定义相适应的数学概念意象。数学教学还要善于提问，要善于比较。由于问题的提出和解决问题是数学活动的基本形式，善于举例和提问有利于学生学会数学的思维。

例如，在"二项式定理及应用"的学习中，通过学习，学生知道定理：

$$(a+b)^n = C_n^0 a^n + C_n^1 a^{n-1} b + C_n^2 a^{n-2} b^2 + \cdots + C_n^r a^{n-r} b^r + \cdots + C_n^n b^n,$$

同时把 $C_n^0, C_n^1, C_n^2, \cdots, C_n^r, \cdots, C_n^n$ 叫做二项式系数，

且所有二项式系数的和为 $C_n^0 + C_n^1 + C_n^2 + \cdots + C_n^r + \cdots + C_n^n = 2^n.$

但在解决以下问题时，有的同学还是弄不清楚，因此教学还需要学会比较。

例： 已知 $\left(2x - \dfrac{1}{\sqrt{x}}\right)^n$ 的展开式中的二项式系数之和比 $\left(2x + \dfrac{1}{\sqrt{x}}\right)^{2n}$ 的展开式中奇数项的二项式系数之和小 112，求 n.

我们通过定理

$$(a+b)^n = C_n^0 a^n + C_n^1 a^{n-1} b + C_n^2 a^{n-2} b^2 + \cdots + C_n^r a^{n-r} b^r + \cdots + C_n^n b^n,$$

引导学生比较，得出

$$\left(2x - \frac{1}{\sqrt{x}}\right)^n = C_n^0 (2x)^n + C_n^1 (2x)^{n-1} \left(-\frac{1}{\sqrt{x}}\right) + C_n^2 (2x)^{n-2} \left(-\frac{1}{\sqrt{x}}\right)^2 + \cdots + C_n^n$$

$$\left(-\frac{1}{\sqrt{x}} \right)^n,$$

进而可知 $\left(2x - \frac{1}{\sqrt{x}} \right)^n$ 的展开式中的二项式系数之和为

$$C_n^0 + C_n^1 + C_n^2 + \cdots + C_n^n = 2^n.$$

再进一步，可以得出

$$\left(2x + \frac{1}{\sqrt{x}} \right)^{2n} = C_{2n}^0 (2x)^{2n} + C_{2n}^1 (2x)^{2n-1} \left(\frac{1}{\sqrt{x}} \right) + C_{2n}^2 (2x)^{2n-2} \left(\frac{1}{\sqrt{x}} \right)^2 + \cdots + C_{2n}^{2n}$$

$$\left(\frac{1}{\sqrt{x}} \right)^{2n},$$

进而可知 $\left(2x + \frac{1}{\sqrt{x}} \right)^{2n}$ 的展开式中的二项式系数之和为

$$C_{2n}^0 + C_{2n}^1 + C_{2n}^2 + \cdots + C_{2n}^{2n} = 2^{2n},$$

于是 $\left(2x + \frac{1}{\sqrt{x}} \right)^{2n}$ 的展开式中奇数项的二项式系数之和为

$$C_{2n}^0 + C_{2n}^2 + C_{2n}^4 + \cdots + C_{2n}^{2n} = 2^{2n-1}.$$

数学教学要运用多种教学方式帮助学生理解、学会基本原理，提出能够帮助学生通过过程进行推理的问题。通过这些问题旨在明白问题的实质。数学教学要善于比较和优化，要深入了解学生的学习过程，选择最能帮助学生发展对整体理解的教学安排，帮助学生提高数学推理能力。在数学教学中，除了比较外，更要重视总结、优化与提升。除了方法的改进与结论的推广外，非数学语言要向纯粹的数学语言转化，让学生不断地构筑自己的理解力。这样他们才会探索，进一步形成解决问题的过程、能力和意识。

二、数学教与学要着重整体设计，融入文化

数学教学也要传承民族意识形态，建立民族自信心和自豪感，帮助学生形成一定的"情感、态度和价值观"，落实立德树人的根本任务，前面我们所说的比较和优化就可以看做进入文化的过程，教学要充分发挥数学的文化价值，创造多元化的数学体验，更为深入地理解数学活动的本质。数学活动既要促成学生从推理的过程得出结论的数学能力的提高；也要促成学生"情感、态度和价值观"、必备品格和关键能力的后天养成。

例如，在"二项式定理"与"杨辉三角"的教学中，我们着重融入文化，可以整体设计如下教学过程。

首先，让学生分析得到 $(a+b)^2 = a^2 + 2ab + b^2$ 公式的运算过程；其次，分析得到 $(a+b)^3 = a^3 + 3a^2b + 3ab^2 + b^3$ 公式的运算过程；再次，分析得到 $(a+b)^4 = a^4 + 4a^3b + 6a^2b^2 + 4ab^3 + b^4$ 公式的运算过程，最后运用规律推出二项式定理：

$$(a+b)^n = C_n^0 a^n + C_n^1 a^{n-1}b + C_n^2 a^{n-2}b^2 + \cdots + C_n^r a^{n-r}b^r + \cdots + C_n^n b^n.$$

提出问题：观察二项式 $(a+b)^n$ 展开式的二项式系数，同时指导学生做出如下二项式系数表。

第1行　　$(a+b)^1$…………　　　　C_1^0　C_1^1

第2行　　$(a+b)^2$………　　　C_2^0　C_2^1　C_2^2

第3行　　$(a+b)^3$……　　C_3^0　C_3^1　C_3^2　C_3^3

第4行　　$(a+b)^4$…　C_4^0　C_4^1　C_4^2　C_4^3　C_4^4

第5行　　$(a+b)^5$…C_5^0　C_5^1　C_5^2　C_5^3　C_5^4　C_5^5

第6行　　$(a+b)^6$…C_6^0　C_6^1　C_6^2　C_6^3　C_6^4　C_6^5　C_6^6

…　　　　　　　　　　　　　…

第n行　　$(a+b)^n$…C_n^0　C_n^1　$C_n^2 \cdots C_n^{r-1}$　$C_n^r \cdots C_n^{n-1}$　C_n^n

并向学生介绍"杨辉三角"的概念。像上面这样，将二项式 $(a+b)^n$ 展开式的二项式系数依次表示为一个"三角形"的形式时，这个表叫做"杨辉三角"（如下表所示）。

第0行　　$(a+b)^0$………………　　　　1

第1行　　$(a+b)^1$……………　　　1　　1

第2行　　$(a+b)^2$…………　　1　　2　　1

第3行　　$(a+b)^3$………　　1　　3　　3　　1

第4行　　$(a+b)^4$……　　1　　4　　6　　4　　1

第5行　　$(a+b)^5$……　1　　5　10　10　5　　1

第6行　　$(a+b)^6$…　1　6　15　20　15　6　1

…　　　　　　　　　　　　　…

第n行　　$(a+b)^n$…C_n^0　C_n^1　$C_n^2 \cdots C_n^{r-1}$　$C_n^r \cdots$　C_n^{n-1}　C_n^n

它在南宋数学家杨辉 1261 年所著的《详解九章算法》中。杨辉的发现比欧洲要早 500 年左右，是我国数学史上的一个伟大成就。

继续提出问题：

（1）观察"杨辉三角"的每一行，从等量关系、大小关系、运算（如加法）的角度，你有什么新发现？

（2）观察"杨辉三角"的上下两行，你有什么新发现？

不断引导学生观察与分析，可以得出许多重要性质。

① 每行两端的数都是 1。

② 第 n 行的数字有 n 个。

③ 第 n 行的第 m 个数可表示为 C_{n-1}^{m-1} ，且 $(a+b)^n$ 的展开式中的各项系数依次对应杨辉三角的第 $n+1$ 行中的各项。

④ 每行数字左右对称，即第 n 行的第 m 个数与第 n 行的第 $n-m$ 个数相等，即 $C_n^m = C_n^{n-m}$.

⑤ 相邻的两行中，除 1 以外的每一个数等于它"肩上"两数的和，即第 $n+1$ 行的第 i 个数等于第 n 行的第 $i-1$ 个数与第 i 个数的和，可表示为 $C_n^i = C_{n-1}^{i-1} + C_{n-1}^i$ ，其中 $2 \leq i \leq n$.

⑥ 第 n 行数字和为 2^{n-1} .

数学教学要全面落实立德树人要求，深入挖掘数学学科的育人价值，树立以发展学生数学学科核心素养为导向，体会数学文化，引导学生会学数学，结合特定教学任务，思考相应数学学科核心素养在教学中的孕育点和生长点，研究数学文化与学生情感、态度和价值观的培养如何融入教学内容与教学过程的方式及载体。

三、数学解题教学的再理解

数学教学离不开阅读，也离不开解题。我们认为数学题目要多读一读，要学会数学文字语言、符号语言和图形语言的转化；遇到问题可以画一张图，这张图可以根据题意用表格、方框、圆圈以及函数、曲线等，画图可以发现量与量的关系，可以直观表现操作方法和解题方向，可以利用这张图，从特殊出发，通过举例、解释，逐步理解解题的策略，从而逻辑地表达数学问题。

例如，在"离散型随机变量的分布列"中，有以下问题。

某工厂生产的 A 产品按每盒 10 件包装，每盒产品需检验合格后方可出厂，检验方案是：从每盒 10 件产品中任取 4 件，4 件都做检验，若 4 件都为合格品，则认为该盒产品合格且其余产品不再检验；若 4 件中次品数多于 1 件，则认为该盒产品不合格且其余产品不再检验；若 4 件中只有 1 件次品，则把剩余的 6 件一件一件抽取出来检验，没有检验出次品则认为该盒产品合格，检验出次品则认为该盒产品不合格且停止检验．假设某盒 A 产品中有 8 件合格品，2 件次品。

（1）求该盒 A 产品可出厂的概率；

（2）已知每件产品的检验费用为 10 元，且抽取的每件都需要检验，设该盒 A 产品的检验费用为 X（单位：元），求 X 的分布列和数学期望 EX。

解决这个问题需要学生认真阅读题目，将其中的操作步骤理解清楚，才能进行下一步解题，因此，理解题意就成了关键。

于是我们按以下步骤进行。

首先，我们不妨将这盒 A 产品表示如下：

然后，从中任取 4 件做检验有 $C_{10}^4 = 210$ 种方法，依题意知，可以表示为：

情形一，若 4 件都为合格品，也即

√	√	√	√

这一盒产品合格，不再检验。

情形二，若 4 件中次品数多于 1 件，也即

√	×	×	√
√	×	×	×
×	×	×	×

这一盒产品不合格，不再检验。

情形三，若 4 件中次品数只有 1 件，也即

√	×	√	√

则需要进一步检验其他产品，且采用逐一检验，

若检验出次品，这一盒产品不合格，停止检验。

通过这样的画图理解，可以非常直观地感知解决问题的过程，为解题找到了一把钥匙。当然，其中的举例只是一种情形，解题时需要将其他情形考虑到位。

数学教学不仅要使学生掌握数学规律，还要教会学生会把规律说清楚，并能用数学符号语言表达出来，要培养逻辑化表达能力。逻辑也是一种语言，能将问题逻辑地表达出来需要阅读、理解，需要写作进行应用，才可能掌握它。因此，如何把问题表达好，就需要形成自己的转化途径。画一张图，画一画自己能直观理解解题关系图，形成自己解题的风格，具有自己的解题性格。不断提高数形结合的逻辑表达能力，数学解题就会更简单。

有效的教学并不是在教学情景中运用预先设定的教学方法、技巧及原则。每个教学情景都各有特点，我们要做的就是认识教学的总体原则，使用适合学生的体验方式并依据学生的反映做出必要的调整，以使学生能深入地理解它。

参考文献

［1］［美］Morris L. Bigge，Samuel S. Shermis. 写给教师的学习心理学［M］. 徐蕴，张军华，等，译. 北京：中国轻工业出版社，2005.

［2］喻平. 数学教育心理学［M］. 南宁：广西教育出版社，2008.